KB202136

결정력 수업

DECISIONS ABOUT DECISIONS

결정력 수업

윌북

일러두기

1. 하단의 주석은 모두 역자 주이며, 저자 주(미주)는 월북 웹사이트의 SUPPORT/자료실에서 확인할 수 있다(https://www.willbookspub.com/data/47).

2. 화폐 단위 '달러'는 통상 '미국달러'를 뜻한다.

3. 단행본은 겹낫표(『』), 시, 논문 등의 짧은 글은 홑낫표(「」), 영화, 그림, 노래 등은 홑화살괄호(〈〉), 잡지나 신문 같은 간행물은 겹화살괄호(《》)로 표시했다.

차례

머리말

케임브리지대학교의 철학자 프랭크 램지는 사도회Apostles의 회원이었다. 사도회는 최고 가운데 최고의 지식인들만이 초청받아 들어갈 수 있는 케임브리지의 엘리트 모임이었다. 당대의 가장 위대한 사상가 램지는 스물여섯의 나이로 사망했다. 스물세 살에 그는 한 저녁 연설 자리에서 자신의 스승이라고도 할 수 있는 루트비히 비트겐슈타인을 겨냥해 웅변했다. 사실과 관련이 없는 문제, 즉 말할 수 없는 것에 관해 철학은 침묵해야 한다고 주장한 비트겐슈타인에게 램지는 이렇게 말했다. "내 그림의 전면을 채우는 인류는 흥미롭고 대체로 감탄스럽습니다. 적어도 지금 제게 이 세상은 즐겁고 신나는 곳입니다."

비트겐슈타인을 정면으로 반박한 램지는 이렇게 인정했다. "당신에게는 우울한 곳일 수도 있습니다. 저는 그 점을 안타깝게 생각하고, 당신은 이런 나를 경멸하겠죠." 그러고서는 다음과 같이 덧붙였다. "하지만 제게는 근거가 있고 당신에겐 없습니다. 당신의 감정이 사실에 부합하고 제 감정이 그러지 않을 때만이 당신은 나를 경멸할 수 있겠죠. 하지만 제 감정도 당신의 감정도 사실과 일치할 수 없습니다." 램지는 이렇게 결론지었다. "사실 그 자체는 좋지도 나쁘지도 않습니다. 그저 저는 짜릿함을 느끼지만 당신은 우울함을 느낄 뿐이죠. 한편 우울에 빠지기보다는 짜릿함을 느끼는 편이 더욱 즐겁기에, 또한 단순히 즐거울 뿐만 아니라 한 인간이 하는 모든 활동에도 더욱 이롭기에 저는 마땅히 당신을 동정합니다."

이 책의 주요 목표는 램지의 크레센도에 잠시 머무르는 것이다. 우울에 빠지기보다는 짜릿함을 느끼는 편이 더욱 즐겁고, 이 사실은 우리가 다른 데 정신이 팔렸을 때조차도 의사결정의 근간이 되어야 한다. 이 책을 완성하기 전 케임브리지대학교를 방문한 나는 운이 좋게도, 램지가 깊이 사랑했던 아내에게 쓴 편지를 포함해 그의 사적인 서신들을 살펴볼 수 있었다. 사람과 아이디어, 삶을 향해 느꼈던 그의 기쁨이, 그의 활기가 편지들 속에서 빛을 발했다. 램지의 정신이 조금이나마 이 책으로 전해지기를 바란다.

⁂

몇 달 전 아일랜드에서 2주간 차를 빌린 일이 있었다. 뉴욕에서 다섯 시간 비행기를 타고 섀넌 공항에 도착하자 렌터카 접수대의 친절한 직원이 내게 다양한 질문을 했다. 반쯤 졸았지만 질문 몇 가지는 보험 때문에 묻는다는 사실을 이해했다. 유명한 경제학자이자 친한 친구 중 한 명은 오래전 내게 "차를 빌릴 땐 보험 가입을 거절해"라고 말했었기에 그렇게 했다. 그렇게 가입을 거절한

줄 알았다.

이틀 후 나는 아일랜드의 한 시골 지역, 양쪽 다 차량이 많이 다녔지만 양방향 통행이 불가능할 정도로 좁은 도로의 왼편에서 차를 몰았다. 끔찍했다. 길도 잃은 상황이었다.

그 즐거워 마지않는 경험 중에 친구 한 명이 전화를 걸었다. 곧장 전화를 받은 나는 이렇게 말했다. "지금은 통화 못 해! 도로 상황이 안 좋아서 대화를 나누다가는 사고가 날 거야." 전화를 끊었다. 친구는 곧장 다시 걸었으며 나는 전화를 받으려고 차를 세웠다. 어떤 일이 벌어졌을지 예상이 될 것이다. 끼이이이이익! 생각보다 훨씬 가까이에 있었던 차단기에 차 왼쪽을 박고 말았다. 다친 사람은 없었고 차단기도 멀쩡했지만 차는 제대로 파손되었다.

이후로 차를 열흘이나 더 몰았다. 그동안 하늘에 먹구름이 낀 것만 같은 기분으로 매일매일을 보냈다. 얼마나 물어내야 할까? 하나도 안 내도 될까? 큰돈을 물어야 할까?

렌터카 계약서를 살폈다. 잘 이해가 되지 않았고 내용을 파악해가는 과정이 즐겁지도 않았다. 혼란한 머리로 이해한 바에 따르면 내가 보험을 전부 다 거절한 것 같지는 않았고, 차에 피해를 입히면 최대 2000달러를 지불한다는 계약을 맺은 듯했다. 0달러보다야 상황이 나빴지만(보험에 가입했다면 0달러가 됐을 수도 있다) 5000달러, 1만 달러보다야 훨씬 나았다.

차량이 입은 피해가 그리 심각해 보이지 않았고 최대 2000달러라는 금액도 최악은 아니었다. 하지만 사고 당시에는 내 상황을 정확히 몰랐다. 하늘에 먹구름이 보였다.

렌터카 업체에 차를 반납하러 간 나는 정신이 없는 상황에서도 내가 정말 최고 지불액 2000달러로 계약을 맺었다는 사실을 알게 되었다. 어떻게 왜 그랬던 건지 정확히는 알 수 없었다. 얼마 지나지 않아 나는 그 금액이 포함된 렌트 비용 청구서를 받았다.

이 소소한 에피소드로 교훈을 얻었다. 렌터카 보험 가입을 거부하라는 내 경제학자 친구의 조언은 틀렸을 수도 있다는 것이다. 적어도 바람직하지는 않다. 평생 돈을 모으려 한다면 옳은 선택일지도 모른다. 하지만 다들 말하듯 돈이 전부는 아니다. 개인의 정서도 고려해야 한다. 차를 빌렸다가 사고가 났을 때 돈을 전혀 내지 않아도 된다는 사실, 또는 정해진 금액 이상으로는 지불하지 않아도 된다는 사실을 안다는 것은 가치가 크다. 아일랜드에서는 멋진 시간을 보냈다. 하지만 내가 낼 비용이 2000달러를 초과하지는 않으리라는 사실을 확실하게 알았더라면 분명 더욱 멋진 시간이 됐을 거고, 단 한 푼도 내지 않아도 된다는 사실을 알았더라면 훨씬 좋았을 것이다.

지금쯤 이런 생각이 들지도 모른다. 뭐 이런 당연한 소리를 하는 거지? 보험사들은 '마음의 평화'를 판매한다고 말한다. 이 점을 약속하며 그들은 적정 수준보다 훨씬 많은 돈을 고객에게서 받아낸다. 하지만 여기에는 더욱 중대한 문제가 있다. 우리가 결정을 내릴 때는 물질적인 결과가 중요하다. 돈도 중요하고, 건강도 중요하며, 안정도 중요하다. 하지만 사람의 정서적 경험 또한 중요하고, 우리가 결정을 할 때면 이 점에 초점을 맞춰야 한다. 실제 감정과 예상되는 감정이 우리를 옳거나 그른 방향으로 이끈다. 당신이 무언가를 믿는 이유는 일부 당신이 그것을 믿고 싶어서일 수도 있다. 당신을 미소 짓게 할 정보를 찾을 수도, 나쁜 소식은 원치 않는 마음에 무언가를 외면할 수도 있다. 선택하는 과정이 즐겁기 때문에 무언가를 선택할 수도 있다. 선택이 끔찍하게 느껴져 선택을 피할 수도 있다.

어떻게 결정을 내려야 할지 어떻게 결정할까? 생각이 많을 때도 적을 때도 있지만 결국 우리는 항상 결정을 내린다. 의사를 신뢰한다면 단순한 규칙에 따라 의료를 결정할 것이다. '의사가 제안하는 대로 따르자.' 직업을 바꿀까 하는 생각은 있지만 무모한 행동은 아닌지 불안할 때는 작은 단계들을 거칠 수 있다. '파트타임으로 새로운 일을 시도해보자.' 누군가를 매우 좋아하고 어쩌면 사랑하지만 결혼까지 하고 싶은지 확신이 없다면 이렇게 해볼 수 있다. '동거부터 하자.' 음식점에서 메뉴를 보는 것은 좋아하지만 여러 선택지 중 하나를 고르는 일을 즐기지 않는다면 나처럼 할 수도 있다. '가장 먼저 눈에 들어오는 메뉴를 뽑자.'

몇몇 결정은 빠르게 직관적으로 내려진다. 이러한 결정은 머릿속에서 어떠한 형식을 갖추지 않는다. 우리가 생각을 처리하는 방식이 그렇다. 또 어떤 결정은 우리의 경험 또는 성찰의 산물이다. 살다 보니 자신이 알코올을 감당하지 못한다는 사실을 알게 되어, 절대로 알코올 섭취하지 않겠다는 확고한 규칙을 세웠을 수도 있다. 오랜 경험으로 일터에서 사람들에게 화를 내는 일은 도움이 되지 않는다는 것을 깨닫고, 누군가를 향해 분노가 차오를 때면 심호흡을 하며 참겠다고 결심했을 수도 있다. 또는 자신이 특정한 선택을 내리는 것을 너무도 싫어한다는 사실을 알고는 그런 선택을 내리지 않는 방법을 찾았을 수도 있다.

몇몇 전략은 현명하다. 실수를 방지한다. 시간도 절약한다.

정서적 안녕감well-being을 높여준다. 당신이 몇 분, 몇 시간, 며칠, 몇 달을 즐기도록 해준다. 또한 몇몇 전략은 어리석다. 끔찍한 실수를 저지르는 방향으로 당신을 이끈다. 배움을 가로막는다. 지나치게 유연하며, 지나치게 엄격하기도 하다. 당신에게 비참한 기분을 안겨줄 수도 있다. 이 책의 가장 큰 목표는 '결정에 관한 결정'을 이해하는 것이다. 결정이란 무엇이고, 어떻게 옳은 방향으로 나아가며, 어디서 잘못되는지를 살펴보는 것이다. 그 과정에서 우리는 램지의 지혜를 마음에 새길 수 있겠다. "우울함에 빠지기보다는 짜릿함을 느끼는 편이 더욱 즐겁고, 또한 단순히 즐거울 뿐만 아니라 한 인간이 하는 모든 활동에도 더욱 이롭다." 이 원칙은 무엇을 해야 할지 결정할 때만이 아니라 무엇을 알지, 심지어 무엇을 믿을지 결정할 때에도 적용할 수 있다.

⁂

나는 이 주제를 30년 가까이 연구했다. 이 책은 (평소 다루는) 정책과 법이 아니라 인간의 삶 속 실천적 추론practical reasoning을 주제로 앞서 출간한 몇 편의 에세이를 바탕으로 썼다. 나도 모르는 새 실천적 추론에 관해 책 한 권 분량의 글을 썼다는 사실을 얼마 전에야 깨달았다. 그 에세이들을 모아 책으로 만들며 상당히 수정했는데, 한편으로는 내가 배운 것들을 반영하느라 또 한편으로는 통일성을 갖추기 위해서였다. 한 번씩 매끄럽지 않은 부분이 있다면(분명히 있을 것이다) 독자들의 관대함에 미리 감사하다는 말을 전하고 싶다.

이 책은 다양한 영역을 아우른다. 대체로 결정에 관한 결정에 그 초점이 맞춰졌지만, (고백건대) 때로는 그 렌즈가 결정 그 자체로 옮겨가기도 한다. 우리는 모든 관점을 살펴볼 텐데, 결정의 정서적 영향력부터 결정을 내릴 때 어떤 감정이 드는지, 책임을 인정하는 행위가 기쁜지, 즐거운지, 아니면 부담인지, 두려움의 근원인지, 대규모의 변화가 기회이자 즐거움인지 아니면 위협이자 위험인지, 일정한 신념을 갖거나 새로운 지식을 구하는 일이 안도감과 희망을 불러오는지 아니면 두려움과 절망을 불러오는지까지 다룰 것이다.

개요를 원하는 사람들을 위해 짧게 정리하자면, 1장은 전체적인 방향을 제시한다. 여기서는 이차적 결정(결정에 관한 결정)을 전반적으로 다루며, 우리가 스트레스를 줄이고 삶을 더욱 단순하게 만들기 위해 사용하는 구체적인 전략은 무엇이고 또 언제 어떠한 전략이 타당한지를 설명한다.

2장에서는 중대한 문제에 대한 결정을 살펴볼 텐데, 우리의 일반적인 합리성에 반하는 이야기처럼 들릴지도 모른다. 중대한 결정은 우리가 누구이고 또 무엇을 가치 있게 여기는지를 전환하기 때문이다. 이런 상황에서도 우리는 어떻게 결정을 내려야 하는지 그 방법을 찾을 수 있다.

3장은 우리가 무언가를 알아내느냐 마느냐 하는 결정을 다룬다. 아는 것이 힘이라고들 하지만 무지는 축복이라는 이야기도 있다. 두 가지 모두 맞는 말이다. 문제는 우리가 아는 것이 힘인 상황에 놓였는지 아니면 무지가 축복인 상황에 놓였는지를 판단하기가 어렵다는 점이다. 나는 정보가 우리를 행복하게도 슬프게도 만든다는 점을 강조하고자 한다. 우리가 예상하는 정서적 반응이 어떠한 정보를 얻을지 피할지를 결정하는 동력이 될 때가 많다. 때때로 우리는 나쁜 소식에 적응하는 우리의 능력을 간과한다(이것이 전적으로 비합리적이라고는 할 수 없지만).

4장과 5장은 이전 장과 밀접하게 관련된 결정을 다룬다. 바로 무엇을 믿느냐 마느냐 하는 결정이다. 4장에서는 기후변화의 사례를 살펴본다. 사람들은 자신이 믿고 싶은 것을 믿는다. 여기서는 그 근거를 제시하는데, 현재 여러 국가에서 보이는 양극화 현상과 일상에서 우리가 신념을 구축하는 방법을 파악할 수 있다. 5장에서는 시야를 넓혀 신념이라는 개념을 전반적으로 살펴본다. 일면 신념은 재화와 같고, 우리는 신념을 '내 것으로 삼을지' 결정한다. '이것'을 믿으면 내 삶이 더 나아질까? 어떻게 나아질까? 이런 질문을 하며 우리는 자주 성급하게 결정을 내린다.

한 가지 명심하길 바란다. 사람들은 어떠한 정보를 믿으면 조금 더 오래 살 수 있음에도 그 정보가 자신의 삶을 훨씬 슬프게 만든다면 해당 정보를 믿지 않기도 한다.

6장은 결정의 모순이라는 문제를 다룬다. 일자리, 노트북, 도시, 사랑하는 사람을 놓고 사람들은 B보다는 A를 더욱 선호하는 동시에 A보다 B를 선호하는 모습도 보인다. 이런 일이 어떻게 가능할까? 나는 현대 사회과학 분야에서 가장 깊고도 흥미로운 수수께끼에 초점을 맞췄다. 분리 평가에서는 A가 B보다 나아 보이지만 공동 평가에서는 B가 A보다 낫게 보일 수 있다. 단순한 문제가 아니지만 아주 짧게 설명하자면, 비교 대상이 상당히 중요하다. 아주 멋진 집과 훨씬 더 멋진 집을 비교한다면 아주 멋진 집은 조금도 멋져 보이지 않는다. 이는 일상생활과 비즈니스는 물론 정치에서도 마찬가지다.

7장과 8장은 소비에 관한 내용이다. 우리는 다른 사람들이 소비하는 대상을 소비할 때가 많다. '연대적 재화'를 소비할 때 이런 특징을 보이는데, 이는 남들이 아무도 선택하지 않기에 우리가 선택하게 되는 '독점적 재화'와 구별된다. 연대적 재화의 존재는 소셜 미디어 플랫폼의 성공과 분명 관계가 있다. 8장에서는 바로 이 플랫폼을 다룬다. 무엇보다 소셜 미디어 플랫폼을 사용하는 대가로 '단 한 푼도' 내지 않을 사람이 많고 플랫폼으로 인해 불행해지는 사람이 많다는 점을(그럼에도 계속 사용하려 한다는 사실을) 알게 될 것이다. 여기엔 한 가지 교훈이 있다. 사람들은 그저 행복만을 중요하게 여기지는 않는다. 조금은 불안하고 우울한 사실일지라도 유익하다면 그 정보를 알고 싶어 한다(3장과 명백하게 연관된다).

9장은 우리가 알고리즘에 의존해야 하는지, 그렇다면 언제 그래야 하는지라는 시급한 현안을 다룬다. 대답은 대체로 '그렇다'인데, 이는 알고리즘이 편향(체계적 오류)과 잡음(원치 않는 가변성)을 모두 제거해주기 때문이다. 하지만 사람들이 어떠한 상황에서 결정을 내리고 싶어 하는지, 또 어떠한 상황에서 결정을 내리기 싫어하는지를 아는 것 또한 중요하다. 어쩌면 결정하는 일이 즐겁거나 책임을 지고 싶어서 등의 이유로 스스로 결정하기를 좋아한다면 알고리즘을 반가워하지 않을 것이다. 다만 대체로 사람들은 알고리즘에 의한 결정을 축복으로 여길 텐데, 스스로 결정하는 것과 알고리즘으로 결정하는 것이 크게 다르지 않기 때문이다. 알고리즘이 할 수 있는 일과 할 수 없는 일도 이야기할 예정이다(이 설명으로 전반적인 내용을 파악할 수도 있겠지만 짤막하게 소개하자면, 알고리즘은 사람들이 언제 연애 관계를 맺을지를 예측하는 데는 그리 좋은 실력을 보이지 못하는 것 같다).

10장은 조종당하지 않을 권리를 말한다. 결정 자율성을 가질 권리에 주목하고, 그 권리를 널리 지지하는 내용을 담았다. 맺음말의 제목은 이렇다. "취하라!Get Drunk!" 그렇다. 우리에게는 무엇에든 흠뻑 취할 자유가 있다.

1

신중한 전략

어떻게 결정할지를 결정하기

실천적 추론이라는 철학 개념에 따르면 인간은 의사결정을 하는 동물로, 제시된 행동 방침들의 장점과 단점을 평가하고 그에 따라 선택한다. 경제학과 결정이론에서도 인간의 특성을 비슷하게 해석하며 이는 다양한 형태로 법과 정치에서 추론의 근거가 된다. 인간의 합리성이 정보 수집과 처리 능력의 한계로 제한된다는 합리성 모델을 중론으로 삼으며 최적화보다는 '만족'을 탐구하는 심리학에서조차, 사람들 사이의 여러 차이는 이 개념을 바탕으로 할 때만 이해할 수 있다.

실천적 추론을 이렇게만 이해하는 것은 상당히 부적절하다. 이런 이해는 사람들이 즉시 결정하기 훨씬 전에 취하는 단순화 전략을 고려하지 않는다.[1] 결정을 내리고 싶어 하지 않는 사람들도 있고, 이들에게는 의사결정이 불안과 스트레스, 어쩌면 달갑지 않은 책임 의식까지 불러온다. 이들은 또한 자신이 실수를 저지를 수도 있다는 사실을 안다. 사람들은 최종 결정을 내리기 직전에 메타 선택 같은 것을 내리며 자신의 계산적·도덕적 또는 다른 결점을 극복하려 한다. 평범한 사람들과 사회 기관은 대체로 즉각 결정하려 하지 않는다.

이차적 결정second-order decisions은 처음부터 평범한 의사결정 상황에 발을 들이고 싶지 않은 사람들이 활용하는 전략이다. 여기에는 인지적 부담과 책임감, 평등, 공정성이라는 중요한 문제들이 있다. '규칙'을 세우는 것도 이차적 결정의 사례다. 일상생활에서 우리는 엄격한 규칙을 따르기도 한다. 가령 절대로 거짓말이나 부정한 행동을 해서는 안 된다거나, 식전에 알코올을 섭취해서는 안 된다는 식이다. 법조계에서 몇몇 판사는 예측 가능성을 높이고 이후에 결정을 내리는 부담감을 낮춘다는 이유에서 규칙을 선호한다. 판단을 남에게 맡기는 '위임'도 이차적 전략 중 하나다. 정치에서는 입법부가 행정부와 같은 제3자에게 결정을 위임할 때가 많다. 하지만 대안으로 쓸 수 있는 전략 또한 다양하며, 규칙에 얽매인 결정과 위임으로 인해 윤리적인, 심지어 민주적인 문제가 생겨난다.

이 책의 주된 목표는 사람들이 사용하는 여러 이차적 전략을 파악하고 그 가운데 어떠한 전략이 가장 좋을지를 알아가는 것이다. 앞으로 보겠지만 각 전략이 최종 결정을 내리기에 '앞서' 또는 최종 결정을 내리는 '중에' 실수를 유발하는 정도가 다르다. 또한 행위 주체와 타인에게 정보적·도덕적 또는 그 외 부담을 안기는 정도도 각기 다르다.

첫 번째로 다룰 이차적 결정은 최종 순간에는 부담감을 대단히 크게 낮춰주지만 그에 앞서 생각을 상당히 많이 해야 하는 전략이다. 높음-낮음High-Low이라고도 하는 이 결정은 내리기가 어렵고 전혀 즐겁지 않은 과정이 선행된다. 규칙을 정하거나, 가정을 세우거나, 루틴을 짜는 전략이 그렇다. 여기서는 일차적 결정과 이차적 결정을 함께 내릴 때 발생하는 도덕적·인지적 그리고 그 외 총체적인 부담이 짊어질 만한 가치가 있는지 물어야 한다. 두 번째는 낮음-낮음Low-Low이다. 이 이차적 전략은 최종 결정 전 또는 그 과정에서 발생하는 부담이 적다. 동전 던지기로 정하듯 무작위로 뽑거나, 큰 결정을 작은 단계들로 나눠 내리거나, 인지 편향에 의존하는 전략을 생각해보자. 부담이 적다는 건 대단한 이점인데, 여기서 중요한 질문은 해당 전략이 불공평한 상황이나 실수를 너무 많이 발생시키지는 않는가다. 세 번째는 낮음-높음Low-High이다. 이 이차적 전략은 결정의 주체에게는 사전에 부담감을 적게 안겨주지만 그 대가로 결정이 '전가된' 누군가에게는 차후의 부담감이 높아질 수 있다. 신뢰하는 사람에게 또는 조직에 권한을 위임하는 방식이 가장 대표적이다.

개인과 기관이 이차적 결정을 내린 실제 사례를 이해하면 지침을 얻을 수 있다. 언제 어떠한 전략이 가장 타당할까? 합리적인(그리고 제한적으로 합리적인) 사람과 기관은 어떻게 적절한 선택을 할까?[2] 일반적으로 한 전략이 다른 전략보다 낫다고 명확하게 말할 수 없다. 다만 추상적으로 어떠한 전략이 더욱 유리해지는 요인과, 각 접근법이 타당한 맥락은 파악할 수 있다. 예컨대 엄격한 규칙을 따르는 이차적 결정(높음-낮음)은 비슷한 결정 상황을 다수

마주했을 때, 그리고 미리 계획을 세워야 할 때 적절하다. 이때 규칙이 조악하더라도 전반적인 이점이 더욱 크다면 용인할 수 있다.

이에 반해 되돌릴 수 있는 작은 단계들을 따르는 이차적 결정(낮음-낮음)은 주체가 신뢰할 만한 정보가 부족하고 예기치 못한 나쁜 결과를 크게 두려워할 때 더욱 나은 전략이다. 기존의 판결들을 바탕으로 결정을 내리는 판례법 법정에서 자주 이 방식을 택한다. 한편 정보가 부족하거나 도덕적인 문제가 있을 때, 그 외 여러 책임을 맡기가 어려울 때, 시간이 충분하고 전문성을 지닌 적절한 수임인이 존재할 때 분별 있는 주체는 타인에게 또는 기관에 결정을 위임하는 이차적 전략(낮음-높음)을 대안으로 선택할 것이다. 상황의 이러한 특징은 가족, 일터, 종교 단체, 입법부, 행정부, 여러 집단 내 위임을 둘러싼 논쟁을 이해하는 데 도움이 된다.[3] 그 과정에서 다양한 이차적 결정으로 벌어지는 수많은 윤리적·정치적·법적 문제를 해결해야 한다.

결정과 실수

전략

다음은 주요 이차적 전략들을 소개한다. 모든 가능성을 고려해 아래와 같이 분류했지만 다양한 항목이 서로 배타적이라고 여겨서는 안 되고 몇몇 내용이 중복된다는 점을 이해해야 한다.

규칙rules. 어렵고 반복적인 결정을 앞두었다면 규칙을 세우는 것이 최선이다. 가장 중요한 특징으로, 규칙을 세우면 각 사례의 결과가 어떻게 펼쳐질지 미리 전부(또는 거의 전부) 파악할 수 있다. '절대 불법 주차를 하지 않겠어', '자정 너머까지 깨어 있지 않을 거야', '고기를 먹지 말아야겠어', '마감을 넘기는 일이 없도록 해야지' 등의 규칙으로 결정을 내려보자. 규칙을 세우면 각각을 결정하는 데 시간을 들이지 않아도 되며 덕분에 삶이 더욱 단순해지고 즐거워진다. 입법부는 차량의 속도를 몇 이하로 제한하거나, 개의 음식점 출입을 금지하는 법안에 판사가 예외를 둘 수 없다거나, 또는 3대 중죄를 범한 사람은 누구나 종신형에 처한다고 규정할 수도 있다.

가정(추정)presumptions. 사람들은 엄격한 규칙보다는 번복 가능한 가정에 의지하기도 한다. 그렇게 하면 이상적으로는 결정의 부담을 적당하게 경험하는 동시에 실수를 줄일 수 있다.[4] '불법 주차를 하지 않겠어, 정말 어쩔 수 없는 상황이 아니라면.' 또한 행정부는 특정 오염물질의 최대 배출량을 가정하기도 한다. 몇 톤 이상으로 배출하는 사람은 없을 거라고 생각하기 때문이다. 하지만 그 몇 톤이 실상 최소 배출량이라는 현실이 드러나면 해당 가정은 번복될 수 있다.

표준standards. 규칙은 표준과 자주 대비된다.[5] 고속도로에서 '과도하게' 속도를 내서는 안 된다고 표준을 정할 수 있다. 비행기 조종사가 '실력을 갖춰야' 하고, 교실에서 학생의 행동이 '학생다워야' 한다는 것도 마찬가지다. 이는 구체적으로 제한속도가 시속 90킬로미터라거나, 나이 70세 이상에게는 조종사 일을 금지하거나, 학생들은 정해진 자리에 앉아야 한다는 엄격한 규칙과는 비교

된다. 일상생활에서도 자주 표준을 정한다. '너무 많이' 음식을 먹거나 술을 마시지 않겠다는 식이다.

루틴routines. 때로는 루틴을 따르며 결정 부담에 합리적으로 대처할 수 있다. 루틴은 습관과 비슷한 행동을 가리키지만 좀 더 자발적이고, 자기의식적이며, (손톱을 물어뜯는 등의) 어떠한 습관을 지적할 때와 달리 비난의 의미가 없다. 자주 깜빡하는 사람은 몇 분 후에 다시 돌아온다 해도 사무실을 나설 때마다 문을 잠그는 루틴을 따른다. 통근자는 때때로 다른 길로 가는 편이 더 낫더라도 하나의 특정한 경로를 정해 매일같이 따른다. 직원은 늘 그렇게 일찍 출근하지 않아도 되지만 매일 아침 정해진 시간에 사무실에 도착한다.

작은 단계들small steps. 선택하기 어려운 상황을 단순하게 만드는 한 가지 방법은 작고도 점진적인 결정을 먼저 내리고서 다른 문제들은 다른 날에 해결하는 것이다. 결정을 내려야 하는데 가늠하기가 어렵고 명백하게 비교할 수 없는 요소가 있다면, 사람들은 작고도 되돌릴 수 있는 조치를 자주 취한다.[6] 예컨대 제인은 로버트와 결혼하고 싶은지 판단하기 전에 동거를 결심한다. 매릴린은 자신이 정말 법학에 관심이 생기는지 보기 위해 야간 학교에 들어간다. 영미 판례법이 바로 이와 유사하게 '작은 단계들'로 접근한다.[7] 보통 판사들은 각 사례에 국한된 작은 결정들을 내리는데, 이는 판례법만이 아니라 형법상 중대한 사안에서도 확신이 없을 때 선호되는 방식이다.[8]

뽑기picking. 결정하기 어렵거나 선택지들이 균형(대칭성)을 이룰 때 무작위로 정하기도 한다. 예를 들어 동전을 던지거나 전혀 무관한 요소를 기준으로 결정을 내린다("오늘 날씨가 좋으니 플로리다에 있는 일자리를 택해야겠어"). 따라서 '선택'이 아니라 '뽑기'가 된다(전자는 선호에 따라 결정을 내린다는 의미다).[9] 법률제도에서 배심원단이나 군복무 대상자를 결정할 때 추첨을 활용한다. 실제로 추첨제는 개인에게 주어진 결정 부담이 큰 여러 영역에서, 그리고 때로는 선택지들이 서로 뚜렷하게 균형을 이루어 고를 근거를 따지기 어려울 때 사용된다.

위임delegation. 결정 부담을 더는 익숙한 방법은 다른 누군가에게 결정을 위임하는 것이다. 가령 배우자나 친구에게 의지하거나, 당시 또는 훨씬 이전에 설립된 정부 기관이 내린 결정에 따라 마련된 제도를 선택한다. 이러한 제도는 다소 형식적일 수 있고, 해당 제도로 어떠한 이득을 누리는 사람들이 통제력을 발휘하거나 완벽하게 통제력을 포기하는 데서 발생하는 다양한 메커니즘이 결부된다.

휴리스틱heuristics. 사람들은 각자 스스로 선택해야 하는 상황을 피할 방법으로 휴리스틱 기제, 즉 정신적 지름길을 따를 때가 많다. 이를테면 지방선거에서 누구에게 표를 줘야 할지 결정하기가 너무 벅차다면 소속 정당을 바탕으로 한 휴리스틱을 사용한다. 새로운 사람을 만날 때 당신은 어떻게 행동하는가? 휴리스틱은 상대가 여성인지 남성인지, 청년인지 노인인지 등 일반적으로 속한 범주에 따라 적절한 행동을 규정한다. 당신의 행동은 이러한 기제의 결과물일 수 있다. 휴리스틱은 '합리성'에 벗어난 행동을 야기한다고 알려지며 대단한 관심을 받아왔다.[10] 하지만 알아야 할 것이 너무 많고 복잡해서 나타나는 인지적 부하나 다른 결정 부담을 줄이는 동시에 상당히 괜찮은 결과를 불러오는 방법일 수 있다. 그렇게 이해한다면 휴리스틱 기제는 대체로 완벽하게 합리적이다.

결정의 비용과 오류의 비용

어떤 상황에서 개인 또는 기관은 그 순간에 모든 사안을 고려한 판단(일차적 결정)이 아닌 이차적 결정을 내릴까(내려야 할까)? 또한 어떤 상황에서 어떤 전략을 선택할까(선택해야만 할까)? 많은 이가 규칙의 가치를 말하며 근시안적 사고방식이나 나약한 의지를 극복할 수 있다고 강조하지만,[11] 문제는 훨씬 더 전반적이며 규칙은 그저 가능한 여러 해결책 중 하나일 뿐이다.

이차적 전략들은 결정 부담과 실수를 불러오는 정도가 각기 다르다는 사실을 기억하길 바란다. 그 순간에 결정을 내리기가 불쾌한 사안에서 이차적 전략은 그 불쾌함(정서적 부담)을 낮추거나 제거할 수 있다. 그 순간에 결정을 내리기에는 시간과 에너지가(인지적 부담이) 많이 든다면 이차적 전략은 축복이 된다. 결정과 오류의 비용을 최소화하는 방법으로 이차적 전략을 택해야 한다. 이때 결정 비용은 어떠한 (일련의) 행동을 마무리할 때 드는 비용이고, 오류 비용은 실수의 개수·규모·유형으로 평가된다.[12]

'오류'는 최적의 기준이 무엇이든 그 최적에 미치지 못하는 결과다. 규칙이 조악하거나 위임받은 사람이 무능하다면 규칙과 위임 전략 모두 오류를 일으킨다. 최적의 결정에 이르는 정서적·인지적 비용이 제로라면 각 사례를 따로 판단해 접근하는 방식이 가장 좋다. 그러면 정확도를 포함해 여러 중요한 가치를 희생하지 않으면서도 올바른 판단을 내릴 수 있다. 이는 개인도 기관도 마찬가지다. (공직자를 포함해) 사람들은 결정 부담을 줄이고 자신의 오류를 최소화하고 싶은 마음이 큰 탓에 '선택지'가 주어지지 않기를 바라고 어떤 경우에는 '정보' 또한 원하지 않는다. 사람들은 종종 선택지 또는 정보를 줄이기 위해 이차적 결정을 내린다.[13]

여기서는 세 가지 요소를 더 고려해야 한다. 첫째는 책임감이다. 때로 다른 사람이 더욱 나은 결정을 내린다 해도 특정 결정은 자신이 책임지고 싶어 하고, 아니면 타인이 더욱 나쁜 결정을 내린다 해도 자신이 책임에서 벗어나고자 한다. 이와 유사한 현상을 일상생활에서 찾아볼 수 있다. 내년에 어떤 일을 할지는 직접 결정하고 싶지만, 재미없는 재정적 결정은 내리고 싶지 않은 식이다. 비즈니스·정치·법에서도 권력을 지닌 사람은 직접 결정을 내려 많은 이득을 얻을 수도, 그 책임을 남에게 넘겨 많은 것을 얻을 수도 있다. 책임지지 못한 실패 상황을 '비용'으로 보기도 하지만 이 비용은 지금껏 우리가 이야기한 결정 비용이나 오류 비용과는 질적으로 다르고 서로 다른 질문을 불러온다. 권력의 분립 같은 제도적 장치로 특별한 문제가 나타나기도 하며, 개인이 아무리 원한다 해도 특정한 결정을 직접 맡거나 위임하지 못할 수도 있다.

둘째는 여러 사람이 얽힌 상황이 특별한 문제를 불러온다는 사실이다. 무엇보다 공공기관(입법부·행정부·법원 등)은 미리 규칙과 가정을 정하고 '계획을 수립'하고자 한다. 바로 결정하는 편이 더욱 정확하고 비용도 들지 않는다 해도, 계획을 세워야 한다는 믿음은 그러한 즉각적인 방식을 강하게 거부한다. 계획이 필요하다는 생각은 특정한 이차적 전략으로, 그 자리에서 하는 결정이 다소 기계적으로 내려지게 만드는 전략으로도 이어진다.

세 번째이자 가장 중요한 요소는 단순히 비용편익분석으로 접근해서는 안 된다는 점이다. 이차적 전략들 가운데 무엇을 택할지 가리는 방법으로 결정과 오류 비용의 '총계'를 따지는 방식이 적절하다고 생각해서는 안 된다. 다양한 고려 사항을 나란히 줄 세우는 간단한 기준은 없다. 결정 비용과 오류 비용 간에, 그리고 여러 결정 비용들 간에, 다양한 오류 비용들 간에 중요한 차이가 존재한다. 사람에 따라 결정 비용은 시간, 돈, 평판 상실, 슬픔, 스트레스, 걱정, 지루함, 불안, 예상되는 후회 또는 회한, 자신 또는 타인에게 해를 끼치며 느끼는 책임감, 자아 인식의 훼손, 죄책감, 수치심이 된다.

다양한 구성원이 속한 기관에서 상황은 또 다르게 복잡해지는데, 위의 요소들에 더해 이익집단의 압력이 중요해지고 어느 정도의 합의를 이끌어내야 한다는 특별한 문제가 발생하기 때문이다. 가령 입법부는 사람들의 선호가 각기 다르고 집계하기 어려우며 의견이 일치하지 않아서 기후변화와 같은 사안에 어떻게 접근할지 특히나 어려움을 겪는다. 이와 비슷한 이유로 다양한 구성원이 속한 법정에서는 의사조력자살에서 주장하는 권리를 어떻게 이해할지를 두고 합의하기 어려울 수 있다. 그래서 위임을 하거나 작은 단계들을 거쳐 결정을 미루기도 한다.

정치적 압력을 마주한 기관에게는 특정한 이차적 전략을, 즉 '선택의 책임을 미룰 수 있는 전략'을 택할 뚜렷한 이유가 있다. 프랑스의 정치철학자 장 보댕은 독립적인 사법부의 설립을 옹호하며 분리되고 분열된 권력 체제를 처음으로 통찰했다. 그는 권력을 분리하여 군주의 평판이 나빠질 수 있지만, 필수적인 결정을 (의무를 맡은) 별도의 기관에 맡겨 그 책임에서 자유로워질 수 있다고 말했다.[14] 이는 '제약의 활성화enabling constraint'●를 보여주는 중요한 사례이자 훌륭한 이차적 결정의 특징이다.

이러한 이유로 여러 국가에서 독립적인 중앙은행의 존재가 정당성을 인정받는다. 미국에서 대통령은 통화 공급량을 조절할 권한이 없고 연방준비제도이사회FRB 의장에게도 권한을 발휘할 수 없는데, 이는 평판을 잃을 수 있지만 필요한 결정(이를테면 실업률이 너무 높아진 상황에서 통화 공급량을 늘리지 않기로 하는 결정)을 내리는 과정에서 대통령이 비난받는 상황을 방지할 수 있기 때문이기도 하다. FRB가 선출제가 아니라는 사실은 여기서 이점으로 작용한다. 비즈니스·일터·가정에서조차 어머니 또는 아버지가 상대를 책임감에서 일부분 자유롭게 해주려고 특정한 선택의 책임을 진다. 물론 이는 불공정·불평등·실수라는 문제를 불러온다.

사전 부담과 즉시 부담

한 가지 요소를 기준으로 이차적 전략들을 체계적으로 분석할 수 있다. 어떠한 전략은 사전에 굉장히 많이 생각해야 하지만 선택의 순간에는 생각을 쏟지 않아도 되는 반면(높음-낮음), 어떠한 전략은 선택할 상황을 마주하기 전에는 생각하지 않아도 되고

● 결정을 단순하고 쉽게 만들기 위해 선택권을 제한하는 것.

그 순간에도 조금만 생각하면 된다(낮음-낮음). 사전에는 생각하지 않아도 되지만 타인에게 상당한 결정 부담을 안기는 전략도 있다(낮음-높음). 따라서 결정 부담을 언제 떠맡는지에 시간차가 존재한다. 모든 가능성을 고려하기 위해서는 '높음-높음High-High'도 추가해야 한다. 결정 비용이란 용어는 전반적인 비용을 의미하며 다른 사람이나 기관에 부과된다. 선택 전에 작업을 하는 행위자와 최종 선택의 순간에 생각해야 하는 행위자가 달라질 수도 있다. 〈표 1〉을 참고하길 바란다.

	사전에 생각을 적게 하는 경우	사전에 생각을 많이 하는 경우
결정의 순간에 생각을 적게 하는 경우	낮음-낮음: 뽑기, 작은 단계들, 다양한 휴리스틱, 몇몇 표준 (1)	높음-낮음: 규칙, 가정, 몇몇 표준, 루틴 (2)
결정의 순간에 생각을 많이 하는 경우	낮음-높음: 위임 (3)	높음-높음: 헨리 제임스 소설 속 몇몇 등장인물,● 불안한 사람들, 결정을 즐기는 사람들, 제 기능을 못하는 정부 기관 (4)

표 1 사전 부담과 즉시 부담

● 『여인의 초상』, 『나사의 회전』 등을 쓴 영미문학 작가 헨리 제임스는 혼란스러운 처지에 놓인 인물들의 심리를 시각적으로 묘사하여, 20세기 모더니즘 소설의 초석을 마련했다는 평을 받는다.

표에서 ①번 칸에 적힌 내용은 (좋은 결정으로 이어지는지와 관계없이) 결정을 내리는 일의 전반적인 부담감을 최소화하는 전략들이다. 행위자가 사전이든 결정의 순간이든 생각을 많이 하지 않아도 된다. 뽑기가 가장 좋은 예시다. 동전 던지기의 확률을 한번 생각해보길 바란다. 작은 단계들을 거치는 전략은 행위자가 얼마간의 결정을 내려야 한다는 점에서 좀 더 까다롭지만 그 조치들이 작기 때문에 결정하기 전 또는 결정하는 순간에 비교적 생각을 적게 할 수 있다.

이와 가장 크게 대조되는 사례는 ④번 칸의 높음-높음이다. 전반적인 결정 비용이 극대화된 전략들이기 때문에 이 책의 목표에 비춰보자면 이 칸이 (거의) 비어야 한다. 다행스럽게도 현실에서는 극소수만이 여기에 해당하는 듯하고, 그 사람들은 대체로 자신에게 아무런 도움이 되지 않는 행동을 한다. 이들은 가망이 없을 정도로 우유부단할 때가 많지만, 높은 부담이란 도덕적 책임감을 의미한다고 생각하거나 무거운 결정의 부담감을 즐기는 것일 수도 있다(실제로 몇몇 사람은 그러는 듯하다). 사안이 굉장히 중요하고 정확성을 보장할 다른 방법이 없는 경우에도 높음-높음이 권고된다. 가령 일자리를 수락할지, 이혼할지, 전쟁을 시작할지와 같이 선택에 앞서 그리고 선택의 기간 동안 마땅히 숙고해야 하는 상황이다.

②번 칸은 규칙에 얽매인 삶을 선호하는 사람들이 바라는 전략을 담았다. 몇몇 기관과 행위 주체는 상당한 시간을 들여 적절한 규칙을 고르지만, 규칙이 정해지고 나서는 결정이 대단히 단순해지고 엄격해지며 심지어 기계적이 되기까지 한다. 이런 사람을

누구나 한 명쯤 알 것이다. 그들은 고상해 보이지만 규칙을 그대로 따르기 때문에 답답하게도 느껴진다. 법 형식주의, 즉 명확한 규칙을 사전에 수립하고 이후 기계적인 결정을 따르는 방식은 미국 대법관 휴고 블랙과 안토닌 스칼리아가 옹호하는 방식이다.[15]

계획이 중요하고 다수의 결정을 내려야 할 때는 ②번이 대체로 가장 좋은 접근법이다. 만드는 데 시간과 수고가 든다 해도 우리 모두에게 규칙은 축복이자 삶을 단순하게 만들어주는 훌륭한 도구다. 20세기에 들어서는 (작은 단계들을 거치는) 판례법에서 벗어나 관료주의와 단순한 규칙을 좀 더 따르려는 움직임이 생기기도 했다. 결정 부담으로 전체 시스템이 압도되는 상황을 결국 막아내기만 한다면 자잘한 실수나 오류들, 심지어 불공평함조차 용인된다. 2번은 또한 많은 사람이 연관된 사안에서, 그리고 결정의 순간에 행위 주체가 계속 바뀐다는 사실을 미리 아는 사안에서는 최고의 접근법이다. (군대 또는 말단 사원이 여럿인 대기업 등) 직원이 많고 이직률이 높은 기관을 생각해보자. 조직의 책임자는 새로 들어와 훈련이 잘 되지 않은 사람이 기업을 위해 무언가를 결정하는 상황을 원치 않을 수 있다. 지속성과 수행의 확일성을 보장하려면 규칙이 있어야 한다.

반면 현실과 규칙의 간극으로 관리자나 직원이 규칙에 맞서 '상식'을 발휘할 수 있도록 제도를 고쳐달라는 요구가 많이 일어난다.[16] 규칙과 상식의 중간에 속하는 사례들은 대체로 표준과 연관된다. 표준을 정하려면 많은 생각을 쏟아야 하고, 정해진 뒤에도 행위 주체는 상황을 마무리하며 어느 정도 숙고를 해야 한다.

③번 칸은 개인과 기관이 사전에는 거의 생각을 하지 않아도

되면서 결정 비용의 총계를 최소화할 수 있는 전략들이다. 이 접근법이 최적인 사례는 행위 주체에게 정보가 부족하거나 책임을 회피할 다른 이유를 찾는 경우, 그리고 비교적 쉽게 좋은 결정을 내릴 수 있는 수임인이 등장하는 경우다. 앞서 봤듯 위임은 적어도 결정하려는 사안의 본질에 대해서는 주체가 생각을 거의 하지 않아도 된다. 결정 부담은 결국 위임을 받는 대상이 진다. 몇몇 위임은 (가족 간의 위임처럼) 거의 자동으로 일어나는 반면, 위임을 과연 할지, 한다면 누구에게 할지를 두고 오래 고심하는 경우도 있다. 또한 권한을 위임받은 사람이 규칙, 가정, 표준, 작은 단계들, 뽑기를 행하거나 심지어 다시 한 번 위임을 하기도 한다. 작은 단계들 전략은 미래의 자신에게 결정 비용을 '전가'하려는 행위로 보일 수 있는데, 이는 판례법에서 많은 판사가 매우 중요하게 고려하는 사안이다.

중요하게도 사회에는 본인의 명백한 의도에 따른 행동이 아니라 다른 방식으로 결정 부담을 덜어내는 사람이 많다. 지적장애를 경험하는 이들과 어린 아이들을 생각해보면, 다양한 사례에서 사회 또는 법이 이들을 대신해 결정하는 과정에서 당사자의 욕구를 대체로 전혀 언급하지 않는다. 타인의 결정 또는 이차적 결정을 강탈하는 행위의 근간에는 이들이 체계적으로 오류를 범하리라는 믿음이 자리한다. 이는 가부장주의paternalism와 연관이 있는데 동의가 없는 위임이 이뤄질 때 자주 등장하는 개념이다.

때로는 중간-중간Medium-Medium이라는 용어로 가장 잘 설명할 수 있는 이차적 전략이 탄생하기도 하며, 이는 '적당히 높음-적당히 낮음'과 '적당히 낮음-적당히 높음'으로 확장될 가능성도 있다. 잠시 후에 다시 이야기하겠지만, 몇몇 표준은 일차적 결정의 구조를 따르지만 그 특징에 따라 결정의 순간에 어느 정도 노력을 요한다. 하지만 극단적인 사례를 먼저 이해해보자. 그러고 나면 어중간한 사례를 분석하기가 아주 쉬워진다.

이제 개인과 기관이 기본적인 이차적 전략 중 하나를 택하는(택해야 하는) 상황을 살펴보겠다.

낮음-높음 전략: 위임

비공식적 위임과 공식적 위임

나와 주기적으로 점심을 먹는 친한 친구가 한 명 있는데, 마침 이 친구는 행동경제학자다. 예전부터 나는 사전에 그에게 어디서 식사를 하고 싶은지 물었다. 그러던 중 한번은 그가 이렇게 답했다. "네가 결정하는 게 어때?" 나는 음식점을 결정하기에 앞서 그에게 왜 내가 결정하기를 바라는지 물었다. 그는 다정하게 답했다. "나는 점심 식사 장소를 고르는 게 좋았던 적이 없어. 사실 정말 싫어하는 일이야."

당신이 어떠한 결정을 내리는 것을 싫어한다고 가정해보자. '정말 재미없어.' 아니면 어떠한 사안에서는 자신이 좋은 결정을 내리지 못한다는 사실을 깨달았을 수도 있다. '정말로 잘못된 선택을 하고 말 거야.' 그럼 당신은 결정을 다른 사람에게 돌리거나 부탁할 것이다. 언뜻 생각하면 위임은 최종 결정 전과 그 결정을 내리는 동안 주체가 느낄 부담을 낮추려고 의사결정을 남에게 넘기는 이차적 전략이다. 보통은 주체가 결정하기를 좋아하지 않거나, 자신이 현명하게 결정할 수 있는지 신뢰하지 않거나, (전략적·윤리적 이유로, 아니면 단순히 정보가 부족해서) 책임을 피하려 하거나, 올바르고 전문적인 결정을 내려주리라 믿는 수임인을 찾았을 때 이 전략을 사용한다.

비공식적 위임은 항상 벌어진다. 배우자에게 가족이 저녁 식사를 할 음식점을 정해달라고 하거나, 어디에 투자할지 어떤 차를 살지 결정을 맡기는 식이다. 주체에게는 결정의 부담이 높지만 수임인에게는 부담이 낮을 때 자주 이런 일이 나타난다. 수임인은 전문 정보를 가졌고 편견이 없으며, 동기적 문제(의지가 부족하거나 외부의 영향에 취약하다는 문제)가 없거나, 또는 해당 사안을 결정하는 책임을 맡는 데 불편함을 느끼지 않는다(심지어 그런 책임감을 즐긴다). 대신 결정을 내려야 한다는 사실이 부담스럽겠지만, 자신이 그 책임을 맡을 만한 사람으로 인정받았다는 데서 오는 이점으로 상쇄될 때가 많다(때로는 책임을 맡는 것이 이득보다는 손해지만). 위임을 받은 사람들 가운데 자신의 역할을 기쁘게 여기고 심지어 대단히 즐거워하는 이도 있다. 수임인의 이러한 태도는 몇몇 윤리적인 문제로도 이어진다(이를테면 가정에서 남편이 아내에게 너무 많은 결정을 위임한다면 공평하지 않다). 또한 위임과 분업 사이에는 불안정한 선이 있어 개념적·경험적으로 난해한 질문을 불러온다(집안일을 어떻게 나눠서 할지를 생각해보자). 중요한 문제는 위임을 받은 사람이 이를 거절한 권한이 있는가, 아니면 본질적으로 '알겠어!' 또는 '좋아!'라고 말할 수밖에 없는 상황인가다.

비즈니스에서도 비슷한 이유로 위임을 한다. 회사에서는 다른 일로 바쁘거나 스스로 전문 지식이 부족하다고 생각하는 사람이 동료에게 업무를 위임한다. 사내의 다른 누군가는 상황을 해결할 시간이 충분하거나 해당 사안의 전문가일 것이다. 오바마 대통령 행정부에서 근무하며 백악관을 드나들었을 당시 나는 국가경제위원회 위원장이었던 래리 서머스 아래 조그마한 팀에서 금융개혁과 관련된 업무를 맡았다. 서머스는 팀과 의견이 다를 때면 짧게 논쟁한 후에 한 번씩 이렇게 말했다. "좋습니다. 천재들이 알아서 한번 해보세요."

주권이 시민에게 있다면 정부는 결정권을 위임받은 거대한 대리인이라고 볼 수 있다. 이러한 관점에서 입법부·법원·행정부 같은 다양한 공공기관은 명시적 또는 묵시적으로 위임받은 권한을 행사하고, 특히나 입법부는 수많은 결정 부담을 덜어야 하므로 다시 여러 차례 위임한다. 예컨대 환경 문제나 통신 시장에 관한 정보가 부족하다고 여겨 환경보호청이나 연방통신위원회에 맡길 수 있다. 또는 입법부가 정보는 갖고 있지만, 가령 소수집단 우대 정책이나 연령 차별 등에 관한 사안에 어떤 방식으로 접근해야 올바른지 근본적인 가치에서 합의를 이끌어내지 못하는 상황일 수도 있다.

입법부는 행정부가 일상적으로 처리해야 하는 결정을 내릴 시간과 조직체가 대체로 부족하다. 행정부의 결정을 다시 검토하며 입법부가 몇 주 심지어 몇 달을 소모하고도 결론을 내지 못하는 때가 많다는 점을 생각해보길 바란다. 또는 입법부가 자신이 이익집단의 압력에 취약하다는 사실을 알고 이로 인해 잘못된 방향으로 나아가게 될 것을 우려해, 상대적으로 이 압력에 면역이 있기를 바라는(그러하리라 믿는) 수임인을 고르기도 한다. 이익집단이 압력을 행사해서 위임이 발생하기도 하는데, 입법부에서 확실한 승리를 거두지 못하지만 강력한 집단이 행정부를 움직일 권한을 얻어 권력을 발휘할 수도 있다. 입법부는 심지어 어떠한 결정이 선거보복으로 이어질까 걱정하여 몇몇 어려운 선택에 따르는 책임을 회피하고 싶어 한다. 사익을 지닌 대표자들은 선거에서의 이익을 고려해 모호하거나 공허한 기준('공익', 장애인을 위한 '합리적 조정', 살충제 사용에 관한 '합리적 규제')을 세우고 그 기준을 구체화하는 작업을 다른 누군가에게 위임한다. 그러면 공약을 이행하며 벌어지는 문제의 비난을 위임받은 사람이 받게 된다는 사실을 알고서 그렇게 한다.

언제 위임해야 하는가

위임은 적절하고 신뢰할 만한 수임인이 있을 때, 주체가 결정을 내리는 것이 바람직하지 않을 때면 언제든 고려할 수 있다. 하지만 때때로 위임은 분명 실수로 이어진다. 책임을 회피하고, 위임으로 인해 불공정한 상황이 펼쳐지며, 오류가 줄지 않고 오히려 늘어나거나, 심지어 (총체적인) 결정 비용이 더욱 커진다. 위임은 이차적 전략들 중 하나에 불과한 만큼 주체는 다른 가능성도 고려해야 한다.

높음-낮음 전략(규칙)과 비교해보자. 위임을 하는 사람이 결정 부담을 마주하고 싶지 않고, 실행 가능한 규칙 또는 가정을 수

립할 수 없으며(오히려 규칙과 가정을 수립하는 과정에서 더욱 많은 비용이 들며), 수임인이 해당 안건을 충분히 더욱 잘 처리할 수 있다면 위임이 바람직하다. 개인은 점심 식사를 어디서 할지, 어려운 의료 문제를 어떻게 대처할지, 어디에 투자할지 등의 결정을 내리지 못한다면 위임할 수 있다. 다양한 구성원이 속한 조직에서 합의에 이르지 못하거나, 주체 또는 기관이 인지적·동기적 문제를 마주할 경우에도 위임이 타당하다. 정치적·사회적 및 여타 이유로 결정의 책임을 회피하고 싶다면 높음-낮음 전략보다 위임이 더욱 좋겠지만, 그러한 태도는 정당성이 없다는 문제를 불러온다. 입법자가 환경 보호 문제나 장애인 차별 문제에 가치 판단을 내릴 수 없어 '전문가'에게 의존하려는 상황이 그렇다.

작은 단계들 또는 뽑기와 비교해 위임은 결정 비용의 총합이 더욱 커지기도 한다(수임인이 일을 느리게 처리하거나 미루는 사람이라면?). 위임으로 비용이 높아진다 하더라도 수임인이 신뢰할 만하다면 최종 결정을 더욱 믿게 된다. 예컨대 미국에서는 연방준비제도이사회를 향한 공공의 존경이 두텁기에 위임제를 없애거나 축소해야 한다는 압박이 거의 없다. 하지만 친구나 배우자 등 위임을 받은 사람이 실수를 범할 가능성이 드러날 때는 규칙이나 가정, 작은 단계들이 위임을 대신하는 전략으로 등장한다. 위임이 필요하다는 강력한 주장이 제기되지만 수임인의 판단을 감독하기가 어려운 기술적인 영역에서는 특별한 문제가 나타나기도 한다(수임인의 가치 판단에 문제가 있어도 숨긴다면 알 수가 없다).

다른 한편으로 공정성이 훼손될 우려도 있다. 특정 상황에서는 친구나 배우자에게 결정권을 넘기는 일이 공정하지 못한데, 수임인이 전문가가 아니란 이유가 크다. 위임이 부담이자 저주가 되기에 자신에게 결정권이 주어지는 상황을 싫어하는 사람도 있다. 부부가 모두 동의했다 해도 가정과 자녀에 관한 모든 결정을 남편이 아내에게 위임한다면 성평등의 문제가 일어난다. 이 같은 사안 외에도 (예를 들어) 술을 많이 마시는 자녀를 다그치는 일을 배우자 한 명에게 위임하면, 이는 홀로 떠맡아서는 안 되는 결정 부담을 배우자에게 전가하는 행위이자 책임 회피이므로 불공평하게 보인다.

정치권에서는 수임인(주로 행정부)에게 책임감이 부족하면 전문 지식을 갖췄다 해도 위와 유사한 문제가 발생한다. 그 결과 행정부로의 위임이 적절한지 정당성을 따지는 논쟁이 계속된다. 민주적으로 선출된 기관이 정치적 통제력에서 자유로운 기관으로 판단의 부담을 넘길 때 위임이 문제가 되기도 한다. 입법부에는 위임을 대신할 방안이 많다. 법이 너무 구체적인 규칙으로 얽맨다면 가정을 세우거나 작은 단계들(실험적인 파일럿 프로그램 등)을 실행할 것이다. 판사가 특정한 권한을 재판연구원이나 특별 변호사(사실과 법에 관련한 복잡한 문제의 전문가)에게 위임한다면 불법적으로 권한을 포기했다며 문제가 발생할 수 있다(대법관에게 때때로 이런 문제가 제기된다).

세 가지 복잡한 역학

짚고 넘어가야 할 세 가지 역학이 있다. 첫째로 수임인도 이차적 결정에 의존하며 앞서 소개한 전략들을 자주 취한다. 때로는 수임인이 높음-낮음을 선호하여 규칙을 만들어내기도 한다. 이것이 미국 국세청의 일반적인 전략이라는 사실은 잘 알려져 있다. 또 다르게는 수임인이 표준을 사용하거나 작은 단계들을 밟을 수도 있다. 환자에게서 특정한 결정을 위임받은 의사는 점진적으로 결정을 내리며 크거나 극적인 결정은 피하려 할 수도 있다. 미국 전국노동관계위원회는 가능한 한 (명백히) 규칙을 세우기보다는 사례별로 대응하는 쪽을 훨씬 선호한다. 또는 수임인이 다시 위임을 하기도 한다. 남편이 위임을 하려고 하자 아내가 형제자매 또는 부모와 상담하는 경우처럼 말이다. 어려운 결정을 내려달라는 의회의 요청을 받은 대통령은 앞서 의회가 결정을 위임했던 것과 같은 이유로 위원회 등에 자주 하부 위임을 한다. 물론 위임받은 사람이 단순히 뽑기로 결정할 수도 있다.

역학 두 번째, 수임인을 통제하지 못하면 자칫 심각한 주인-대리인 문제[●]를 일으킬 수 있다. 위임을 한 사람은 수임인이 심각한 실수를 많이 저지르지 않을 거라고, 또는 결정하는 방법을 결정하느라 시간을 낭비하지 않을 거라고 어떻게 확신할까? 이때 여러 통제 메커니즘을 활용할 수 있다. 이를테면 수임인에게 되돌릴 수 없는 최종 결정권을 주기보다는 개인 또는 기관이 수임인을 단순한 상담가나 고문으로 삼는다. 이런 식으로 중간에 개입하는 관계는 다양하게 맺을 수 있다. 정치체제에서 입법부는 행정부가 잘못된 방향으로 나아갈 경우 공식적으로 우려를 표하면서 최종

● 위임을 받은 대리인이 정보를 더 많이 가졌거나 자기의 이익을 우선하여, 권한을 맡긴 주인에게 피해를 주는 상황.

결정에 영향을 미치며, 의지를 모은다면 경로를 아예 바꿀 권력도 생긴다.

결국 위임인이 위임을 취소할 수도 있다. 이 사실을 아는 것만으로도 위임인은 실수(본인이 생각하기에)가 벌어지지 않도록 막을 수 있다. 친구·동료·가족과의 친밀한 관계에서는 수임인을 통제할 메커니즘이 다양하다. 수임인은 미묘하게 오가는 여러 단서로 자신이 상담가에 불과한지 또는 실질적인 결정권을 가졌는지 파악한다.

세 번째 역학은 위임이라는 이차적 결정의 부담이 결과적으로 그리 작지 않다는 것이다. 위임을 할지 말지, 한다면 누구에게 할지 결정하는 데 시간이 들기 때문이다. 위임을 받은 다른 기관의 구조에 따라 복잡한 문제가 발생하고, 이때 부담이 상당히 커진다면 위임 자체를 취소할 수도 있다. 구성원이 다양한 기관에서는 위임 여부를 두고 의견 차이가 극명하게 나뉠 때가 많으며, 위임하기로 결정된 후에도 그 권한을 누구에게 줄지를 정하는 데 어려움이 생긴다.

스스로에게 하는 위임과 운에 맡기는 위임

지금까지는 위임자가 결정 부담을 다른 사람 또는 집단에 전가하는 사례에 초점을 맞췄다. 그렇다면 스스로에게 하는 사례는 어떨까? 현재의 내가 미래의 나에게 결정을 위임할 수 있을까?

한편으로 스스로에게 하는 위임에 대한 질문과 이 책에서 논하는 사례들은 그다지 비슷해 보이지 않는다. 다른 한편으로는 분명 어려운 선택에 직면한 사람들이 미래의 자신에게 선택권을 위임하기로 결정할 때도 많다. 가령 집을 살지, 아이를 하나 더 낳을지, 결혼 또는 이혼을 할지, 다른 도시로 이사를 갈지 같은 결정들을 생각해보면 그렇다. 이런 사안에서는 결정을 미루는 주체가 미래의 자신에게 결정을 위임했다고 이해할 수 있다.

스스로에게 위임하는 데는 시기와 사안이라는 두 가지 이유가 있다. 무엇이 옳은 결정인지는 알지만 그 결정을 내리기에 지금이 적절한 시기가 아니라고, 적어도 자신의 결정을 공식적으로 알릴 때는 아니라고 생각하는 것이다. 자신이 해당 결정을 내릴 기분이 아니라서 또는 그 결정을 내리면 끔찍한 기분을 느끼게 될 것 같아서 지금은 시기가 적절하지 않다고 생각할 수 있다. 또는 무엇이 올바른 결정인지 잘 모르겠고 미래의 자신이 더 나은 결정을 내릴 만한 위치에 서리라 생각하기에 지금은 적절하지 않다고 여길 수도 있다. 미래의 자신이 더 많은 정보를 가졌을 거라고, 그 결정을 내리는 일을 좀 더 즐기거나 덜 싫어할 거라고, 인지적 어려움과 편견, 동기적 문제에 덜 시달리거나 전혀 그런 문제를 경험하지 않을 거라고, 또는 결정에 따른 책임을 맡기에 더욱 나은 위치에 있을 거라고 생각할 수 있다. 어쩌면 지금 당장은 부담을 느끼거나, 질병을 앓거나, 자신의 판단을 아직 확신하지 못하는지도 모른다. 이런 경우 스스로에게 시간을 두고 하는 선택의 문제는 타인에게 위임할 때 발생하는 문제와 그리 다르지 않다. 미래의 자신에게 일정한 제약이 가해지는 만큼 보통의 위임에서와 비슷한 통제 메커니즘으로 주인-대리인 문제가 일부 나타날 수 있다. 결정의 시기와 사안 모두 대단히 중요하게 여기는, 또 결정을 미룰 이유가 생기길 기다리는 판사와 입법자들에게서 주인-대리인 문제가 발견된다.

그렇다면 결정의 주체에게는 미루기와 같은 작은 단계들을 밟는 전략도 일종의 위임이다. 또한 결정을 운에 맡긴다면 곧 이 전략은 뽑기가 된다. 카드 한 벌에서 어떤 카드를 뽑는지에 따라 미래의 결정이 달라진다면 나는 무작위 카드 뽑기 메커니즘에 내 결정을 위임한 셈이다.

높음-낮음: 규칙과 가정

사람들은 나중에 발생하는 결정 부담을 줄이고자 특정 상황에서 비용이 많이 드는 이차적 결정을 자주 내린다. 가장 일반적인 사례는 사전조치precommitment•다. 맥락이 비슷한 결정을 내려야 할 일이 많고 미리 계획해야 할 때는 규칙에 얽매인 사전조치가 가장 유효하다. 이런 상황에서는 규칙으로 인해 때때로 불가피하게 발생하는 오류를 당연하게 여긴다. 사전조치를 잘 해두면 이차적 결정을 내리기 전에는 해야 할 일이 많지만 결정을 내릴 때에는 상황이 훨씬 단순해진다.[17]

• 돈을 함부로 쓰지 않도록 적금 통장에 자동이체를 신청하거나 음주운전을 피하려고 차 키를 아예 소지하지 않는 등, 환경을 조정하여 자신을 통제하며 부정적인 결과를 막는 전략.

다양한 규칙, 다양한 가정

앞서 규칙과 가정이 높음-낮음 전략이라고 했는데 반드시 그렇지만은 않다. 몇몇 규칙과 가정은 사전에 결정 부담이 크지 않다. 이를테면 도로의 오른편에서 운전하기, 스푼은 오른쪽에 두고 포크는 왼쪽에 두기 등 어떤 규칙은 선택보다는 뽑기에 가까운 방식으로 정해진다. 특히나 모든 행위자가 하나의 행동 방침을 따라야 할 때는 관련한 규칙의 내용을 정하는 데 투자할 필요가 없다. 작은 단계들을 거치듯 규칙을 좁은 범위로 설정할 수도 있다. 대체로 규칙에는 작은 단계들이 담긴다. 가정 또한 선택보다는 뽑기를 전제로 할 때가 있으며 상당히 좁은 범위로 설정할 수 있다는 점에서 규칙과 같다.

이번에는 규칙이나 가정을 세우기 위해 기관 또는 주체가 상당히 숙고하는 경우를 살펴보겠다. 한 번 세워지고 나면 향후 결정을 대단히 간단하게 해줄(미래의 결정이 나빠지지 않고 도리어 좋아지게 해줄) 규칙과 가정이다. 우리는 법이나 정치는 물론 삶에서 이런 상황을 흔히들 바란다. 가족은 굳이 다른 장소를 시도할 이유가 없는 한 작년과 같은 곳으로 휴가를 보내겠다고 가정한다. 입법부는 여러 운전자가 조화하도록, 또한 정책의 위험과 이점을 둘러싼 의견 간의 균형을 맞춘 결과로 속도제한 법에 찬성한다. 사람들은 특히 두 가지 상황에서 지대한 노력을 기울여 규칙을 만든다. ① 계획과 공정 고지fair notice[•]가 중요할 때와, ② 여러 결정이 내려질 예정일 때이다.[18]

• 안건을 이해하고 결정하기 위해 필요한 정보를 충분히 제공하는 행위.

사람들은 의식적으로 또는 무의식적으로 규칙이나 가정에 따라 행동한다. 습관이 바로 규칙이나 가정에서 비롯된다. 제대로 기능하는 법체계에서는 무엇이 범죄이고 또 무엇이 범죄가 아닌지가 분명하게 제시된다. 사람들은 어떠한 행동이 형사처분 대상인지 알아야 한다. 실질적으로는 아닐지라도 이론적으로 미국 헌법은 형법이 어느 정도 명확할 것을 요구하고, 독재자가 되려는 사람이라면 누구든 규칙이 자신의 권위를 방해하는 성가신 존재가 되리라는 사실을 알 것이다. 계약법과 재산법 또한 대체로 명확한 규칙으로 정의되어 있는데, 그렇지 않으면 사람들이 계획을 세울 수 없고 경제 발전에 필요한 활동도 할 수 없다.

여러 결정을 내려야 할 때는 결과를 분명히 하기 위해 마찬가지로 사전에 시간을 많이 쏟는다. 의사들은 수많은 규칙을 적용해 심장 질환을 치료한다. 미국에서는 다수의 결정을 내려야 하는 상황 때문에 법체계에 장애 급여, 산재 보상, 범죄 양형에 관한 규칙을 개발했다. 이러한 규칙들이 상당한 오류를 일으킨다는 사실은 큰 문제가 되지 않는데, 해당 시스템을 운영하고 또 꽤 많은 결정을 내리는 데 막대한 비용이 드는 바, 얼마간의 오류는 용인할 수 있다.

규칙이랑 비교해 표준과 '느슨한' 가정은 사전 결정의 부담을 줄이는 한편 결정의 순간에는 부담을 키운다. 이것이 장점이자 단점이다. 예컨대 규칙과 유사한 가정 전략으로, 엄격한 환경 정책을 제정하는 동시에 특별한 경우 '면제'를 허용하는 익숙한 방식을 떠올려보자. 규칙이 너무 엄격하면 비용이 높아지고 환경 편익이 낮아지는 심각한 실수로 이어지는데, 여기서는 면제 조항을 넣어 법적인 추정들이 반박되는지를 각각 평가해 정정할 수 있다. 하지만 수많은 사례에 따라 상황이 상당히 복잡해진다는 단점도 숨어 있다. 이러한 복잡성에 가치가 있는지 없는지는 가정과 규칙을 비교해 판단할 수 있다. 가능한 선택지들이 오류를 얼마나 일으키는가? 규칙을 가정으로 바꾸어 이 오류들을 바로잡는다면 비용은 얼마나 드는가?

기관과 계획, 신뢰

기관은 높음-낮음 전략을 택할지 아니면 위임을 택할지 결정에 직면할 때가 많다. 우리는 앞서 위임이 더욱 나은 상황을 확인했다. 하지만 다음 세 가지 상황에서는 높음-낮음 전략이 더 바람직하다.

첫째로 계획이 중요한 상황에서는 사전에 규칙(또는 가정)을 정하는 것이 좋다. 둘째로 규칙을 세우는 비용이 충분히 낮고, 그 규칙이 정확하며, 실제로 잘 이행될 것이라고 주체 또는 기관이 상당히 자신한다면 위임을 할 이유가 없다. 세 번째 상황이자 가장 당연한 경우는, 신뢰할 만한 수임인이 없거나 다른 개인 또는 기관에게 결정을 내려달라고 요청하는 일이 부당해 보일 때다. 함께 일하는 동료 가운데 신뢰할 사람이 없다면 해당 결정을 직접 내릴 것이다. 또한 결정 내리기를 좋아하는 사람이라면 마찬가지로 그렇게 할 것이다.

자유민주주의 국가는 위의 상황들을 특별한 사유로 고려해 형법의 규칙들을 정당화한다. 범죄를 규정하는 법은 마땅히 규칙에 가까운 형태를 띠는데, 한편으로 무슨 행위가 범죄인지 시민이 알아야 하기 때문이기도 하고 다른 한편으로 경찰과 법원이 자의적으로 법을 정의해서는 안 되기 때문이다. 입법부는 행정부를 별로 신뢰하지 않을 때 규칙을 세우는 쪽으로 판단이 기우는 경향이 있다.

낮음-낮음(뽑기, 작은 단계들)보다 높음-낮음이 바람직한 때는 언제일까? 여기서는 계획을 세우는 데 관심이 있는지가 대단히 중요한데, 계획을 세우려 한다면 사전에 대단히 많이 생각할 수밖에 없다. 개인 또는 기관이 좋은 규칙이나 가정을 세울 수 있다고 믿는다면 무작위 선택을 하거나 점진적으로 결정을 해나가는 전략은 적절하지 않다. 가족은 집에서 지켜야 할 여러 규칙을 세운다. 최근 입법부는 사례별로 접근하는 판례법 방식에서 벗어나 사전에 명확한 규칙을 정하는 방향으로 전환하고 있다. 20세기 들어 영국과 미국에서 이와 같은 거대한 움직임이 나타났는데, 계획에 대한 관심은 높아진 반면 법원이 작은 단계들을 통해 좋은 결과를 도출하리라는 믿음은 낮아진 것이 큰 이유다. 혼합 전략도 가능하다. 기관은 특정 사례에는 규칙을 만들되 다른 사례는 결정을 위임하거나, 수임인에게 가정과 표준을 교육할 수 있고, 법 또는 실천적 추론의 영역에서는 규칙에 근거한 판단과 작은 단계들을 거치는 전략을 결합해 사용할 수도 있다.

개인적인 결정들

지금껏 충분히 설명했듯, 사람들은 동기적 문제(충동성이나 근시안처럼 판단을 그르치게 되는 성향) 때문에 결정을 내리는 데 비용이 너무 크거나 잘못된 결정을 내릴 것 같으면 자신의 능력 내에서 규칙과 가정을 세우거나 루틴을 따른다. 가령 세라는 9월 한 달 동안만 자신이 사는 동네를 벗어나야 하는 초대를 모두 거절하기로 결정할 수 있고, 존은 가까운 가족의 일이 아니라면 결혼이나 장례식에 일체 참여하지 않겠다고 가정할 수도 있으며, 프레드는 저녁 파티에서 주최자가 마시는 술이 무엇이든 무조건 따라 마시겠다고 결심할 수도 있다. 이런 식의 규칙·가정·루틴은 실천적 추론의 보편적인 특징이다. 이러한 전략들을 의식적으로, 개인의 의지로 택할 때도 있지만, 사실 너무도 단순한 행위라서(또는 익숙해져서) 주체에게는 이것들이 선택처럼 느껴지지 않을 때가 더욱 많다. 자신이 결심한 바를 지킬 수 없다는 사실을 알게 되면서 전략이 높음-낮음에서 높음-높음으로 달라지면 문제가 발생하는데, 이때는 자신이 이차적 결정을 내렸다는 사실조차 전혀 모를 수도 있다.

각각의 작은 단계들로 내리는 일차적 결정이 따로 보면 합리적이지만 이 결정들이 모두 합해질 때 개인에게 해를 끼치는 경우 마음속에서 시차에 따른 문제가 벌어진다. 특히나 이를 해결하려 노력하는 과정에서 몇 가지 중요한 상황이 펼쳐진다. 이러한 사례는 '마음속의 집단행동 문제intrapersonal collective action problems'로 설명할 수 있다.[19] 가령 (지금 당장) 담배 한 대를 태우거나, 디저트로 퍼지 브라우니를 먹거나, 저녁 식사 후 술을 한잔 하거나, 주말에 도박을 하겠다는 결정을 내렸다고 해보자. 각각 합리적인 선택이고 독립적으로 행해질 때는 이익이 되는 이 작은 단계들이 누적되면 개인에게 해를 끼치거나 심지어 재앙으로 이어질 수도 있다. 이런 상황에서는 이차적 결정을 시도할 여지가 충분하다. 개인은 자신을 통제하려고 규칙을 세운다. 흡연은 저녁 식사 후에만 한다거나, 도박은 절대로 하지 않는다거나, 휴일에만 퍼지 브라우니를 먹는다거나, 파티에서 참석자 전원이 술을 마실 때만 술을 마신다고 정한다. 다만 가정이 더욱 효과적일 수도 있다. 예컨대 퍼지 브라우니를 먹지 않겠다고 가정하지만 축하의 자리이고 브라우니가 유독 맛있어 보일 때와 같이 특별한 상황에서는 그 가정을 번복할 가능성을 열어두는 것이다.

자제력이 부족하여 문제를 겪는 사람들을 돕는 단체로 널리 알려진 사설 기관들(익명의 알코올중독자들Alcoholics' Anonymous, 단도박모임Gamblers' Anonymous)은 이처럼 일반적인 이차적 전략을 개발하는 사업을 벌인다. 중독자들이 실제로 회복하는 매우 놀라운 사례도 있지만, 중독 물질에서 회복되는 과정을 거치지 않아도 되는 평범한 사람들 또한 이와 유사한 이차적 결정을 내린다. 특히나 자기 통제가 어려운 경우 주체는 위임을 고려하기도 한다. 위임(낮음-높음)이 규칙이나 가정(높음-낮음)보다 더욱 바람직한지는 앞에서 논의한 여러 고려 사항에 따라 달라질 것이다.

낮음-낮음: 뽑기와 작은 단계들

평형, 책임감, 약속

개인이나 기관이 선택보다 뽑기를 하는 이유는 무엇일까? 어떤 상황에서 작은 단계들이 최선일까?

음식점에 간 당신은 메뉴에 있는 서른 가지 음식 가운데 여섯 개에 관심이 간다고 해보자. 여섯 가지 음식 중 무엇을 먹을지 고민해야 할까? 길고도 자세한 숙고의 시간을 거쳐야 할까? 종업원에게 물어야 할까? 그런 행위를 좋아하는 사람이라면 그럴 수도 있겠다. 저녁 식사로 무엇이 가장 좋을지 고민하는 과정을 무척이나 즐기는 사람도 있고, 이런 과정이 당신에게 더 좋은 경험을 안겨줄 수도 있다. 하지만 동반자 또는 친구와 저녁 데이트를 즐기기 위해 음식점에 왔을 뿐, 음식이 매우 뛰어난지, 훌륭한지, 그럭저럭 괜찮은 정도인지는 그리 중요하지 않을 수 있다. 그렇다면 당신은 뭘 먹을지 뽑기로 정할 것이다.

개인이 선택을 즐기지 않거나 선택지 중 어느 쪽으로도 기울지 않는 평형 상태일 때는 단순히 하나를 뽑는 편이 확실히 더 낫다. 인지적·정서적으로 높은 비용을 치르며 선택할 가치가 없다. 앞서 봤듯이 낮은 위험 상황(시리얼 선택)과 높은 위험 상황(구직 기회)에서 모두 뽑기를 택할 수도 있다. 뽑기는 위임과 비슷하게도 보이는데, 위임의 대상이 '운명'이고 모든 것을 고려한 판단을 내릴 때 동반되는 책임감을 주체가 상실한다는 점에서 그러하다. 따라서 어떤 이들은 (동전 던지기와 같은) 우연에 의존해 어려운 질문을 해결하기도 한다.

무작위 프로세스와 달리 작은 단계들을 거치는 전략은 일종의 선택이다. 고등학생들은 대체로 이런 접근법으로 데이트를 하고 성인 또한 자주 그런다. 신문사와 잡지사는 체험판 구독을 제공하고 북클럽도 마찬가지다. 광고주들(또는 지금 맥락에서만큼은 연애 관계에 있는 이들)은 사람들이 작은 단계들을 더 따르려 한다는 사실을 알고, ('진지한 약속은 하지 않는다'라는 접근법으로) 이런 선호도를 이용하기도 한다.

대학에 입학하고 첫 해에 학생들은 한 가지 교육 과정을 택해 전념할 필요가 없다. 다양한 방향으로 작은 단계들을 시도하며 자신의 선택을 시험해볼 수 있다. 보통 작은 단계들을 따를 때는 정보량과 결정 규모 사이의 균형이 맞지 않아 의도치 않게 나쁜 결과가 초래되는 심각한 위험이 동반되므로, 여기서는 상황을 되돌릴 수 있는지 가역성의 여부가 특히나 중요해진다.

기관은 배심원과 군 복무자를 추첨으로 뽑을 수도 있다. 배심원단 추첨제가 매력적인 이유는 해당 시스템을 운영하는 비용이 상대적으로 낮고, 다른 대안이 더 많은 실수를 불러올 수 있기 때문이다. 다른 대안은 누가 배심원을 맡을지를 두고 사회적인 논쟁을 초래하고 배심제도 자체에 부정적인 결말을 가져올지도 모른다. 여기서 핵심은 배심원단이 커뮤니티의 대표성을 지녀야 한다는 점인데, 무작위 프로세스가 이 목표를 달성하는 최선의 방법이라고(또한 많은 사람에게 부담스러운 사회적 사안을 배분하는 가장 공정한 방식이라고) 볼 수 있다. 배심제도의 목적을 생각한다면 배심원단에 참여하려는 의지를 밝히게 하거나, 참여하지 않는 사유를 각각 조사하거나, (참여 또는 불참에 따라) 금전적 비용을 책정하는 방식은 더욱 나쁜 방법이다. 마찬가지로 군 복무자 추첨 또한 선발 기준을 명시하면 그중 몇몇 항목이 도덕적으로 의혹을 살 수 있으며 따라서 무작위 결정이 오류가 적다는 믿음에서 시행된다.[20]

변화, 의도하지 않은 결과들, 가역성

추첨과 달리 작은 단계들은 무작위 프로세스와 연관이 없다. 영국과 미국의 판사들은 대체로 결정 부담과 결과의 오류를 최소화하고자 사례별로 접근한다. 여러 법률 문화에는 점진적인 방식을 지지하는 일종의 규범이 담겨 있다. 판결이 선고되기까지의 특수한 구조와 판사에게 정보가 제한적이라는 현실이 그 이유 중 하나다. 어떤 사건에서는 판사가 즉각 영향을 받는 사람들의 이야기를 듣지만, 이익이 위태로운 상황에 놓이는 다른 쪽의 사람들에게서는 이야기를 듣지 못하기도 한다. 때문에 작은 단계들을 따르는 이차적 결정을 내린다.

한 가지 예시를 들어보겠다. 온라인에서 고등학생들이 표현의 자유를 어디까지 행사할 수 있는지 결정해야 하는 사건을 법원이 맡았는데, 관련 정보가 거의 없는 상황이라고 생각해보자. 여기서 법원이 표현의 자유가 행사될 수 있는 모든 상황을 아우르는 규칙을 만들고자 한다면 판결까지 대단히 오래 걸릴 것이다. 이때 결정 부담은 헤아릴 수 없을 정도로 높아진다. 정보가 전혀 없기 때문일 수도 있고, 법원에 가해지는 압력이 크기 때문일 수도 있다. 법원은 다양한 주제를 다루면서 해당 주제를 잘 모르는 사람들 혹은 의견이 일치되지 않는 사람들을 포함해 여러 사람으로 구성된다. 그렇다면 광범위한 규칙들을 두고 결론에 도달하기가 상당히 어려울 것이다. 이때 작은 단계들이 마땅한 선택지가 된다.

작은 단계들을 취하는 판사는 자신의 판결이 선례로 남으리라는 사실을 잘 알기에 굉장히 신중하게 접근하며 그 판결이 향후 적용될 범위를 좁히고자 한다. 위에 언급한 다양한 문제 때문이기도 하지만 무엇보다 앞으로 어떤 문제가 벌어질지 정보가 부족하기 때문이다. 정보가 너무 '많으면' 색다른 문제가 나타나기도 한다. 어떠한 사건은 관련되어 보이는 세부 정보가 많지만 이후에 벌어진 사건은 관련한 특징이 하나 이상 부족할 수도 있는데, 이러면 널리 적용될 선례를 만들기가 우려된다. A의 사례에는 X 또는 Y라는 특징이 있지만 B에는 해당 특징이 존재하지 않는다면, A의 사례를 바탕으로 B에 영향력을 행사하는 규칙을 도출하기가 위험하다.

상황이 급변한다면 작은 단계들이 특별한 힘을 발휘한다. 사실과 가치가 달라지면 현재의 상황에서는 적절한 규칙이라도 금세 시대착오적으로 변한다. 인터넷을 포함해 새로운 통신기술의 맥락 안에서 표현의 자유라는 권리를 어떻게 적용할지는 좁은 범위로 정해져야 하는데, 현재 만들어진 광범위한 결정은 향후 잘못될 가능성이 크기 때문이다. 법원으로 오지 않은 사례들에 광범위한 규칙이 잘못 적용될 수 있기 때문에 작은 단계들 전략이 최선으로 보인다.

이스라엘 철학자 조셉 라즈는 이러한 관점과 아주 유사한 주장을 펼치며, 작은 단계들(대체로 유추에서 비롯된)과 복잡한 시스템에 일회성으로 개입할 때 벌어지는 특이한 문제들을 짚었다.[21] 라즈는 법원이 거대한 혼란에서 의도치 않은 부작용이 벌어지는 일을 막고자 유추를 한다고 봤다. 유사한 맥락으로 작은 단계들 전략을 지지하는 독일의 심리학자 디트리히 되르너는 사람들이 성공적인 사회공학에 참여할 수 있을지를 살펴보고자 컴퓨터 실험을 몇 가지 진행했다.[22] 참가자들은 세계 일부 지역의 거주자들이 마주한 문제를 해결해야 했다. 컴퓨터를 이용해 해당 문제를 해결할 수많은 정책(소 관리 방식 개선, 아동 예방접종, 우물 지원)에 접근할 수 있었다. 하지만 참가자 대부분이 결국 재앙을 초래했는데, 특정한 개입 방식이 시스템 전반에 미치는 복잡한 영향을 생각하지 못한 탓이었다.

실험에서 소수의 참가자들만이 앞으로 벌어질 여러 단계를 판단하고 일회성 개입이 시스템에 미치는 다양한 영향을 이해했다. 성공적인 참가자들은 이러한 위험에 주의하며 작고도 되돌릴 수 있는 단계들로 해결책을 제시했고 시간이 흐르면서 계획이 세워지도록 했다. 때문에 되르너는 시스템에 개입할 때 벌어지는 문제에 집중한 다른 사람들과 마찬가지로[23] 작은 단계들을 옹호하는 주장을 펼쳤다. 많은 사람이 이와 비슷한 문제를 마주하며, 작은 단계들 전략은 어떤 역효과가 벌어질지 몰라서 발생하는 문제에 대응하는 좋은 방법이 된다.

이러한 관점에서는 규칙이나 위임보다 작은 단계들이 더욱 나아 보인다. 개인이나 기관은 미래를 향해 명확한 경로를 만들기 위한 정보가 대체로 부족하고, 그런 정보를 지닌 적절한 수임인이 없을 때도 많다. 급변하는 상황에서는 규칙이나 가정이 향후에 그릇될 수도 있다. 문제가 생긴다면 어떤 방향으로 나아가던 중이든 그 움직임을 되돌릴 수 있어야 한다는 점이 특히나 중요하다. 반면 작은 단계들 접근법으로는 결정이 현재 상황에 (잠시더라도) 유리한 쪽으로 내려질 수 있다. 이를테면 법원이 차별 문제를 점진적으로 다루려고 한다면 현재 부당하게 벌어지는 행동을 계속 허용하게 될 수 있다. 이는 빈곤 지역의 실업 문제를 완화하려는 국가가 경험하는 상황이다. 작은 단계들 접근법을 따르다가는 계획이 약화되고 법 또는 정책을 사전에 고지하는 데 실패할 수도 있다. 대체로는 작은 단계들 접근법이 제한된 정보 또는 제한된 합리성에 대응하는 합리적인 접근법이라고 단순하게 말할 수 없으며,[24] 이것이 가장 좋은 방법인지 그나마 나은 방법인지는 맥락에 따라 달리진다.

이러한 분석은 정부 기관이 아닌 주체들의 상황에도 마찬가지로 적용된다. 주체는 규칙(또는 가정)을 만드는 데 필요한 정보가 부족해서 작은 단계들을 따를 수도 있고, 아니면 본인이 마주한 결정의 사안이 독특하고 다시 반복될 가능성이 낮아 규칙을 마련할 이유가 없어서 작은 단계들을 따를 수도 있다. 또는 시간이 지나며 상황이 달라질 가능성이 있거나 큰 규모의 결정이 의도하지 않은 결과를 불러올 수 있어서, 또는 거대한 변화에 따른 책임을 피하고자, 적어도 책임감을 느껴야 하는 일을 미뤄보고자 작은 단계들을 따를 수도 있다.

이차적 전략들

지금껏 논의한 내용을 〈표 2〉에 요약했다. '낮음' 과 '높음'은 결정의 전체 비용을 의미하며 반드시 하나의 동일한 주체가 지는 비용은 아니라는 사실을 떠올리길 바란다. 낮음–높음에서 비용은 위임인과 수임인이 분담하고, 높음–낮음에서는 (가령 규칙을 만드는) 기관과 (그 규칙을 따르는) 주체가 분담한다.

핵심 결론은 두 가지다. 첫째, 추상적으로 그 어떤 이차적 전략도 특별히 더 좋다고 하기 어렵다. 둘째, 우리는 어떠한 환경에서 어떤 전략이 더욱 타당할지 밝히고 특정 접근법을 찬성 또는 반대할 요인을 따져볼 수 있다.

실제로 사람들은 이차적 결정을 내릴까? 내려야만 할까?

다양한 가능성 중 어떠한 이차적 전략이 좋을까? 사람들은 언제 결정할까? 아주 간단하게 답하자면 그런 상황은 자주 벌어진다. 고용주는 직원들의 생활이 단순해지도록 여러 엄격한 규칙을 세운다. 입법부는 숙고 끝에 규칙을 만드는 대신 위임하기로 결정할 수 있고, 가족은 주거 방식에 점진적인 접근법(매매가 아닌 임대)을 택하기로 결정할 수 있으며, 대통령은 몇몇 외국인 체류자의 입국을 허용할지 결정할 때 다른 대안은 거절하고 추첨제를 권할 수도 있다. 기관 또는 개인은 모든 사안을 고려한 끝에 한 가지 이차적 전략을 선택한다.

전략	사례	잠재적 이점	잠재적 단점	적절한 맥락
1. 높음-낮음: 위임	배우자, 친구들, 행정부	최종 결과에 대한 직접적인 책임에서 해방, 좋은 결과가 나올 가능성 증가	신뢰·공정성·책임과 관련한 문제들, 위임을 할지 말지, 한다면 누구에게 할지를 둘러싸고 높은 비용이 발생할 수 있음	적절하고 신뢰할 수 있는 수임인 여부, 위임인의 결정에 오류가 발생할 수 있다는 부담감이 높거나, 위임인이 오류를 범할 가능성을 인지한 상황
2. 낮음-낮음: 뽑기, 작은 단계들, 다양한 휴리스틱	영미 판례법, 추첨제, 개인의 중요한 결정	전체 비용 감소, 가역성, 변화나 의도치 않은 결과에 대처 가능	계획을 세우기 어려움, 결정의 총비용 높음, 수많은 실수	선호도 또는 가치의 평형과 대칭성, 급격한 변화를 마땅히 거부하는 상황, 예상치 못한 결과를 합리적으로 두려워하는 상황
3. 높음-낮음: 규칙, 가정, 루틴	속도제한법, 법 형식주의, 형사법, 중독자 회복, 엄격한 사람들	한 번 정해지고 난 후에는 수많은 결정에 드는 비용 감소, 통일성, 계획을 세우기 쉬움	좋은 규칙 또는 가정을 도출하기 어려움, 한 번 정해지고 난 후에 여러 실수가 발생할 가능성	내려야 하는 결정의 수가 상당하고 의사결정자도 수많은 상황, 향후 비슷한 결정들이 반복될 상황, 계획이 필요하고 사전에 결정할 능력이 있다고 확신하는 상황
4. 높음-높음	헨리 제임스 작품 속 몇몇 등장인물, 제 기능을 못하는 정부	(결정 비용을 마땅히 감수할 수 있고 결과가 좋은 경우가 아닌 이상) 없음	결정 마비, 평판 훼손, 개인 또는 기관의 붕괴	주체 또는 기관에게 다른 방도가 없는 상황

표 2 이차적 전략들

하지만 다양한 선택지를 모두 신중하게 고려하기보다는 상황을 신속하게 평가하기도 한다. 개인적인 결정은 즉각 내릴 때가 많다. 사실 이차적 결정이 가장 적절한 전략이라고 보기에는 비용이 지나치게 높으므로, 이차적 결정을 따른다면 일차적 결정이 지닌 여러 문제가 나타날 수 있다. 일차적 결정을 할 때와 마찬가지로 어떤 때는 고민하지 말고 한눈에 가장 좋아 보이는 선택지를 따르는 편이 낫다. 체계적으로 따져 이득을 극대화하려는 접근법보다 더욱 쉽기 때문이다(다양한 결정 비용을 모두 따져본다면 이 방법이 이득을 더욱 극대화할 수 있다). 개인과 기관 모두 상황별로 눈에 띄는 특징으로부터 타당한 이차적 전략을 쉽게 파악한다면, 어떤 전략을 택할지 고심할 이유가 없다.

실천적 추론이 작동하는 방식을 위와 같이 설명할 수는 있다. 하지만 이를 실제로 따르기에는 문제가 있는데, 사람들이 내리는 이차적 결정은 잘못될 때가 많기 때문이다. 그때그때 상황에 따라 전략을 택할 때 많이들 실수를 저지르고, 다양한 가능성을 두고 신중하게 접근할 때 대체로 더 나은 선택을 한다. 병적으로 엄격한 규칙은 삶과 법, 정책에서 심각한 문제를 일으킨다. 위임이 가장 불행한 선택이 될 때도 있다. 정치적으로 그리고 이따금 개인적으로도 다양한 선택지에 더욱 명확하게 접근한다면, 사회나 기관이 나쁜 이차적 결정을 내리거나 다른 대안을 생각하지 못한 채 한 가지 전략을 택하는 상황을 효과적으로 방지할 수 있다.

합리성과 제한된 합리성

우리는 정보가 제한되었을 때(합리성이 제한된 특정 상황에서) 주로 이차적 결정을 내린다. 앞서 강조했듯 이차적 결정은 예상치 못한 부작용이 나타나거나 미래 상황을 파악하기 어려워 발생하는 문제를 잠재적으로 해결하는 최적의 방책이다. 또는 불안이나 스트레스, 특정한 결정을 내리는 데 따르는 대단한 불쾌함에 대응하는 방식일 수도 있다. 이를테면 사람들이 그 자리에서 결정을 내려야 할 때 신뢰할 수 없는 휴리스틱을 따른다는 사실을 인지한 기관은 그 대신 이차적 전략을 택한다. 또는 인지적 문제보다 동기적 문제에 대응하여 이차적 전략을 사용하는데, 즉 사람들은 이 전략으로 충동성과 근시안, 비현실적인 낙관주의 등 자신의 경향성에 대항하려 한다. 이러한 이차적 결정은 정보를 얻는 데 드는 비용과 자신의 오류 성향을 잘 인지하고 결정을 내리는 합리적인 행위자의 합리적인 반응으로 볼 수 있다.

하지만 제한된 합리성이 이차적 결정에 영향을 미치기도 한다. 합리적인 행위자가 자신의 제한된 합리성을 극복하고자 이차적 결정을 할 때, 정보 또는 동기의 문제로 잘못된 결정을 내릴 수 있다. 사람들과 기관이 정보 부족으로 차선책인 이차적 전략을 따르기도 한다. 이를테면 규칙을 세우는 편이 더욱 나음에도 작은 단계들 전략을 택한다. 적절한 이차적 전략이 무엇인지를 두고 잘못된 판단을 내리는 이유에는 가용성 편향(머릿속에 쉽게 떠오르는 유사한 사례에 초점을 맞춰 판단하는 성향)이 자리한다. 동기적 문제로 나쁜 이차적 결정을 내릴 수도 있다. 충동적이거나 근시안적인 주체나 기관은 이후 상황이 전개되는 과정에서 어떠한 규칙이 얼마나 틀릴지를 파악하지 못하고, 비현실적으로 낙관적인 주체나 기관은 최적의 작은 단계들을 취할 수 있다고 자신의 능력을 과대평가한다. 끔찍한 실수를 불러오는 휴리스틱 기제에 의존하는 등 사람들은 목표 달성에 크게 해가 되는 이차적 전략을 선택하기도 한다.

부담과 이점

이제 주요 논점으로 돌아가보자. 평범한 사람들과 공적인 기관은 대부분 그 자리에서 결정을 내리려 하지 않으며 이차적 전략 중 하나를 고른다. 이 중 어떤 전략은 초기 부담이 높지만 이후의 결정은 비교적 간단하고도 부담이 적다(높음-낮음). 보통 규칙 또는 가정을 세우는 이 전략은 내려야 할 결정이 많고 반복적일 것으로 예상될 때, 사전 고지와 계획이 중요할 때 가장 좋은 방법이다. 다른 전략들은 초기와 최종 결정을 내리는 순간의 부담이 가볍다(낮음-낮음). 이러한 접근법은 (선택지들 간에 평형이 유지되어서 또는 신중한 결정에 누구도 책임을 지지 않거나 책임을 져서는 안 되는 등의) 규범적인 사유로 어느 정도의 무작위성이 매력적일 때, 또는 일차적 결정을 내리는 일이 (인지적·정서적으로 부담스러워) 매우 어렵거나, 가늠하기 힘든 요소가 너무 많고 의도하지 않은 결과가 상당히 크게 나타날 위험이 있을 때 유용하다. 작은 단계들을 밟는 전략은 무엇보다 되돌릴 수 있기에 가장 선호된다.

한편 초기 부담은 낮지만 결정의 순간으로 높은 부담이 전가되는 전략도 있는데(낮음-높음), 다른 사람이나 기관으로 또는 (비유적으로) 미래의 자신에게 위임을 하는 방법이 그렇다. 위임의 형태는 다양하고, 위임하는 사람 또는 기관이 어느 정도의 통제력을 유지한다. 위임 전략은 관련된 전문 지식을 갖추었거나 신뢰할 수 있는(편견이나 다른 동기적 문제가 없는) 수임인이 있을 경우, 다른 사람이나 기관에 결정의 책임을 맡길 때 특별한 정치적·전략적 이점이 있을 경우에 타당하다. 수임인이 자발적으로 맡지 않은 업무를 억지로 지거나 상황이 공정하지 않을 때, 그리고 입법부나 법원 등이 마땅히 스스로 짊어야 할 사회적 역할을 위임했을 때 윤리적·정치적으로 심각한 문제와 불공정 시비가 일어날 수 있다.

마지막 경우는 사전과 결정의 순간 모두 부담이 클 때로(높음-높음), 몇몇 가상의 인물과 제 기능을 매우 못 하는 정부에서 찾아볼 수 있다. 이 전략은 전체적으로 높은 결정 부담을 감당하는 것이 (실제로 정말 즐거워서) 기쁘거나 (도덕적 이유로) 긍정해야 하는 일이라고 가정해야만 최고의 전략이 된다. 이러한 가정이 이상하게 보이겠지만, 달리 이해하기 어려운 인간의 행동을 명확하게 설명해준다. 위에 언급했듯 이차적 결정들 중 더욱 나을 법한 다른 전략을 고려할 동기가 있음에도 이를 따르지 않는 행동을 말이다.

2

인생의 갈림길에서 물어야 할 질문

어떤 결정은 한 가지 이유 때문에 특히나 어렵게 느껴진다. 그 이유란 바로 특정한 선택이 대단한 변화로 이어질 수 있다는 점이다. 이런 결정은 대단히 짜릿하고 강렬하다. 좋든 나쁘든 가치와 선호를 위기에 빠뜨린다. 근본적인 질문을 생각하게 만든다. 사람들은 무엇을 촉진하거나 극대화하려 노력해야 하는가? 우리가 '채택'할지 말지 결정할 때면 이 질문을 해야 하는데, 이 이야기는 차차 전하겠다.

안녕감을 연구한 심리학에서는 사람들이 극대화하려는 목표 대상으로 오래전부터 두 가지를 강조해왔다. 첫째는 행복, 둘째는 에우다이모니아eudaimonia다. 행복은 '기쁨'이라고도 하고, 에우다이모니아는 '번영'이라고도 하며 그 안에 '의미'를 포함한다. 어떤 경험은 즐거움이나 기쁨, 편안함을 안기는데 모두 행복과 관련이 있다. 어떤 경험은 목적의식을 일깨우며 개인이 의미 있는 삶을 산다는 믿음과 관련된다. 텔레비전을 보거나, 테니스를 치거나, 친구들과 저녁 식사를 함께 하는 활동은 의미가 있는지 없는지를 떠나 즐거울 수 있다. 타인을 돕거나, 자신에게 주어진 일을 잘 해내거나, 아이를 키우는 일은 즐거운지 아닌지를 떠나 의미를 느낄 수 있다. 사람의 경험은 즐거울 수도 즐겁지 않을 수도 있고, 목적의식이 충만할 수도 충만하지 않을 수도 있다.[1] 우리는 삶이 의미는 충만하지 않지만 기쁨은 충분하다고 생각할 수도 있고, 기쁨은 충분하지 않지만 의미는 충만하다고 여길 수도 있다. 물론 에우다이모니아는 기쁨과 의미를 모두 포함하는 개념으로도 이해된다.

또한 심리학 연구에서는 심리적 풍요psychological richness라는 개념을 탐구했는데, 이는 개인의 선호와 가치를 시험대에 올리고 변화시키는 경험을 포함해 다양한 경험과 관점을 담는다.[2] 기본 발상은 사람들에게 중요한 대상이 기쁨과 목적만은 아니라는 것이다. 사람들은 다양성과 변화를 추구할 수도 있다. 즉흥적이고 싶어 할 수도 있다. 다채로운 경험을 원할 수도 있다. 완전히 새로운 무언가를 바랄 수도 있다. 사람들의 바람 중에는 기쁘거나 기쁘지 않은 것도 있고, 의미가 있거나 없는 것도 있다. 중대한 변화는 기쁨을 주고 의미가 있겠지만, 그 변화를 결심하는 동기는 기쁨과 의미가 아니라 심리적 풍요일 수 있다. 사람들은 심리적 풍요를 누리기 위해 심지어 즐거움 또는 목표를 기꺼이 희생하려 들기도 한다(또는 그 반대도 가능하다).[3]

이를 바탕으로 우리는 행복, 에우다이모니아, 심리적 풍요에 적절한 가중치를 부여해 평가하여 결정을 내린다고 결론지을지도 모른다. 어떤 이들은 한 가지 요소를 특별히 더 중요하게 여길 텐데 이때는 맥락이 대단히 중요하다. 물론 사람들은 자기 자신만을 생각하진 않는다. 타인을 위해 자신의 안녕감을 희생할 수도 있다. 결정에 관한 결정은 이런 요소들을 바탕으로 내려진다.

이차적 결정을 포함해 결정이란 것을 내릴 때는 좋은 결과와 나쁜 결과 등 다양한 결과가 발생할 확률을 계산하고 각 결과에 확률을 곱해야 한다고 가정해보자. 기쁨과 목적, 심리적 풍요를 복합적으로 고려한다고도 가정해보자. 다양한 결과의 확률이 얼마인지는 모를 수도 있다. 어쩌면 무슨 다양한 결과가 나올지조차도 모를 수 있다. 저명한 경제학자 존 메이너드 케인스는 "계산 가능한 확률을 유추해볼 과학적 근거란 어디에도 없다. 우리는 그저 알 수가 없다"고 말하며 우리가 전혀 모르는 일들을 언급했다.[4] 정보가 부족하면 경험 법칙을 사용할 수 있다. 이때 사람들은 무엇을 알고 모른다는 문제를 떠나서 위험을 회피하려고도 한다. 이를테면 어떤 선택지가 재앙을 일으킬 가능성이 적다면 그것을 고를 때 예상되는 가치가 높은지보다 재앙으로 이어질 가능성이 낮다는 데에 더 큰 가중치를 두며, 이런 이유로 보험에 가입하고, 심리적 풍요보다 (편안함을 포함한) 기쁨을 선호한다. 마찬가지로 어떠한 선택지에 기적이 일어날 일말의 가능성이 있다면, 이를 이유로 (가령 심리적 풍요를 건) 도박을 할 수도 있다.

이 장에서 나는 또 다른 문제에 초점을 맞추고자 한다. 사람들이 기로에 섰을 때 발생하는 문제다. 기로에 선 사람들은 한 가지 선택지를 고르면 자신의 선호와 가치, 어떤 의미에서는 자신의 정체성과 자기이해 또한 다른 쪽을 택했을 때와 달라질 수 있다는 사실을 잘 알 것이고 또 잘 알아야 한다. 아돌프 히틀러가 권력을 잡지 않았거나, 존 F. 케네디가 암살을 당하지 않았거나, 도널드 트럼프가 대권에 출마하지 않은 '반사실적 역사'에 큰 흥미를 갖는 사람들도 있다. 그랬다면 역사가 근본적으로 다른 방향으로 흘러갔을까? 이보다 규모가 작게 '슬라이딩 도어스sliding doors'•가 담긴 이야기 속 주인공들은 어떤 의미로는 다른 사람으로 변하는 선택을 내리며 의사가 아니라 변호사로, 민간인이 아니라 군인으로, 미혼이 아니라 결혼을 해 아이들을 키우는 삶을 살아간다. 이런 이야기 중 가장 흥미로운 사례에서는 주인공의 두 가지 인생 버전을 모두 보여주고는 개인의 정체성을 바꿔놓은 선택이 과연 옳았는가 하는 어려운 질문을 던진다.

이에 관련해 다음의 네 가지 사례를 생각해보길 바란다.

1 마거릿은 30대 미혼 여성이다. 아이를 낳을지 말지 확신이 없다. 친구들은 아이가 있어야 한다고 강력하게 말한다. 그는 엄마가 된다는 데, 특히나 동반자가 없이 엄마가 된다는 데 굉장한 두려움을 느끼지만, 아이를 갖기로 했다. 그러고 나니 '아이 낳기를 잘했네'라는 말로는 이루 다 표현할 수 없을 정도의 행복을 느꼈다. 그의 삶에서 가장 중요한 것은 아이이고, 놀랍게도 그는 자기 자신을 다른 무엇보다 엄마라고 인식한다.

2 수전은 성공한 변호사다. 자신의 일을 좋아한다. 동시에 그

• 지하철 문이 닫히는 순간 열차에 타느냐 마느냐 하는 선택으로 인생의 전환점을 맞이하는 상황에 빗대어 결정의 순간을 가리키는 용어.

는 소설 집필도 좋아해 여가 시간에는 글을 쓴다. 가장 친한 친구인 칼은 변호사 일을 그만두고 전업 작가가 되라고 강력하게 권한다. 몇 년간의 망설임 끝에 마침내 조언을 따랐다. 이제 그는 작가가 되었다. 돈은 많이 벌지 못하지만 자기 일을 사랑하는 그는 변호사로 돌아가는 삶을 상상도 할 수 없다.

3 프랭크는 미국에서 나고 자랐다. 오랫동안 미국인으로 살았다. 최근 몇 년간 그는 조국이 나아가는 방향에 의문을 품어왔다. 그리하여 노르웨이에서 살기로 결심하고는 그곳으로 가서 사람들과 친밀한 우정을 쌓았다. 그의 충성심과 가치관이 달라지기 시작했다. 노르웨이인들에 대한 애정이 커졌다. 친구들의 거듭된 권유 끝에 그는 오슬로로 이주했고, 만족하고 있다. 자신이 나고 자란 국가를 가깝게 느끼지만, 더는 자신을 미국인이라고 여길 수 없다.

4 래리는 (적당히) 행복한 결혼 생활을 하고 있다. 15년 동안 그는 아내에게 충실했다. 그러다 어느 대규모 회의 자리에서 한 여성을 만나게 되었고 상대에게 깊은 매력을 느꼈다. 두 사람은 결국 외도를 했다. 그의 결혼 생활과 삶에서 외도는 심각한 고민거리이자 끊임없이 스트레스를 주는 요인이었다. 하지만 그는 외도를 하지 말았어야 했다는 생각은 하지 않는다. 외도는 어떤 면에서 인생 최고의 사건이자 가장 중요한 일이었다.

이런 상황에서 내리는 결정은 우리의 핵심 가치와 자아감, 선호, 즉 우리에게 가장 중요한 대상을 변화시킨다는 점에서 변혁적 transformative이라고 할 수 있다. 이러한 결정은 기쁨이나 목적의식을 높일 수도 그러지 않을 수도 있지만, 심리적 풍요는 크게 늘릴 수 있다. 최근 몇 년간 변혁적 선택에 대한 관심이 커졌다.[5] 이스라엘 철학자 에드나 울만-마르갈리트는 이를 두고 "큰 결정big decisions"이라고 하며[6] 다음의 네 가지 특성을 꼽았다.

1. 혁신적이거나 본질에 영향을 미친다.
2. 돌이킬 수 없다.
3. 완벽히 인지한 상태에서 결정을 내린다.
4. 결정을 내린 후에는 택하지 않은 다른 선택지가 오래도록 그림자를 드리운다.

울만-마르갈리트는 큰 결정이 "미래의 자신을 대단히 변화시킬 것"이라고 주장했다. 이러한 결정은 "인생의 중요한 전환점"이며, "심연을 뛰어넘는 도약이 필요"하다. 이 '도약'을 자주 경험하지는 못한다 해도 그것이 어떤 느낌인지는 많은 사람이 알 것이다. 인생의 기로에서 사람들은 선택보다는 '채택'을 하는데, 이는 울만-마르갈리트의 설명에 따르면 큰 결정을 뜻한다. 이러한 채택의 상황에 놓이면 우리는 다른 사람으로 변신한다. 이 변화는 과거의 가치와 선호로 정의되는 과거의 자신이 새 가치와 선호로 정의되는 새로운 자신으로 대체되는 과정이다.

울만-마르갈리트가 말하는 의심할 여지 없이 큰 결정과, 이와 같이 변혁적 효과는 없지만 어느 정도 한 사람의 본질에 영향을 미칠 수 있는 작은 큰 결정little big decisions을 구분하는 것이 유용하겠다. 가족은 여름 동안 일본에서 지내기로 결정할 수 있다. 대학생이 1년간 해외에서 지내기로 결정할 수도 있다. 교수는 2년간 정부에서 일하기로 결정할 수 있다. 이러한 결정들은 삶에 심리적 풍요를 더할 수 있고, 기쁨과 목적의식 둘 다 키울 수(또는 줄일 수) 있다. 특히나 사람들은 심리적 풍요를 중요하게 여겨 이러한 결정을 내리기도 한다. 하지만 이는 울만-마르갈리트의 관점에서 '큰' 결정이 아니고, '본질에 영향을' 미치지 않으며, '돌이킬 수 없는' 것도 아니다.

주체가 큰 결정을 실제로 내리는지 명확하지 않을 수도 있다. 내가 제시한 사례 속 인물들이 바로 그러하다. 또한 사람들이 결국에는 점진적으로 새로운 방향으로 나아가는, 즉 '표류drifting'하는 상황을 떠올려볼 수 있다.[7] 직업 전환이나 외도도 마찬가지다. 이 경우 사람들은 자신이 일종의 결정을(적어도 큰 결정을) 하고 있다는 사실을 전혀 인식하지 못한다(어쩌면 스스로를 속이는지도 모른다). 어떤 경우 주체는 '자신에게' 어떤 일이 벌어지는 경험을 할 수도 있다. 가령 배우자가 무조건적으로 고집하는 이혼이 그렇다. 남편 또는 아내가 상대의 의지와는 달리 결혼 생활을 끝내는 것 외에는 '다른 대안이 없다'고 여기는 상황이다. 하지만 나는 결정이 개인의 의지에 따라 내려진 상황에 초점을 맞추고자 한다.

울만-마르갈리트는 채택opting, 선택choosing, 뽑기picking의 차이를 구분하는 데 각고의 노력을 쏟았다.[8] '선택'은 일반적인 상황으로, 우리는 근거를 바탕으로 선택하고, 돈처럼 여겨지는 기대효용을 어떻게든 최대화한다. 1장을 떠올려보면 '뽑기'는 동전 던지기와 유사하여, 우리가 어느 쪽에도 기울지 않는 상대적 평형 상태에서 결정 부담을 즐기지 않는다면 뽑기를 할 것이다. 언뜻 '채택'과 뽑기는 스펙트럼의 양극단에 있는 개념처럼 보인다. 채택은 큰 선택과, 뽑기는 작은 선택과 관련되곤 한다.

채택의 상황에서 한 가지 주목할 만한 동시에 이해하기 어려운 특징을 들자면, 주체는 결과가 어느 쪽이든 무척이나 만족할 것이라고 쉽게 상상할 수 있다. 앞서 설명한 마거릿/수전/프랭크/래리는 심리적으로 더욱 풍요로운 삶을 살게 되었고, 그래서 자신들의 선택에 기뻐했을 것이다. 마거릿/수전/프랭크/래리가 현재의 삶을 유지하기로 선택했다면 그 결정에 만족하고 안도했을 것이다. 실로 이들은 자신이 어떤 결정을 하든 옳은 결정이었다고 생각했을 것이다. 마거릿의 사례를 생각해보자. 그는 아이를 갖기로 결정했고, 그러면서 아이를 무척 선호하게 되었으며, 엄마가 아닌 자신을 상상조차 할 수 없게 되었다. 하지만 엄마가 되겠다는 생각이 그를 두려움에 떨게 하기도 했다. 아이를 낳지 않기로 결정했다면, 그는 이후 이어지는 선택들을 거치며 그 결과, 아이가 없는 삶을 마찬가지로 대단히 선호하게 되었을 것이다. 어쩌면 그는 자신이 누리는 자유를 사랑하고 자유가 없는 삶을 상상하는 것만으로도 몸서리칠지도 모른다. 자신의 경력을 사랑하게 되었을 수도 있다. 그는 엄마가 되는 일이란 기쁨이라고 할 만한 것은 지극히 적고, 목적이라고 할 만한 것도 상당히 적으며, 심리적 풍요도 없는, 따분하고 한심한 일이라고 여기게 되었을지도 모른다.

수전의 경우도 마찬가지다. 작가가 되기로 결정(선택)하지 않고 변호사 일을 계속했다면 그 결정에 매우 기뻐하고 안도했을지도 모른다. 스스로 이런 질문을 떠올렸을지도 모른다. '내가 도대체 무슨 생각을 했던 거야?' 변호사로서 그는 일상에서, 동료들에게서, 의뢰인에게서, 안정감에서 오는 에너지와 활력을 소중히 여길 것이다. 작가가 되겠다는 생각 자체가 무모한 꿈이자 한심한 환상처럼 느껴질 수 있다. 작가의 삶이 심리적으로 풍요로울 수 있다는 점은 동의하겠지만, 치러야 하는 대가가 얼마인데!

프랭크가 미국에 계속 머물렀다면 고향에 있다는 기분, 편안함, 안락함, 사명감, 의미, 투지를 동시에 느꼈을지도 모른다. 노르웨이로 이주하겠다는 계획을 두고 그는 이렇게 생각할 수도 있다. '너무도 겁 없고 무모한 생각이었어!' 그는 미국에 여러 문제가 있다고 생각해 불만을 느낄지도 모른다. 정치가 제 기능을 못하는 것 같다며 탓하면서 말이다. 하지만 매일같이 그는 이곳이 내 고향이라고 생각할지도 모른다.

앞에서 말했듯 래리는 자신이 외도하기로 선택한 것을 매우 기쁘게 여기지만(기쁨과 불행이라는 양가감정을 동시에 느끼더라도), 외도를 하지 않기로 했다면 그 결정에 매우 만족했을 것이다. 그는 행복과 의미 모두를 잃지 않았다는 점에서 '간신히 총알을 피했다'고 생각하며, 자신에게 가장 중요한 모든 것을 무너뜨릴 수도 있는 행동을 피했다고 여겼을 것이다. '외도에 빠질 뻔하다니 미친 짓이었어!' 그는 결정적인 순간에 자신이 옳은 판단을 했다고 생각하며 얼마간의 안도를 느낄 수도 있다. 특정한 심리적 풍요는 얻는 대가가 너무 크다(고 그는 생각할 것이다).

이러한 사안을 이해하려면 데이터 확보가 가장 중요하다. 선택을 하거나 하지 않은 사람들이 자신의 결정에 대체로 만족하는지 아니면 후회하는지 파악하는 데이터 말이다. 기존의 증거는 한 가지 단순하고도 충격적인 결론을 말한다. 삶에서 거대한 변화를 거치는 것이 사람들에게 이득이 되고, 현 상태를 고수할 때 후회하고 불행해질 가능성이 훨씬 크다.[9] 가령 관계를 정리하거나 일을 그만두는 상황에서 사람들이 과감하게 행동할 때보다 신중하기로 결정할 때 실수를 범할 가능성이 더욱 높다는 사실만은 분명하다.[10] 물론 통계적으로 일반화된 결론을 대입하여 개개인의 어려운 문제를 해결할 수는 없다.

큰 결정을 할 때 선택자chooser는 한 인물과 반사실적 인물을 떠올리고, 선택하지 않은 길로 반사실적 인물이 향하는 모습을(그리하여 고르지 않은 선택지가 실제로 오래도록 그림자를 드리우는 상황을) 상상하게 된다. 두 인물 모두 자신이 택한 길에 대단히 만족하리라는 사실을 두고 우리는 어떤 결론을 지어야 할까? 선택의 상황에서 올바른 결정을 내리기 위해 우리는 어떠한 기준을 채택해야 하는가? 이성적인 또는 합리적인 사람은 언제 선택을 하는가?

울만-마르갈리트가 놀라운 답을 전해주었다. 그는 우리가 보통 어떠한 이유를 들어 선택을 하지만 이유가 바닥나버릴 때도 있다고 봤다. 작은 결정들을 뽑기로 하는 상황이 한 가지 예이며, 큰 결정들을 둘러싼 채택은 또 다른 경우다. A를 결정한다면 그것은 B 때문이고, B에 의존하는 것은 C 때문이며, C는 D로 인해 정당화되고, 결국에는 우리가 정당화할 수 없는 P, Q, R이 등장하는데, 이것이 바로 울만-마르갈리트가 말하는 "당신이 지닌 모든 이유의 기층the substratum of all your reasons"이다.[11] 도덕성은 도덕적이 되기로 한 선택의 근거가 아니다. 울만-마르갈리트의 설명에 따르면 가장 근본적인 선택은 "진정한 의미의 선택이 될 수 없는데" 이유를 근거로 정당화될 수 없다는 점에서 그렇다. 그는 실존주의를 들어 "우리는 이유에 호소하지 않고 완전한 자유 안에서 도덕성과 논리, 이성이라는 원칙을 정하는 가장 근본적인 선택을 내려야 한다"고 주장했다.

그 말이 맞을지도 모른다(그렇게 생각하는 편이 멋질까?). 하지만 또 다른 답을 고려하자면, 큰 결정을 내릴 때조차 선택자는 올바른 선택을 하기 위해 자신의 후생welfare에 해당 선택이 미칠 영향을 잘 생각해야 한다. 선택을 할 때 사람들은 반드시 물어야 한다. 무엇이 내 삶을 더욱 나아지게 하는가? 물론 이 질문은 곧바로 다른 질문으로 이어진다. 개인의 후생이란 개념을 어떻게 이해하는 것이 적절한가? 여기에는 기쁨과 목적이 관계하고, 심리적 풍요도 지분이 있다. 합리적이고 이성적인 사람들은 각 요소의 적절한 중요도를 어떻게 가늠할지 서로 다르게 결정한다. 어떤 이들은 기쁨과 목적에 집중하고 심리적 풍요에는 비중을 덜 누거나 거의 두지 않는 반면, 또 어떤 이들은 심리적 풍요를 가장 중요하게 여기고 기쁨과 목적은 그리 신경 쓰지 않는다. 도저히 편을 들어줄 수 없을 정도로 자신의 후생을 희생하며 누가 봐도 비이성적인 결정을 내리는 사람들 또한 상상해볼 수 있다.[12] 중요한 것은 사람에 따라 마땅히 서로 다른 답을 내놓는다 하더라도, 후생에 관한 질문은 해야만 하는 옳은 질문이라는 점이다.

이미 알아챘겠지만 나는 중요하고도 결정적일 수 있는 사실 한 가지를 언급하지 않았다. 모든 변혁적인 결정에는 타인의 후생과 여러 도덕적 고려 사항이 관계한다는 점이다. 수전은 자신에게 정말 중요한 대의를 위해 변호사 일을 하는지도 모른다. 자신의 일을 좋아하진 않지만 타인에게 도움을 줄 수 있다. 그 사실이 그에게는 큰 의미일 수 있고, 실로 큰 의미여야 한다. 예컨대 수전은 정부 소속 변호사로 도움이 필요한 사람을 경제적으로 지원하거나, 고속도로의 사망자를 줄이거나, 팬데믹에 맞설 최선의 방법을 찾기 위해 노력할 수도 있다. 현 상황에 머물지 아니면 자신의 상황을 변화시킬지를 두고 수전의 결정은 다음의 질문에 따라 달라진다. 나와 관계하는 타인에게 무엇이 최선인가? 영국의 철학자 존 스튜어트 밀은 이렇게 말했다.

> 공리주의를 공격하는 사람들은 부당하게도 인정하려 들지 않지만, 공리주의에서 옳은 행위의 기준이 되는 행복은 주체 개인의 행복이 아니라 관련된 모든 이의 행복이라는 말을 다시 한 번 반복하고자 한다. 개인의 행복과 타인의 행복 사이에서 공리주의는 개인이 아무런 사심도 없고 그저 호의적인 방관자처럼 엄격하게 공정할 것을 요구한다. 우리는 나사렛 예수의 황금률에서 온전한 공리주의 윤리의 정수를 발견할 수 있다. 타인이 당신에게 해주기를 바라는 대로 행동하고 이웃을 제 몸처럼 사랑하는 것, 이것이 공리주의 윤리의 이상적인 완벽이다.[13]

무엇을 해야 할지 깨닫는 데에는 '관련된 모든 이'의 후생이 의심할 여지 없이 중요하다. 하지만 이야기를 단순하게 전개하기 위해 다른 이들에게 가장 도움이 되는 방향이 무엇인지 분명하지 않다고 가정하고, 마거릿/수전/프랭크/래리 각각 본인들의 후생이 핵심적인 고려 사항이라고(적어도 중요한 부분이라고) 생각해 보자.

작가인 베아트리스 코프먼Beatrice Kaufman은 이런 말을 했다. “나는 부자가 되어도 봤고 가난해도 봤는데, 단연코 부자로 사는 것이 더욱 낫다.”[14] 이해가 가는 말이다. 큰 결정을 앞두고 사람들은 자신이 삶을 어떻게 경험하게 될지 예측하고 싶다고 생각할지도 모른다. 가능한 데이터의 도움을 받는다면 그 주관적 경험을 측정하거나 적어도 비교적 근접하게는 예측할 수 있다. 우리는 사람들이 느끼는 행복 또는 기쁨에 관심을 가져야 하고, 이들의 삶의 의미 또는 목적에 관심을 가져야 하며, 심리적 풍요도 살펴야 한다. 기존의 도구들로 최소한 대략적인 평가가 가능하며, 이 도구들은 필시 더욱 개선될 것이다.[15] 다만, 우리는 정확히 무엇을 측정하려 하는가?

이 질문의 답으로 주관적인 행복을 들 수도 있다. 사람들은 행복한가, 아니면 비참한가? 또는 목적의식이나 의미가 그 답이 되고 이것들 또한 측정할 수 있을지도 모른다.[16] 사람들은 목적의식이 대단히 있지 않아도 웃고 만족을 느낀다면 행복하다고 말할 수도 있고, 대체로 즐겁지만 소소한 일상을 보내며 만족할 수도 있다. 또는 그리 많이 웃거나 만족하지는 않지만 목적의식으로 가득할 수도 있고, 선행에 전념하지만 일상이 고단할 수도 있다. 그럼에도 이 질문들은 중요하다. 사람들이 자신의 삶에 의미와 목적이 충만하다고 느끼는가? 아니면 대단히 그렇지는 않다고 여기는가? 삶의 풍요로움에 관해서도 물을 수 있다. 이들이 선택을 하지 않았다면 후회했을까? 가지 않은 길이라는 길게 드리워진 그림자는 얼마나 어두운가? 다른 삶은 덜 파란만장했을까, 아니면 조금도 파란만장하지 않았을까?

마거릿/수전/프랭크/래리가 (이성적이고 합리적으로) 어떤 결정을 내려야 할지 도움이 될 만한 답변은 쉽게 상상할 수 있다. 엄마로서 마거릿의 삶은 아이가 없는 마거릿의 삶에 비해 의미와 기쁨이 훨씬 커졌을 것이다. 수전은 변호사로서도 행복했을 터고 어쩌면 경제적인 면에서는 더욱 편안했겠지만, 작가로서 그는 후에 더욱 큰 목적의식·자유·재미를 느낄 것이고, 삶에서 심리적인 풍요는 훨씬 커졌을 것이다. 프랭크는 노르웨이에서도 충분히 행복하겠지만 그가 미국에 머물렀다면 모든 요소를 고려했을 때 삶이 더욱 나아졌을 수도 있다. 이 이야기들은 단순히 예시일 뿐이며 상상할 수 있는 변수는 다양하다.

물론 주관적 경험만이 중요한 것은 아니다. 누군가가 편하고 만족스러운 삶을 떠나 도전과 난관, 갈등 속에서 많이 배우고, 시야를 확장하고, 자주 실패하는 삶을 택한다고 생각해보자. 이는 심리적 풍요로 이어진다. 시어도어 루스벨트가 남긴 유명한 말은 목적의식과 풍요로운 삶을 향한 호소로 볼 수 있다.

> 비평가는 중요하지 않다. 강한 사람이 어떤 실수를 했고, 또 더 잘하려면 어떻게 해야 했는지를 지적하는 사람은 중요하지 않다. 공로는 실제로 경기장에 서 있는 사람에게 돌아간다. 그는 먼지와 땀과 피로 뒤덮인 얼굴로 용감하게 싸우는 사람이다. 실수와 결점이 없다면 노력도 없으므로 실수를 범하고, 계속 곤경에 처하고, 위대한 열정과 위대한 헌신을 알며, 가치 있는 대의에 자신을 바치는 사람이다. 최선의 경우 결국 큰 성취의 승리를 맛보고, 최악의 경우 실패를 하더라도 대담한 도전 속에서 실패

> 를 경험하였기에, 승리도 실패도 모르는 차가운 겁쟁이들의 영혼과는 결코 같은 자리에 있지 않을 것이다.[17]

너무 거창하고 자화자찬하는 연설이라 내 취향에는 맞지 않지만, 루스벨트가 삶의 의미에 관한 내용을 담았더라도 그저 주관적인 경험을 말한 연설은 아니라는 점을 짚고 넘어가겠다. 그는 무엇이 좋은 삶을 만드는지를 설명했다. 선택을 꼭 해야 하는지, 어떻게 선택해야 할지 고민 중이라면 마땅히 자신이 생각하는 좋은 삶이란 무엇인지 생각해야 한다(선택 후에는 그 생각이 달라질 수 있다는 점을 안다 해도 말이다).[18]

더욱 많은 내용을 알지 못하기에 래리의 사례에 대해서는 많은 이야기를 더할 수 없다. 다만 로맨스라는 점은 분명하다. 비극일 수도 있다. 코미디가 될 수도 있다. 이러한 사례를 가장 잘 논의한 책이자 영어권에서 큰 결정을 가장 강렬하고도 멋지게 그려낸 작품은 A.S. 바이어트의 소설 『소유』다.[19] 소설은 (유부남인) 랜돌프 애쉬와 크리스타벨 라모트, 두 시인의 (사회 통념에 어긋난) 사랑 이야기를 다룬다. 바이어트는 선택 후에 어떤 일이 벌어지기도 하는지를 다음과 같이 설명했다.

> 아침에 온 세상에서 낯설고도 새로운 냄새가 났다. 폭풍 후의 내음, 푸르름의 내음, 찢어진 나뭇잎과 스며 나오는 송진의 내음, 부러진 나무와 흩뿌려진 수액의 내음, 베어 먹은 사과에서 풍기는 것과 비슷한 시큼털털한 내음이었다. 죽음과 파괴의 내음이었고, 신선함과 활기, 희망의 내음이었다.

죽어가는 애쉬에게 보낸 라모트의 마지막 편지는 선택의 복잡함을 보여준다. "저는 차라리 혼자 지낼 걸 그랬어요. 진실을 말하자면 말이에요. 하지만 삶이 그러하지 않았기에, 그것이 누구에게도 허락되지 않았기에, 당신이란 사람이 있었다는 데, 용이란 것이 정말로 존재한다면 그것이 당신이었다는 데 하나님께 감사드립니다…."

라모트는 정말 혼자이길 바랐을까? 그랬을지도 모른다. 하지만 아닐 수도 있다. 그는 역설적이고 장난기가 많았으며, 자신의 용에게 감사하는 사람이었다. 그는 전 연인의 의미와 심리적 풍요를 위해 자신의 행복(과 안락함)을 기꺼이 희생하려 한 사람으로 볼 수 있다. 지금껏 우리는 이성적인 사람들이 큰 결정을 마주할 때 다양한 방식으로 여러 이점을 평가한다는 사실을 살펴봤다. 때로는 선택을 하겠다는 결정이, 거대한 심연을 뛰어넘겠다는 결정이 모든 사안을 고려했을 때 한 사람의 인생을 더욱 낫게 만들 수도 있다. 다만 정말 그럴까? 큰 결정을 내릴 때 반드시 물어야 할 중요한 질문이다.

3

아는 것이 힘인가, 모르는 것이 약인가

위임을 할지, 작은 단계들을 따를지, 뽑을지, 채택할지 등등 결정에 관한 결정을 내리려면 분명 정보가 필요하다. 필요한 정보를 얻지 못할 수도 있는데, 그래서 일차적 결정이 아닌 이차적 결정을 내리기도 한다. 하지만 사람들은 '무언가'를 알아야 하고, 그렇기에 정보 획득이 늘 이득이라고 당연히 가정할 것이다. 다만 이 결론은 너무 단정적이다. 우리는 알고 싶지 않을 때도 있다. 정보가 있는 상황이 좋은 때는 정확히 언제인가? 정확히 얼마나 좋은가? 정보를 구해야 할지, 피해야 할지 어떻게 결정할까? 정보 회피는 인간의 삶에서 보이는 핵심적인 특징이다. 때로 우리는 정보를 피하기 위해 적극적인 조치를 취한다('고의적 무지deliberate ignorance'). 때로는 이미 아는 것을 잊으려 노력하기도 한다.

여기서 우리는 '알고 싶지 않은 것not wanting to know'과 '알지 않고 싶은 것wanting not to know'을 구분해야 한다. 사람들이 전혀 관심을 두지 않는 정보도 상당히 많다. 가치가 없기 때문이다. 마음을 혼란스럽게 하고 지루한 정보다. 뿐만 아니라 사람들이 전달받기를 원치 않는 정보도 많다. 불쾌한 정보다. 고통스러운 정보다. 어떤 경우에는 해당 정보를 알아낼 동기가 딱히 없다는 점에서 '알고 싶지 않다.'[1] 적극적으로 알아내려 하지 않는다. 또 어떤 경우에는 그 정보를 구하지 않을 동기가 있다는 점에서 '알지 않고 싶다.' 이때는 알아내지 않기로 결정하고, 적극적으로 정보를 피하려 한다.

음식점에서 옆자리에 앉은 사람들의 머리카락 수가 얼마나 되는지, 당신이 소유한 자동차를 만드는 데 정확히 어떠한 금속이 쓰였는지, 동네 상점에서 판매하는 커피 원두가 브라질산인지, 콜롬비아산인지, 부다페스트산인지, 아니면 다른 나라 것인지는 별 관심이 없을 수 있다. 내가 알츠하이머병에 걸리게 될지, 암 또는 심장병에 유전적으로 취약한지, 다른 동료들이 나를 사실 어떻게 생각하는지, 내가 몇 년도에 죽음을 맞이하게 될지는 알고 싶지 않을 수 있다. 맥주·커피·피자·아이스크림 등 기쁨을 즉각 제공하지만 나중에 해를 끼칠지도 모르는 식품을 섭취하면 건강에 어떤 위험이 다가올지는 알고 싶지 않을 수 있다. 위험하다는 생각으로 머릿속이 가득하다면 식품을 섭취하면서 두려움이나 죄책감, 수치심이 든다. 무지가 곧 축복이다(바로 오늘 아침, 나는 체중계에 올랐다. 내 기분에는 그리 도움이 되지 않는 행동이었다).

정보 회피information avoidance는 일반적인 현상이며 사람들은 모르는 편을 선호하고 실제로 정보를 회피하기 위해 적극적인 조치를 취한다.[2] 하지만 어떤 조치를 취한다는 말일까? 또한 어떤 대가를 치르게 될까? 가장 근본적인 질문은 정보 획득이 사람들의 안녕감을 높여주느냐다. 이 문제를 다루려면 사례별로 접근하여 정보가 사람들에게(그 사람이 단 한 명일지라도) 효과를 발휘하는지를 묻는 방법이 적합하다.[3] 다만 안녕감이란 무엇인가? 또한 이를 어떻게 측정하는가? 경제학자들은 의류나 음식, 운동기구, 노트북, 자동차, 정보를 획득함으로 사람들이 무엇을 얻고 잃는지를 측정하는 방식이 가장 좋다고 주장하며, 지불 의사willingness to pay(WTP)● 라는 개념을 적용한다. 하지만 한 가지 분명한 문제는 만약 사람들이 돈이 부족하면 많은 돈을 지불할 의사가 없어질 거라는 점이다. 일단 이 점은 잠시 접어두고, 우선은 사람들이 정말로 무언가를 원하는지, 얼마나 원하는지를 지불 의사로 판단할 수 있다고 가정해보자. 적어도 원칙적으로 지불 의사라는 개념으로는 사람들이 관심을 갖는 모든 것, 사람들에게 중요한 모든 것을 밝혀낼 수 있다. 어떤 경우 사람들은 정보를 얻는 데 큰 비용을 지불하려 든다. 또 다른 경우에 사람들은 정보에 비용을 조금도 지불하지 않으려 한다. 또 어떤 경우에는 정보를 받지 '않는 데' 비용을 기꺼이 지불하기도 한다.[4]

이제부터 살펴보겠지만 비용을 지불할지 말지 여부가 정보에 입각한 합리적인 의사인지를 확인하는 것이 중요하다. 결정적으로 사람들은 정보에 얼마의 비용을 지불할지를 정하는 데 필요한 정보가 부족할 수도 있다. 만약 그렇다면 지불 의사는 그 정보

● 어떠한 재화를 구입할 때 지불하고자 하는 최고 금액.

가 중요하다는 정보가 부족한 데서 기인한다. 정보가 부족한 상황에서 부당하게 지불 의사가 생기면 사람들은 자신의 삶을 크게 개선해줄 정보에 관심이 없어지게 된다. 예컨대 돈을 절약하는 방법을 배우는 일이 얼마나 이득인지 모르는 사람들은 돈을 절약하는 방법이라는 정보를 얻는 데 관심이 없을 수 있다. 사람들의 지불 의사는 현재 편향present bias(내일이 아닌 오늘에 초점을 맞추는 것)이나 가용성 편향availability bias(어떠한 사례가 얼마나 쉽게 떠오르는지에 따라 특정 위험이 발생할 가능성이 높아 보이는 것) 등의 인지 편향에 따라서도 달라진다.

지불 의사는 고통을 피하고 싶거나 놀라움을 느끼고 싶다는 이성적 욕구에 따라 달라진다. 우리는 그 전도 후도 아닌 우리가 원할 때 바로 정보를 얻고 싶어 한다. 깜짝 파티는 서프라이즈가 아니면 그 재미가 크게 떨어지고, 추리 소설은 비밀을 끝까지 이어가야 한다. 동시에 사람들은 자신의 적응 능력을 과소평가하기도 한다. 고통이 단기간에 그친다 해도(의료적 도움을 곧 받을 수 있다 해도) 사람들은 자신의 건강과 관련해 고통스러울 수 있는 정보는 피하려 할지도 모른다.

그럼에도 사람들이 어떤 정보에는 큰돈을 지불할 용의가 있지만 어떤 정보에는 한 푼도 지불하려 들지 않는다는 사실은 우리에게 중요한 무언가를 알려준다. 사람들이 때로는 정보를 회피하기 위해 실제로 돈을 쓰려 한다는 점은 더욱 흥미롭다.

알고 싶은 마음

사람들은 대부분 두 가지 이유 중 하나 때문에 무언가를 알고 싶어 한다.[5] 첫째로 정보가 수단적 가치instrumental value를 지닌 경우다. 정보를 이용해 하고 싶은 일을 하거나, 가고 싶은 곳을 가거나, 선택하고 싶은 것을 선택하거나, 피하고 싶은 것을 피할 수 있다. 둘째로 정보가 긍정적인 감정을 불러일으키는 경우다. 정보는 기쁨이나 즐거움, 놀라움, 안도감을 제공하기도 한다.

그러므로 유용하지 않아도 행복할 수 있다는 점에서 사람들은 정보를 원한다. 자신이 절대로 암에 걸리지 않는다거나 보통 이상으로 똑똑하고 외모가 출중하다는 사실을 알게 되면, 이 정보로 자신의 행동이 변하는지 여부와 관계없이 행복을 느낄 것이다. 정보는 기쁨·자부심·만족감·자족감·안도·감사함 등 다양한 종류의 긍정적인 감정을 불러온다. 여러 상황에서 정보가 쾌락적 가치를, 다시 말해 기쁨을 준다는 점은 진실이자 중요한 사실이다. 그럼에도 이 감정들을 '쾌락적'이라는 좁은 의미로 설명하는 것은 부적절하다. 정보로 오는 감정들이 기쁨과는 거의 또는 전혀 관계가 없을 수도 있고, 더욱 넓은 의미에서 후생과 관련될 수도 있다. 정보가 삶에 의미가 있다는 느낌을 안겨줄 수도 있다. 이런 유형의 긍정적인 감정을 설명하기 위해 정의적 가치affective value라는 용어를 사용하기도 한다.

'아는 것이 힘'이라는 말은 정보의 수단적 가치를 가리킨다. 상사가 자신의 업무 성과를 저조하게 생각한다는 사실을 깨달은 직원은 더욱 좋은 모습을 보일지도 모른다. 향후 몇 달간 주식시장이 상승세를 탄다는 사실을 알게 되면 투자해서 돈을 벌 기회를 얻을 것이다. 학생들이 자신의 수업을 그리 즐기지 않는다는 사실을 교사가 안다면 더욱 잘 가르치려고 노력할 수 있다. 당뇨병이 발생할 위험이 있다는 사실을 알면 그 위험도를 낮추기 위해 조치를 취할 수 있다. 자신이 타는 차의 연비가 좋지 않다는 사실을 안다면 연비가 좋은 새 차를 구입할 수 있다. 무언가를 알게 되면 사람들은 행동을 달리하고 더 나은 모습을 보일 때가 많다. 정보는 돈을 절약시켜주고 생명을 구한다.

여기서 수단적 가치란 자신 또는 타인의 후생을 포함한 개념이라는 점을 명심해야 한다. 소비자는 사회적 편익을 높이거나 사회적 손해를 줄이고자 특정 상품에 관한 정보를 원할 수도 있다. 공직자들은 소비자가 요청해서가 아니라, 소비자의 관심과 양심을 자극하고 우려를 불러일으켜 사회적 규범에 영향을 미치며 목표 달성을 촉진하고자 어떠한 정보의 공개를 요구할 수도 있다. 동물 복지와 기후변화에 관한 사안을 떠올려보자.

사람들은 해당 정보가 자신에게 딱히 즐거움을 주지도 않고 그 정보로 할 수 있는 것이 없음에도 자신의 나라·지구·우주에 관해 아는 것이 좋다고 생각할 수 있다. 다른 나라의 삶과 세계 종교의 역사를 알고 싶어 하는 이유는 이들이 그 정보로 무언가를 할 수 있어서 또는 그 정보를 얻어 즐거움을 느낄 수 있어서와는 무관할 수 있다. 어떤 사안은 알아야 할 도덕적 의무가 있다고 생각한다. 자신이 사는 도시에서 또는 나라에서 고통에 빠진 사람들이 산다면, 세계 어딘가에서 대규모 잔혹 행위가 벌어진다면, 그 사실을 알고 싶을 수 있다.

더욱 거시적으로 보자면 수단적 가치나 정의적 가치가 부족하다 해도 사람들은 특정 지식이 자신의 삶을 더욱 낫게, 충만하게, 풍성하게 만들어줄 거라고 생각한다. 친구와 가족에 관한 어떤 정보가 본인을 행복하게 만들지 않는다 해도, 그리고 해당 정보를 활용할 수 없다 해도, 좋고 올바른 인간으로서 살고자 정보를 알고 싶어 할 수도 있다. 특정한 답을 구하지 않더라도, 정보를 활용할 수 있는지 여부와 관계없이, 윌리엄 셰익스피어, 지구의 기원, 개와 늑대의 관계, 인도의 역사에 대해 알고 싶을 수 있다.

정보의 어두운 면

정보가 많이 주어진다고 해서 사람들이 무언가를 하는 데 반드시 도움이 되지는 않는다. 1920년에 파리에서 태어난 모든 사람의 키나 자신이 가지 않을 외국 도시의 다음 주 날씨, 자신이 이해하지 못하는 언어로 쓰인 노래 스무 곡의 가사를 알게 된다고 해서 사람들이 다른 삶을 살게 되지는 않을 것이다. 키나 날씨, 가사들을 알게 된다 해도 긍정적인 감정은 일어나지 않을 것이다. 이런 정보들은 지루할 뿐 아니라 쓸모도 없다.

어떤 정보는 부정적인 감정을 불러일으킨다. 배우자가 사망하는 해를 알고 싶은가? 아들이 사망하는 해는? 건강검진 결과는? 당신이 입는 옷을 만드는 사람들이 제대로 된 임금을 받았는지 여부는? 나쁘거나 슬픈 소식이라면 피하고 싶을 수 있다. 비교적 좋은 내용일 가능성이 높은 소식일 때조차 사람들은 위와 같은 질문들의 답을 알아보고 싶어 하지 않는다. 어쩌면 큰 물음표인 채로 두거나 그 사안을 생각하지 않는 쪽을 선호할지도 모른다. 정보는 고통이나 좌절, 슬픔, 분노, 절망을 불러올 수 있다(고백하자면 나는 오늘 아침 체중을 재지 말았어야 했다).

이를 뒷받침하는 놀라운 근거가 있다. 때때로 사람들은 상품이 얼마인지 진심으로 알고 싶지 않아 하며 가격 정보를 '의도적으로' 피한다.[6] 가격이 팝콘 맛을 망쳐놓을 수 있다는 사실을 안다. 좀 더 구체적으로 경제학자 린다 툰스트룀Linda Thunström과 치안 존스 리튼Chian Jones Ritten이 발견한 바에 따르면, 어떤 사람들은 자신의 이익을 위해 너무 많이 소비한다는 사실을 인정하며 스스로를 '과소비자'로 생각한다. 두 연구자는 과소비자들이 최근 얼마나 소비했는지 부정확하게 판단하는 경향이 있음을 깨달았다. 또한 과소비자들이 다음의 문장에 동의하는 경향도 발견했다. "즐거운 활동에 몰입했을 때면 해당 활동의 비용이 얼마인지 생각하지 않는 쪽을 선호한다." 두 사람이 밝힌 근거는 과소비자들이 비용에 관심을 덜 쏟으려 한다는 점을 강력하게 시사한다. 분명히 하자면 사실 가격을 완전히 무시하기란 어려울 것이다. 하지만 소비자들은 가격에 대한 관심을 줄이고, 이로써 가격이 눈에 잘 들어오지 않으며 가격을 덜 생각하고 덜 알 수 있다. 툰스트룀과 존스 리튼은 가격을 향한 의도적인 부주의가 가격의 투명성과 가시성을 보장하는 법과 정책을 정당화하는 근거가 된다고 결론지었다.

'부정적인' 수단적 가치를 지닌 정보도 있다.[7] 당신이 변호사이며 살인 혐의로 기소된 의뢰인을 대리한다고 생각해보자. 제시된 증거가 의뢰인의 유죄를 입증하기에는 상당히 빈약해 보이고, 경찰이 의뢰인의 헌법상 권리를 침해한 것 같다는 의구심이 상당히 드는 상황이다. 자신의 의뢰인이 살인자인지 확실하게 알지 못할 때 변호사인 당신은 더욱 나은 성과를 보일지도 모른다. 또는 당신이 위중한 질병과 싸운다고 생각해보자. 당신이 이 싸움에서 이기고 장수할 확률을 모른다는 데에 승산이 있을 것이다(〈스타워즈〉의 무모한 파일럿 한 솔로는 이렇게 말했다. "확률 따위 집어치워!"). 또는 당신이 선수 아홉 명으로 구성된 테니스 팀에 소속되었으며 다른 팀과 각각 일대일 시합을 치러 5승을 먼저 거둔 쪽이 경기에서 이긴다고 가정해보자. 팀원 네 명이 앞서 이겼다면 당신은 시합에 열심히 임하지 않을 수도 있다. 차라리 그 사실을 모르는 편이 낫다. 또는 당신이 성별·종교·나이·인종 등 특정 사유로 누군가를 차별하고 싶지 않은 사람이라고 생각해보자. 입사 지원자의 인구통계학적 정보를 받으면 멋모르고 차별을 하게 될까 걱정이 들 수도 있다. 이 위험을 피하기 위해 당신은 해당 정보를 접하지 않으려 노력할지도 모른다.

긍정적인 수단적 가치를 지닌 정보가 부정적인 감정을 불러오기도 한다. 당신이 당뇨에 걸렸다거나 고혈압이라는 사실을 알게 되면 심란하겠지만, 이 사안에서 (부정적인 영향력을 낮추는) 무언가를 해볼 수 있다. 학생인 당신이 지금 좀 부족하며 앞으로 훨씬 나은 모습을 보일 수 있다고 선생님이 믿는다는 사실을 알게 된다면 속도 상하고 화도 나겠지만, 당신은 성적을 높이기 위해 조치를 취할 수 있다. 배우자가 당신에게 화가 났음을 알게 되면 그리 기분은 좋지 않겠지만 관계를 개선할 수는 있을 것이다.

반대로 부정적인 수단적 가치를 지니지만 긍정적인 감정을 일으키는 정보도 있다. 자신이 원하던 대학에 합격했다는 사실을 알게 된 고등학생은 마지막 학기에는 그리 열심히 공부하지 않을 수도 있다. 주요 경쟁 팀이 패배한 덕분에 플레이오프에 진출하게 되었다는 사실을 알게 된 미식축구 팀은 다음 경기에서 이기기 위해 최선의 노력을 다하지 않을지도 모른다. 사람들은 좋은 소식이 자신의 성과에 부정적인 영향을 미칠까 봐 해당 소식을 나중에 듣고 싶어 하기도 한다. 다음의 표로 간단히 정리할 수 있다.

		수단적 가치		
감정		긍정적	부정적	없음
	긍정적	(1)	(2)	(3)
	부정적	(4)	(5)	(6)
	없음	(7)	(8)	(9)

사람마다 각 칸에 해당하는 정보가 다를 것이다. 누군가에게는 ①번인 사안이 다른 사람에게는 ⑦번이 될 수도 있고, 어떤 사람에게는 ⑤번인 문제가 또 다른 사람에게는 ④번일 수도 있다.

수년 전 나는 별것 아닌 문제로 의료 검사를 끝도 없이 받았던 적이 있다. 악몽과도 같은 시간이었다. 열 번째 검사에서 친절한 의사는 내게 이렇게 말했다. "선생님은 괜찮으신 것 같습니다. 하지만 관련 검사를 모두 하지 않으면 밤에 잠을 못 주무시는 분들이 많거든요. 저라면 이 검사를 받지 않겠지만 결정은 선생님의 몫입니다." 의사는 이 사안이 내게는 ③번(수단적 가치 없음, 검사를 하면 긍정적 감정 발생)에 해당하리라 생각했지만 그의 판단은 틀렸다. 나는 ⑥번(수단적 가치 없음, 또 다른 검사를 받아야 한다는 데서 부정적 감정 발생)에 해당했다. 핵심은 정보의 가치와 정보의 결과로 발생하는 감정이 긍정적이거나 부정적이거나 중립적일 수 있고, 긍정적(또는 부정적) 가치가 반드시 긍정적(또는 부정적) 감정을 일으키지는 않는다는 점이다. 감정과 가치는 다양한 방식으로 뒤섞인다.

내기

여기서는 정보를 얻는 효과를 이야기하고 있지만, 무언가를 알고 싶거나 알고 싶지 않다고 말하는 사람들은 사실 자신이 무엇을 배우게 될지 미리 알 수가 없다. 따라서 이들은 일종의 내기를 하는 것이다. 핵심은 알고자 하는 '대상'이 아니라 알지 말지 '여부'일 때가 많다.

사람들은 '네' 또는 '아니오'로 답할 수 있는 질문을 던지기도 하는데, '네'는 긍정적인 감정을 유발하고 '아니오'는 불행을 불러올 수 있다("그녀가 날 사랑할까요? 조금이라도?"). 또는 답의 가짓수가 10개, 20개, 100개가 되는 질문도 한다("제 시험 점수가 몇 점이었나요?" 또는 "10년 후 제 수입이 어느 정도나 될까요?"). 몇몇 대답은 사람들이 실제로 활용할 수 있는 정보를 제공하는 반면 어떤 대답은 그런 정보를 제공하지 않는다. 따라서 '무언가를 알고 싶다'는 생각은 예상되는 결과와 그 결과가 일어날 확률을 모두 알고 싶다는 뜻이다. 사람들은 무엇보다 자신이 알게 될 정보가 긍정적인 감정을 불러올 확률 또는 그 정보가 유용할 확률에 관심이 있다. 그 확률이 (가령 90퍼센트로) 매우 높다고 하면, 확률이 (가령 10퍼센트로) 매우 낮을 때보다 해당 정보를 알고자 하는 마음이 커진다. 자신이 암에 절대로 걸리지 않을 것이라고 자신하지만 대단히 확실하지는 않을 때 사람들은 해당 정보를 얻으려고 관심을 가지는데, 단순히 자신에게 확률이 유리하기 때문이다. 나쁜 결과가 매우 나쁘고 좋은 결과가 매우 좋다면 사람들의 판단은 이에 영향을 받을 텐데, 이는 수단적 가치와 쾌락적 가치 모두에 해당되는 이야기다. 합리적인 선택자는 정보를 얻을지 회피할지를 결정할 때 몇몇 수치를 따져보려고 할 것이다.

이상적으로 사람들은 자신에게 중요한 모든 것을 합리적으로 평가하고 그에 따라 무언가를 알지 말지 결정한다. 자신이 무엇을 중요하게 여기는지를 파악하고 (마음의 평화, 장수, 돈, 타인과의 유대감 등) 이 요소들을 평가하여 정보를 획득할지 결정한다.[8] 하지만 어떤 정보를 얻을지 결정하는 데 불공정한 환경 조건이나 불평등이 영향을 미칠 수 있다.[9] 빈곤이나 결핍, 차별의 상황에 처한 사람들은 중요한 정보를 얻는 데 관심이 없거나, 관심이 있다 해도 해당 정보를 얻을 능력이 없을 수 있다. 최악의 경우 선호도 자체가 자신이 처한 불평등을 반영한 상태이거나 불평등의 산물로 변질된다. 이때 대단히 중요한 정보를 구하려 하지 않을 수도 있다.

행동과학자들은 우리의 결정이 언제나 전적으로 합리적이지만은 않다는 사실을 밝혀냈다. 사람들은 휴리스틱, 즉 정신적 지름

길을 채택하는데, 이것이 사람들을 불행한 방향으로 이끌 수 있다. 휴리스틱은 다양한 방식으로 편향된다. 정보를 얻을지 여부를 결정할 때는 휴리스틱과 편견 또한 중요하게 작용한다. 특히 중요한 것은 '현재 편향'으로, 오늘과 내일에만 집중하는 한편 장기적인 미래는 등한시하는 현상이다.[10] 예컨대 오늘 당장은 괴롭지만 장기적으로 보면 상당한 가치를 지닌 정보를 구할지 말지 정하는 문제를 생각해보자. 이때는 마땅히 해당 정보를 구해야 한다. 하지만 그러지 않을 수도 있다. 단기적 고통이 결정적으로 작용하는 것이다. 알고 싶지 않다고 생각할 수 있다(체중을 재지 않을 수도 있다. 또는 연 1회 병원에 방문하는 일정을 거르기도 한다. 하지만 미룰수록 두려움은 커지기 마련이므로 대단히 한심한 행동이다).

정보 탐색에 관해 뛰어난 통찰을 제공하는 몇몇 연구에서는 '전략적 자기 무지strategic self-ignorance'라는 개념을 강조했는데, 이는 "무지를 핑계로 활용해 미래의 자신에게 해가 될 수도 있는 일을 마음껏 즐기는 행위"로 이해된다.[11] 다시 말해 사람들이 현재에 편향되었다면 현재의 활동들을 덜 매력적으로 보이게 하는 정보를 회피하려 들 수 있다는 뜻이다. 해당 정보가 죄책감 또는 수치심을 유발해서일 수도 있고, 현재의 어떤 활동을 할 때 발생하는 모든 기회비용을 제시하며 그 활동을 해서는 안 된다는 사실을 자각하게 만들기 때문일 수도 있다. 성 아우구스티누스는 "신이시여, 제게 순결을 내려주소서, 다만 내일요"라는 말을 남긴 것으로 유명하다. 현재에 편향된 주체는 이렇게 생각한다. "제발 제가 위험성을 깨닫게 하소서, 다만 내일요." 단기적인 이득을 제공하지만 장기적 비용을 치르게 하는 활동을 해볼까 하는 생각이 들 때마다 사람들은 중요한 정보를 확인하지 않는 편을 선호할 수 있다.[12] 슬픔 또는 분노를 안기는 정보도 마찬가지다. "제가 알아야 할 정보를 알려주소서, 다만 내일요."

행동과학자들은 손실회피 편향loss aversion이란 개념 또한 강조했는데, 이는 손실을 특히나 싫어하는 경향을 의미한다. 실로 손실과 이득이 동등할 때 사람들은 손실을 훨씬 크게 부정적으로 느낀다.[13] 가령 어떠한 정보에 당신이 암에 걸렸다는 진단이 담길 수 있다면 이렇게 생각한다. "지금은 멀쩡한 것 같은데? 앞으로도 계속 멀쩡할 것 같고. 검사를 받으면 나쁜 소식을 듣게 될 거야. 그런데 왜 굳이 검사를 받아야 하지?" 현재 편향과 손실회피 편향의 강력한 조합이 높은 수준의 정보 회피 현상을 유발한다는 사실은 분명해 보인다. 사람들이 잘못된 판단으로 정보를 회피하거나 정보를 구하지 않는다면 이 둘의 강력한 조합 때문일 때가 많다.

여기서 중요한 점은 사람들이 예상보다 건강 문제의 위험이 심각하다는 등의 나쁜 소식을 접할 때 초기에는 큰 고통을 경험하지만 매우 빠르게 이 고통에서 회복한다는 점이다.[14] 고통을 경험할 거라는 사실만 예상하고 회복할 수 있다는 사실은 생각지 않을 때, 사람들은 자신의 생명을 구할 수도 있으면서 오랜 시간 끔찍한 감정을 불러일으키진 않을 수도 있는 정보를 회피하려 든다. 질병 예측 유전자 검사를 받은 사람들을 대상으로 한 15건의 연구를 광범위하게 검토한 조사에서도 이와 유사한 현상이 드러났다. 사람들은 질병 예측 유전자 검사에 관해 대단히 큰 고통은 느끼지 않았다.[15] 연구들은 유전성 유방암과 난소암, 헌팅턴병, 가족성샘종폴립증, 유전성실조증에 걸친 다양한 검사를 다루었다. (아동을 대상으로 한 연구 한 건만 제외하고) 모두 성인을 대상으로 진행되었다. 대체로 검사 후 12개월 동안 질병의 유전자를 보유한 사람과 보유하지 않은 사람 모두 고통(일반적이고 그 상황에서 발생하는 고통·불안·우울)이 증가하지는 않는 패턴을 보였다. 단 두 건의 연구에서만 환자들이 검사 결과를 들은 후부터 한 달 이상 고통을 경험하게 될 거라고 예측했다. 15건의 연구를 검토한 저자들은 "질병 예측 유전자 검사를 한 사람들은 부정적인 심리적 결과를 경험하지 않았다"고 결론짓는 한편, 이 연구들은 "심리학 실험에 동의해 스스로 참여한 집단"을 대상으로 진행했다고도 밝혔다.[16]

자발적 참여라는 중요한 조건이 있었지만, 이 연구 결과를 알게 되면 유전자 검사를 앞둔 사람들을 포함해 많은 사람이 놀랄 것이다. 질병을 예측하는 검사에서 달갑지 않은 결과를 들으면 자신이 어떠한 반응을 보이리라는 예측이 실로 과장되었다는 가설을 뒷받침하기 때문이다. 현재 편향과 손실회피 편향 외에도 부정확한 예측은 초점 착각focusing illusion[17]에서 비롯될 수 있다. 사람들은 특정 사건이 자신의 전반적인 안녕감에 미치는 영향력을 많이들 과대평가하는데, 그 이점에만 집중하기 때문이다. 대니얼 카너먼과 데이비드 슈케이드는 이렇게 설명했다. "당신이 집중하는 그 어떤 것도 당신이 생각하는 만큼의 대단한 변화를 만들어내지 못할 것이다."[18] 비가 내리는 쌀쌀한 날이나 반짝이는 새 차, 연봉 인상, 위중한 질환도 우리의 삶에 대단한 영향을 미칠 것만 같지만, 사실 얼마 지나지 않아 삶을 구성하는 가구처럼 배경의 일부가 된다. 이를 착각하여 사람들은 나쁜 소식이 후생에 미칠 영향력을 과대평가하고 그 소식을 접하지 않기로 선택한다.

한편 정보를 얻고자 하는 욕구는 낙관적 편향optimistic bias의 영향을 받기도 한다. 자신이 좋은 소식을 듣게 될 것이라 생각하는 사람들은 '그 사실 여부'를 알고 싶어 할 가능성이 높다. 실로 대부분의 사람은 비현실적인 낙관주의를 보이는데, 적어도 (건강·안전 등의 사안에서) 자신의 전망이 평균보다 낫다고, 또한 통계가 보여주는 현실보다는 훨씬 낫다고 생각한다.[19] 비현실적인 낙관주의가 손실회피 성향을 상쇄하는 덕분에 결과적으로 상당히 유용한 정보를 취할 수도 있다.

사람들은 가용성 휴리스틱availability heuristic을 활용해 확률을 평가하는데, 관련 사례가 머릿속에 떠오르는지를 스스로에게 묻는 것이다. 홍수나 비행기 추락사고, 교통 체증, 테러리스트 공격, 원자력 발전소 사고가 발생할 확률이 얼마나 되는가? 통계 지식이 부족한 사람들은 그런 일이 일어난 사례를 떠올리려 한다. 때문에 "동등한 빈도로 발생하지만 그 사례가 쉽게 떠오르는 일은 쉽게 떠오르지 않는 일보다 더욱 자주 벌어지는 사건처럼 느껴진다."[20] 나쁜 소식을 접한 타인의 사례를 아는 이들은 그에 맞춰 확률 평가를 부풀릴 것이다. 좋은 소식을 여럿 접했을 때도 그에 상응하는 효과가 나타난다.

어느 집단이든 사람마다 상당히 다른 모습을 보일 가능성이 크다. 첫째로 어떤 사람들은 무언가에 관한 정보를 취함으로써 대단히 큰 수단적 이득을 얻는 반면, 또 다른 사람들은 그 이득을 조금만 얻거나 아무것도 얻지 못한다. 둘째로 어떤 이들은 나쁜 소식에 크게 놀라지만, 또 다른 이들은 약간 당황하고, 또 어떤 이들은 수월하게 받아들인다. 회복력이 좋지 않은 사람도 많고, 회복력이 좋은 사람도 많다. 히스테리에 빠지는 사람도 있고 현실적으로 대응하는 사람도 있다. 합리적인 주체는 어떠한 정보를 구해야 할지 여부를 결정하는 과정에서 수단적 가치와 정의적 가치를 모두 따져보고, 또 다른 합리적인 주체는 자신의 상황과 감정을 고려해 또 다른 합리적인 선택을 내릴 것이다. 셋째로 이질성은 상당히 복합적으로 나타나는데, 누군가는 다른 이들보다 더욱 현재에 편향되었고, 손실회피 성향이 크며, 더욱 낙관적이기 때문이다. 넷째는 가용성 휴리스틱으로 어떤 이들은 좋은 소식을 예상하고 또 어떤 이들은 나쁜 소식을 예측한다. 사람마다 자신이 알고서 활용하는 결과와 사건이 다르다.

결핍과 불평등, 불공정의 문제로 돌아가보자. 어떤 이들은 정보로 이득을 취하기에 대단히 유리한 위치에 있다. 그렇지 않은 이들도 있다. 정보를 이해하려면 대체로 배경지식이 필요한데, 어떤 사람들은 이 지식이 부족하다. 의무적으로 정보를 공개한다면 분배 공정성distributive justice을 직시하고 다음과 같이 물어야 한다. 과연 누가 혜택을 받고 누가 혜택을 받지 못하는가?

이러한 사항을 고려해볼 때, 어떤 이들은 의료 검사를 많이 받으려 하는 한편 또 어떤 이들은 단 하나도 받고 싶어 하지 않는 현상은 당연하다. 에너지 효율과 연비에 상당한 관심을 가지는 소비자와 이런 사안에 무관심하거나 부정적인 태도를 취하는 소비자가 있다는 사실도 그리 놀라운 일은 아니다. 칼로리 표시●에 관

● 2018년 미국에서 음식점의 칼로리 표시를 의무화하는 규정이 시행되어 많은 매장에서 메뉴별로 영양 정보를 보여주는 표를 제공하게 되었다.

심을 갖고 이 정보로 이득을 취하는 이들이 있는 반면 (돈과 교육이 부족한) 어떤 이들은 해당 정보에 관심을 갖거나 이득을 보지 못하고, 심지어 '칼로리가 높을수록 좋다'는 생각을 할지도 모른다. 물론 저마다 도덕적 신념이 다르기에 또 어떤 이들은 남들이 관심을 두지 않는 동물 복지에 관한 정보를 원하기도 한다.

단서들

나는 아마존 메커니컬 터크Amazon Mechanical Turk◆를 이용해 미국인 400명에게 다음과 같이 물었다. "다양한 정보를 원하십니까? 그렇다면 그 정보에 얼마를 지불하시겠습니까?" 이로써 다음 네 가지의 명제를 뒷받침할 명확하고도 분명한 증거를 얻을 수 있으리라 생각했다. ① 사람들은 유용하거나 긍정적인 감정을 유발하는 정보를 원한다. ② 지불 의사는 (a) 해당 정보가 얼마나 유용한지 (b) 해당 정보가 얼마큼의 행복을 주는지에 달렸다. ③ 정보가 유용하지도 않고 사람들을 슬프게 만든다면 해당 정보를 원하지 않을 확률이 크다. ④ 응답은 사람마다 크게 다를 것이다.

나는 이 네 가지 명제가 모두 옳으며 이를 뒷받침하는 증거가 나올 거라고 기대했는데, 특히나 ①, ②, ③을 입증하는 연구들이 점차 늘어나고 있었기 때문이다. 예를 들자면 다음과 같다.

◆ 전 세계에 분산된 인력을 고용해 작업을 수행하는 크라우드 소싱 플랫폼.

1 사람들은 주식 시장이 하락세일 때보다 상승세일 때 자신의 투자 포트폴리오를 확인하고 돈을 버는지 잃는지 알고자 할 공산이 크며, 이는 '타조 효과ostrich effect●'의 전형이다.[21] 정보를 얻을 때 발생하는 쾌락적 가치가 부정적일 때 사람들은 해당 정보를 구하지 않으려 할 가능성이 크다.

2 사람들은 자신의 관점과 일치하는 정치적 관점을 보고 싶어 하는데, 반대 의견을 확인하면 슬픔 또는 분노를 느끼게 될 것이라는 생각에서 일부 기인한다.[22] 여기에서도 사람들은 해당 정보가 부정적인 감정을 불러오리라 예상하기에 이 정보를 접하지 않으려 한다. 흥미롭게도 바로 이 지점에서 사람들이 실수를 범한다. 대립되는 견해가 자신의 기분에 부정적인 영향을 미치는 정도를 과대평가하는 것이다. 이런 이유로 '정서적 예측 오류affective forecasting error'가 벌어져 정보가 자신의 기분에 어떠한 영향을 미칠지를 정확하게 예측하지 못한다. 이러한 오류는 다양한 상황에서 발생하며, 특히 사람들은 건강과 관련한 정보를 잘못 판단한다.

3 자제력에 문제가 없고 그렇기에 칼로리 표시로 이득을 얻을 수 있다면 사람들은 칼로리 표시를 지지하고 이에 돈을 지불할 용의도 보인다.[23] 이런 사람들은 칼로리 표시를 성가셔 하지 않고, 대부분은 칼로리 확인을 즐기기까지 한다. 이들은 자신이 해당 정보를 활용할 수 있다고 믿는다. 반대로 자제력이 부족한

● 위험이나 위기 앞에서 고개를 머리에 묻는 타조의 행동에 빗대어 위험을 회피하려는 심리를 가리키는 용어.

사람은 칼로리 표시를 '안 보는 데' 돈을 기꺼이 지불하려 한다. 이들은 칼로리 표시가 자신에게 도움이 되지 않고 슬픔 또는 분노만 안겨주리라 생각한다(실로 자제력이 없는 사람들에게는 그런 감정을 불러온다).[24] 결론은 이렇다. 칼로리를 눈에 띄게 만드는 것이 "소비자 후생에 긍정적인 영향을 미친다. 소비자가 얻는 가치가 긍정적인 면에서 부정적인 면까지 저마다 다르기에 소비자 간에 상당한 이질성이 존재하지만 말이다."[25] 뿐만 아니라 자제력이 강한 사람은 칼로리 정보에서 이득을 취할 공산이 크고, "자제력이 약한 사람은 강한 사람에 비해 넛지 효과●를 일으키는 정보에 (더욱 높은) 정서적 비용을 치르고 거기서 이득을 전혀 얻지 못하거나 (고작해야) 약간의 이득을 취한다."[26]

4 상당수의 사람들이 배우자의 사망 시기나 사망 원인을 알고 싶지 않다고 말했다.[27] 자신이 언제 또는 어떤 사인으로 죽게 될지도 알고 싶어 하지 않았다.

5 업무 성과와 관련해 좋은 소식, 다시 말해 자신이 일을 잘한다는 사실을 알려주는 소식이라면, 듣기를 원하고 또 기꺼이 비용을 지불할 가능성이 크다.[28] 자신의 성과가 좋지 않다고 생각한다면 해당 정보를 원하지 않고 또 접하지 않는 데 돈을 지불할 용의가 크다. 관련 조사에서는 행동만이 아니라 두뇌 영역 또한 연구했다. 그 결과 긍정적인 정서와 연관된 두뇌 영역이 좋은 소식을 들었을 때 활성화되었는데, 이는 사람들이 어떠한 정보를 구할지 말지 결정하는 데 정서적인 반응이 관여한다는 사실을

● 강요가 아닌 부드럽고 자연스러운 개입으로 특정 행동과 선택을 유도하는 것.

강력하게 시사한다.

이 사례들을 보면 사람들이 무언가를 알고 싶은지를 결정하는 데에 쾌락적 가치가 큰 역할을 하는 것으로 보인다. 투자 자산이 줄어들면 포트폴리오를 확인하는 즐거움이야 훨씬 떨어지겠지만, 그렇다고 해서 자산이 늘어날 때 포트폴리오를 확인해야 하는 이유가 더 많은 것은 아니다. 다만 수단적 가치 또한 당연히 중요하다. 칼로리 표시의 경우, 해당 정보를 얻을지 말지는 '내가 그것으로 이득을 볼 것인가?'라는 질문의 답에 따라 달라진다. 자제력이 강한 사람은 '예스'라고 답하고 그 정보를 얻는 데 돈을 지불하려 할 것이다. 마찬가지로 사람들은 자신이 어떠한 조치를 취하고 그 원인을 없앨 수 있다고 생각할 때 배우자의 사망 원인이 무엇인지 알고자 할 가능성이 크다.

사실 여기에는 두 가지 질문이 숨어 있다. 내게 이득이 되는가? 그리고 결과가 마음에 들지 않으면 내가 그 결과를 바꿀 수 있는가? 두 질문은 밀접하게 연관되는데, 특히 두 번째 질문은 개인의 주체의식에 주목한다. 통제력은 그 자체로도 긍정적인 감정을 일으킨다. 통제력은 건강이나 돈 문제에서 이득을 가져오기도 하지만, 통제할 수 있다는 사실 자체가 독립적인 가치를 지닌다.

이 두 가지 질문에서 수단적 가치가 중요한 사례들은 쉽게 떠오른다. 이를테면 당신은 내년 한 해 동안 매일 날씨가 어떨지 알고 싶은가? 당신의 상사가 직원들의 어떤 점을 가장 마음에 들어 하는지 알고 싶은가? 다음 달 주식 시장이 상승세일지 하락세일지 알고 싶은가?

내가 찾은 증거에 따르면 쾌락적 가치와 수단적 가치가 모두 중요하다. 조사한 400명 중 확실한 다수(60퍼센트)는 가전제품을 사용하는 데 드는 연간 비용을 알고 싶다고 답했다. 그 이유는 비용을 절약하기 위해서라고 추측할 수 있다. 또한 59퍼센트는 휴대전화가 인터넷에 연결되지 않을 때 고치는 법을 알고 싶다고 답했다. 58퍼센트는 성적으로 상당한 호감이 가는 상대방이 자신과 같은 감정을 느끼는지 알고 싶다고 응답했다. 이 모든 경우에, 특히나 세 번째 경우에 정보는 매우 유용하다.

물론 위의 경우들에서 꽤 높은 비율의 소수가 유용해 보이는 정보를 원치 않는 이유도 설명해야 한다. 가장 그럴듯한 답은 '유용해 보이는'이란 표현에서 찾을 수 있으며, 또한 사람들이 느끼는 감정도 중요하다. 사람마다 상황이 다르다는 점을 고려해야 한다. 가전제품의 연간 사용 비용을 아는 것은 시시하며 그리 이득이 아니라고 생각하는 사람이 많다. 이미 해당 정보를 실제로 보유했기에(보유했다고 생각하기에) 비용을 지불하지 않으려는 사람도 많다. 많은 이가 타당하게도 휴대전화는 평소 인터넷에 잘 연결되며 만약 이따금 연결이 안 돼도 저절로 문제가 해결될 가능성이 크다고 생각한다. 성적으로 호감이 가는 상대방이 자신과 같은 감정을 느끼지 않을까 봐, 다시 말해 자신이 나쁜 소식을 듣게 될까 봐 두려워하는 사람도 많다. 좋은 소식이라도 조금은 위험할 수 있다고 생각하는 사람 또한 많다(다만 20대 마흔 명에게 같은 질문을 했을 때 단 한 명을 제외하고는 상대의 마음을 알고 싶다고 답했다!).

위중한 건강 질환에 관한 여러 질문에는 참가자들의 반응이 거의 반으로 나뉘었다. 가령 다수(53퍼센트)는 본인이 알츠하이머에 걸릴 거라는 사실을 알고 싶지 않다고 답했다. 당뇨에 걸릴 위험이 큰지 알고 싶다고 답한 사람은 절반이었다. 자신이 암 또는 심장 질환에 유전적 소인이 있는지 알고 싶다고 응답한 사람은 (58퍼센트로) 좀 더 많았다.[29] 상당한 비율의 사람들이 무지를 택하는 이유는 나쁜 소식이 불러올 부정적인 감정일 것이다. 이러한 반응이 놀라울 수는 있지만, 미리 알면 대비할 수 있다고 생각하는 사람들 또한 많다는 사실이 분명히 드러났다. 이들은 당뇨나 암, 심장 질환에 걸릴 위험을 낮추기 위해 무언가를 할 수 있을지도 모른다고 판단했을 것이다. 자신이 앞으로 알츠하이머에 걸릴 것이라는 사실을 안다면 지금부터 자신의 삶을 조금은 또는 대단히 다르게 살아가기 시작할 수 있다.

이외에도 나는 다양한 정보에 관해 물었다. 동반자 또는 배우자의 외도 사실을 알고 싶다고 답한 사람은 57퍼센트였다. 42퍼센트만이 친구와 가족이 자신을 사실 어떻게 생각하는지 알고 싶다고 응답했다! 2100년에 지구가 얼마나 뜨거워질지를 알고 싶다고 말한 사람은 42퍼센트였다. 자신이 사망할 연도를 알고 싶다고 한 응답자는 27퍼센트에 불과했다. 놀랍게도 미래의 특정한 날에 주식 시장이 어떨지 알고 싶어 한 사람은 54퍼센트밖에 되지 않았다 (특정한 날의 주식 시장 정보를 안다면 원하는 만큼 돈을 벌 수 있다고 생각하는 게 맞지만, 사람들은 그렇게 생각하지 않는 것 같았다).

다른 행성에 생명체가 존재하는지 알고 싶다고 답한 비율은 무려 71퍼센트나 됐다. 겨우 절반을 넘긴 비율만이(53퍼센트) 천국이 정말 존재하는지 알고 싶다고 답했다는 점 또한 놀랄 만하다. 천국의 존재 여부를 알고 싶지 않다고 말한 사람들은 다음의 부류에 속할 것이다. ① 천국이 존재한다고 확신하기에 해당 정보가 무의미하다. ② 천국이 존재하지 않는다고 확신하기에 해당 정보가 무의미하다. ③ 자신이 천국에 갈 거라 생각하지 않기에 천국이 존재한다는 사실을 알게 된다면 슬프거나 화가 날 뿐이다. ④ 어느 정도의 불확실한 상태가 가장 좋다고 생각한다. 지옥의 존재 여부를 알고 싶다고 답한 비율은 그보다 낮았는데(44퍼센트), 이는 아마도 지옥이 존재한다면 곤란해진다고 생각하는 사람이 많다는 증거일 것이다.

소비에 영향을 주는 정보에 관하여 음식점에서 칼로리 표시를 보고 싶다고 응답한 사람은 43퍼센트에 그쳤다. 해당 정보에 대한 지불 의사도 상대적으로 크지 않았다. 집에 있는 가전제품을 사용하는 데 드는 연간 비용이 얼마인지를 알려주는 정보 또한 지불 의사가 이와 비슷했다. 음식점에서 칼로리 정보를 제공해야 한다는 연방 정부의 명령에 찬성하는 미국인의 비율이 압도적으로 높다는 점을 생각해보면 위의 결과는 특히나 흥미롭다.[30] 연방 정부의 명령에 찬성하는 많은 사람이 사실 해당 정보가 자신에게 이익이 되지 않는다고, 심지어 해를 끼칠 거라고 생각하는 것이 분명했다.[31] 이들은 자신이 전혀 관심도 없는 (또는 조금도 알고 싶지 않은) 정보를 정부가 공개해주길 바랐다.

여기에는 명백한 역설이 있다. 왜 사람들은 칼로리 표시를 보고 싶지 않으면서도 연방 정부가 음식점에 해당 정보를 공개하도록 요구해야 한다고 생각할까? 아마도 '다른 사람들은' 해당 정보로 이득을 보리라 생각했을 것이다. 마찬가지로 기업들이 무언가를 해야 하는지 사람들에게 물으면 해당 조치가 자신에게 도움이

제공되는 정보		연간 지불 의사(달러)	
	정보를 원하는 사람들(비율)	중앙값	평균값
알츠하이머에 걸릴지 여부	47%	59	106.98
2020년 1월 1일 주식 시장 동향	54%	100	165.93
남은 한 해 동안 일별 날씨	55%	70	121
암 또는 심장 질환의 유전적 소인	58%	79	115
심각한 당뇨병 위험에 놓였는지 여부	50%	52	116
동반자 또는 배우자의 외도 여부	57%	74.50	129.67
천국의 실재 여부	53%	200	221
지옥의 실재 여부	44%	148	210
암에 걸릴지 여부	52%	26	101
아프리카 대륙 내 모든 국가의 수도	20%	18	122
내년에 우승할 야구팀	42%	105	187
휴대전화가 인터넷에 연결되지 않을 때 고치는 방법	59%	11	61
다른 행성에 생명체가 실재하는지 여부	71%	51	125
강렬한 연애 감정을 느끼는 상대의 속마음	58%	67	114
국제 연합의 회원국 수	30%	10	97
연체료를 포함해 신용카드의 모든 이용 약관	56%	1	60
배우자의 사망 연도	26%	167	198
당신에 대한 친구와 가족들의 진심	42%	88	130
집에 있는 가전제품의 연간 사용 비용	60%	15	43.71
2100년의 지구 기온	42%	19	59.37
자신의 사망 연도	27%	93	154.44
음식점의 칼로리 표시	43%	15	48.61

표 3 잠재적으로 중요한 정보 공개

되지 않음에도 사람들은 '예스'라고 답할 가능성이 크다.

(2019년 연구 당시) 2020년 1월 1일의 주식 시장 동향을 알려주는 정보처럼 지불 의사가 좀 더 높은 정보들도 있다. 암이나 알츠하이머를 일으킬 유전적 소인이 있는지 여부, 자신이 사망할 연도, 동반자 또는 배우자의 외도 사실 등을 알려주는 정보의 지불 의사를 조사했으며 주요 결과는 〈표 3〉에 정리했다(2100년 지구의 기온이라는 정보에는 지불 의사가 매우 낮았다).

소비자는 알고 싶어 하는가?

또 한 번 아마존 메커니컬 터크를 이용해 미국인 400명을 대상으로 유사한 연구를 진행하며 이번에는 소비자에게 도움이 되고 규제 기관이 관심을 가질 만한 정보만을 다뤘다. 사람마다 받아들이는 정도는 다르겠지만 모든 정보가 적어도 어느 정도는 유용해 보였다. 몇 가지는 어떤 이들에게 아는 것이 그리 즐겁지 않았지만, 또 다른 이들은 그 정도의 거부감을 느끼진 않았다.

이 연구에서도 상당한 이질성이 나타났으며, 정보를 알고 싶어 하지 않는 사람도 많았다. 신용카드 대금의 표준 연체료를 알고 싶다고 응답한 사람은 62퍼센트밖에 되지 않았다. 38퍼센트는 카드 대금을 제때 납입하거나 연체료를 신경 쓰지 않는 사람들일 수 있다. 자신이 섭취하는 음식에 유전자변형식품GMO이 들었는지를 알고 싶어 하는 사람은 60퍼센트에 불과했다. 40퍼센트는 아마도 이미 해당 정보를 알거나 신경 쓰지 않는 사람일 것이다.

휴대전화의 초과 사용 요금을 알고 싶어 하는 사람은 64퍼센트밖에 되지 않았다. 67퍼센트는 자신이 소유한 자동차의 타이어 안전 등급을 알고 싶다고 응답했다(이는 비교적 높은 수치인데 '안전'이라는 단어가 동기로 작용했을 수 있다). 65퍼센트는 (애드빌이나 타이레놀 등) 진통제의 잠재적인 부작용을 알고 싶다고 답했다. 자신이 구매한 상품에 분쟁광물(콩고공화국에서 대규모의 잔혹한 범죄를 벌이는 데 자금으로 이용되는 광물)이 들었는지를 알고 싶어 하는 사람은 55퍼센트였다. 어떤 사람들은 이러한 정보에 진심으로 마음을 쓰고 소비에 반영하는 반면, 어떤 사람들은 전혀 신경 쓰지 않는다고 추측할 수 있다. 이 모든 사례에서 지불 의사 중앙값은 상당히 작았으며 결과는 〈표 4〉에 정리했다.

제공되는 정보		연간 지불 의사(달러)	
	정보를 원하는 사람들(비율)	중앙값	평균값
신용카드 대금의 표준 연체료	62%	8	103
음식에 유전자변형식품이 들었는지 여부	60%	24	101
휴대전화 초과 사용 요금	64%	10	95
타이어 안전 등급	67%	16	101
진통제의 잠재적 부작용	65%	9	85
상품에 분쟁광물이 들었는지 여부	55%	26.50	109

표 4 소비자 정보 공개

이렇게 결론을 내릴 수 있겠다. 많은 사람이 자신의 선택과 관련이 있더라도 몇몇 정보는 알고 싶어 하지 않고, 정보를 원할 때에도 그것에 큰 가치를 두지 않는다. 상당수는 이러한 정보가 자신의 선택에 영향을 미치지 않는다고, 또는 해당 정보를 알면 불쾌해진다고 생각하는 것이 분명했다.

공공 정책과 관련해서는 사람들의 답변을 절대적으로 받아들여선 안 된다. 다시 한 번 말하지만 사람들의 대답은 정보의 부재나 불공정한 환경 조건, 모종의 행동 편향이 반영된 결과일 수 있다. 이러한 결과는 실제로 원하는 사람들에게만 개인 맞춤형으로 정보를 공개하는 제도를 고려할 어느 정도의 근거가 된다(정보를 원하는 사람들과 원치 않는 사람들이 방금 말한 정보 부재나 불공정함 및 행동 편향의 문제를 겪지 않는다는, 아마도 잘못된 가정 하에 말이다). 안타깝게도 개인 맞춤형 정보 공개는 대부분 실행이 불가능하다. 정보는 한 사람이 얻으면 다른 사람들도 얻게 된다는 점에서 공공재로 볼 수 있다. 식당에서 제공하는 식품 영양 정보(칼로리 표시)를 생각해보자. 하지만 좋은 소식도 있다. 지금껏 실현 불가능했던 개인 맞춤형 또는 표적화된 정보 공개가 미래에는 새로운 기술로 가능할 것이다.

지금으로서는 세세한 이야기를 잠시 접어두고자 한다. 사람들이 정보를 찾기로 결심했을 때는 보통 그 정보가 유용하거나, 즐거움을 주거나, 둘 다이기 때문이다. 가장 흔하면서도 어려운 경우가 바로 정보가 유용한 동시에 불쾌할 때이다(복잡한 인간의 삶에 발을 들인 것을 환영한다). 드물게 정보는 즐거움을 주는 동시에 유해하기도 하다. 대체로 정보를 구할지 회피할지는 일종의 내기로 결정된다. 판돈이 큰 포커를 하는 셈이다. 낙관적인 사람들은 끔찍한 기분을 느낀다 해도 정보를 구하고자 할 것이다. 손실회피 성향이 있다면 어떠한 정보가 자신의 목숨을 살릴 수 있다 해도 해당 정보를 피하려 들 것이다. 아무리 좋게 표현한다 해도 이런 현상은 분명 문제일 수밖에 없다.

4

정치적 신념의 양극화

기후변화에 대한 믿음

정보를 습득하는 것과 어떤 신념을 받아들이는 것은 별개의 문제다. 당신이 믿고자 하는 것 때문에 또는 당신이 하고자 하는 일 때문에 어떠한 정보를 회피하기로 결심할 수도 있다. 신념은 보통 정보의 영향을 받지만 항상 그렇지는 않다. 어떠한 정보는 무시할 수도 있다. 정보를 신뢰하기 어렵다고 판단할 수도 있다. 어떠한 정보를 믿어서는 안 되기 때문에(실제로 신뢰가 가지 않아서) 또는 믿고 싶지 않기 때문에(신뢰할 만하지만 믿어서 좋을 게 없으므로) 묵살할 수도 있다.

사람들은 무엇을 믿어야 할지 어떻게 결정할까? 일면 상당히 혼란스러운 질문이다. 우리는 손에서 놓친 물건이 바닥에 떨어지리라 믿기로 결정하지는 않는다. 놓친 물건이 당연히 바닥에 떨어질 거라고 믿는다. 흔히 말하듯 우리는 보이는 대로 믿는다. 여기서는 당신이 결정할 만한 것이 별로 없다. 다만 우리가 아무것도 볼 수 없는 사례가 무수히 많다. 그럼에도 지구가 태양 주위를 공전한다거나, 찰스 다윈의 주장이 대체로 옳았다거나, 공룡이 오래전에 멸종했다거나, 히틀러가 악했다거나, 당신이 지금 사랑하는 사람이 운명의 상대였다는 사실을 당신이 믿기로 '결정'했다고 말할 수 있는지는 잘 모르겠다.

의지와 신념의 관계는 복잡하다. 그럼에도 의사결정이 일어나는 지점이 있다. 찰나의 순간에 너무 빠르게 이루어져 그것이 결정인지조차 모를 수도 있지만, 우리는 무언가를 신뢰할 수 있다고 또는 어떠한 근거로 삼을 수 있다고 결정한다. 신념은 결정을 바탕으로 (또한 결정에 관한 결정을 바탕으로) 만들어진다.

파스칼은 신의 존재를 믿겠다고 '결정'한 수학자로 유명하다. 파스칼의 내기를 간단히 정리하면 다음과 같다.

> 신의 존재를 두고 득과 실을 따져보자. 두 확률을 따져볼 때, 신의 존재를 믿는다면 이득뿐이고 믿지 않는다 해도 잃을 것이 없다. 따라서 신이 존재한다고 믿는 편이 마땅하다.

파스칼의 관점에서는 믿음으로써 잃는 것보다 얻는 것이 많기 때문에 무언가를 믿기로 결심할 수도 있다. 사실 이것이 이 장의 핵심 주제다. 무언가를 믿을 때 이득이 손해보다 크므로 믿는 것이다. 하지만 파스칼 자신을 포함해 많은 사람이 파스칼의 내기가 현실에서의 인간 심리를 담아내지 못했다며 마땅한 우려를 표했다. 진실처럼 보이는 것을 믿기는 쉽지만, 무언가가 진실이라고 믿을 때 어떤 의미에서 이득을 볼 거라는 생각으로 믿기란 쉽지 않다. 실로 파스칼의 논리에 따라 기후변화의 위험을 낮추기 위해 '행동하기로' 결정할 수는 있다. 하지만 그 논리에 근거해 기후변화가 실재한다고 '믿기로' 결정할 수도 있을까?

그럼에도 사람들은 무언가를 믿고 싶기 때문에 믿기도 한다. 자신이 성격·능력·판단력·청렴함 등 좋은 면들을 지녔다고 믿으려 할 수도 있다. 그 편이 마음 편하기 때문이다. 자신의 나쁜 점을 믿자니 마음이 불편해지기 때문에 믿지 않기로 할 수도 있다. 같은 이유에서 이 세상의 무언가를 믿기로 결정할 수 있다.

어떠한 사실을 믿기로 수용할 때 우리는 '의사결정'의 과정을 경험할 수도, 하지 않을 수도 있다. 결정이 아니라 '평가'를 내리는지도 모른다. 그럴 만하다. 나는 반려견인 핀리가 똑똑하고 착하다고 믿고, 프랭클린 델러노 루스벨트가 훌륭한 대통령이었다고 믿으며, 존 롤스가 훌륭한 철학자라고 믿는다. 또한 미국 대법원의 1954년 학교 내 인종차별 금지 판결•이 옳았다고 믿는다. 내가 이런 것들을 믿겠다고 결정한 걸까? 결정을 하지 않았다 하더라도 여러 결정을 바탕으로 한 평가가 이루어졌을 것이다. 무엇보다 우리는 무엇을 믿고 또 믿지 않을지 결정해야 한다. 그럼 이 결정을 어떻게 내려야 할까?

• 브라운 대 교육위원회Brown v. Board of Education 판결로 불리며, 공립학교에서의 인종분리 정책이 위헌이라고 판결했다.

문제가 하나 있다

기후변화와 관련해 사람들은 상당히 많은 정보를 제공받을 뿐만 아니라 그 정보란 것들이 대단히 가변적이다. 몇몇은 제법 비관적이고 또 몇몇은 비교적 낙관적이다. 굉장한 양의 나쁜 소식과 어느 정도의 좋은 소식이 전해진다. 정보의 범위 또한 넓다. 미국에서는 환경보호청이 이런 발표를 한 적 있다. "지구 평균 기온 상승폭은 2100년까지 (섭씨) 0.3도에서 4.8도가 될 것이고, 온실가스 배출을 가장 적극적으로 완화하는 경우를 제외하고는 모든 시나리오에서 최소 1.5도 상승할 것이다."[1] 상당히 큰 범위다. 0.3도는 그리 대단하지 않지만, 4.8도는 큰 재앙을 불러올 수 있다. 범주의 하한치를 예측하기란 쉽고, 범주의 상한치 또는 그 너머를 예측하기는 더욱 쉽다.

더욱이 기온이 얼마나 오를지 예측은 시간이 지나면서 크게 달라졌다. 상당한 전문 지식을 갖춘 믿을 만한 여러 출처에서 어떤 달에 예측한 내용과 다른 달에 예측한 내용은 다를 수 있다. 기온이 어느 정도나 오를지 알기 위해서는 '기후 민감도'라는 것을 알아야 한다. 이산화탄소 배출량이 증가하면 기온이 어느 정도나 오르는가? 또한 기온이 상승한 정도에 따라 얼마나 큰 영향이 미치는가? 의견이 첨예하게 대립한다. 이러한 의견 대립을 해소하기 위해서 우리는 '피해 함수'를 명시해야 한다. 또 이 함수를 정하려면 기온이 달라지면서 세계 각국이 정확히 어떻게 적응할지를 통합적으로 고려해야 한다. 여러 정부에서 탄소의 사회적 비용을 예측하려고 통합적인 평가 모델을 사용하는데, 당연하게도 각각이 추정한 기온 상승의 영향력이 큰 차이를 보이고 이 또한 시간이 지나면서 달라진다.[2] 이 예측들은 불확실성을 대단히 축소하고, 그렇기에 본질적으로 무의미하다고 생각하는 사람들도 있다.[3] 이들의 관점에서는 지구온난화와 관련한 예측치의 범위를 지나칠 정도로 넓게 잡는 것이 최선이지만, 그 피해의 범위가 너무 넓어 유용하지 않다. 어떤 이들은 기후변화가 어떤 유해한 영향을 줄지 '우리는 그저 알 수 없다'는 관점이 최선이라고 생각한다.

이러한 도발적인 주장은 잠시 접어두겠다. 이번 장의 목표는 두 가지 단순한 질문의 답을 파헤치는 것이다.

1. 온난화의 가능성에 관해 새로운 정보를 접했을 때 사람들은 자신의 신념을 어떻게 갱신하는가?
2. 기존의 신념이 새로운 정보에 대한 반응에 어떤 영향을 미치는가?

두 질문의 답은 가치가 있는데, 기후변화를 바라보는 초기 관점이 서로 다른 다양한 집단이 새로운 정보에 어떻게 반응하는지를 보여주기 때문이다. 이 답변들은 단순하지만, 과학·정치·법에서 상충하는 질문들에 관해 새로운 정보가 전해졌을 때 사람들의 신념이 어떻게 달라지는지, 일반적인 통찰도 제공한다. 두 질문에 대한 답은 사람들이 무엇을 믿을지를 어떻게 결정하는지, 심지어 무엇을 믿을지를 결정하는 방법을 어떻게 결정하는지 구체적으로 알려준다. 가장 중요한 발견 세 가지는 다음과 같다.

1. 인간이 자초한 기후변화가 벌어지고 있다고 굳게 믿는 사람들과 온실가스 배출을 줄이기 위한 국제 협약을 강력하게 지지하는 사람들은 비대칭적 갱신asymmetrical updating을 보인다. 즉, 이들은 기후변화의 폭이 기존의 생각만큼 심각하지 않을 거라는 좋은 소식보다 훨씬 더 심각할 것이라는 예상치 못한 나쁜 소식에 자신의 신념을 바꾼다.
2. 기후변화를 인간이 자초했다는 데 의구심을 보이는 사람들과 국제 협약에 시큰둥한 사람들은 상반된 비대칭성을 보인다. 다시 말해 이들은 기후변화의 폭이 기존의 생각보다 클 것이라는 예상치 못한 나쁜 소식보다, (심지어) 기존의 예측에 못 미칠 정도로 폭이 작을 거라는 예상치 못한 좋은 소식에 더욱 크게 반응해 자신의 신념을 바꾼다.
3. 기후변화에 대해 중립적인 신념을 지닌 사람들은 비대칭성을 보이지 않는다. 좋은 소식과 나쁜 소식 모두 큰 폭으로 동등하게 이들의 신념 변화에 영향을 미쳤다.

이 결과는 신념의 형성과 변화에 관한 다른 연구와도 분명한 연관성을 보인다. 정치적 사안에서 양쪽 견해가 모두 담긴 균형적인 정보를 접했을 때 사람들이 자신의 기존 신념을 뒷받침하는 정보를 신뢰하고 상반되는 정보는 무시할 때가 많다는 사실은 널리 알려졌다(편향 동화biased assimilation).[4] 사람들은 자신이 기존에 믿었던 바와 가장 일치하는 정보를 신뢰하기로 결정한다. 이런 이유로 사람들이 자신의 신념과 반대되는 생각이 포함된 균형 잡힌 의견을 접하면 양극화될 확률이 크다. 좀 더 최근의 연구에서는 잘못된 정치적 신념을 신뢰할 만한 근거로 정정하면 '역효과'가 나타난다는 사실이 드러났다. 잘못을 정정하는 의견을 접한 사람들은 더욱 굳건하게 기존의 신념을 지켰다.[5] 적어도 어떤 상황에서는 사람들이 정정된 사실과 반대되는 정보를 믿기로 결정하는 듯하다. 그 이유는 정확히 알 수가 없다. 어쩌면 이렇게 생각하는지도 모른다. '저렇게까지 부인하는 걸 보니 뭔가 있는 것 같은데?' 또는 정정 행위가 강렬한 감정을 자극하며 기존의 신념에 고착하도록 강화하는지도 모른다.

편향 동화의 원인은 다양하다. 사람들은 자신이 믿고 싶은 것을 믿고자 하는데, 이는 동기화된 추론motivated reasoning의 한 형태다. 자신이 믿고 싶은 신념과 일치하는 정보를 접하면 그것을 신뢰하는 것이다. 자신이 믿고 싶은 신념에 반하는 정보를 접했다면 이를 무시한다. 편향 동화는 또한 이성적인 갱신의 산물일 수도 있다. 손에서 놓친 물건이 바닥에 떨어질 거라고 믿는 나는 이에 반하는 정보를 접한다면, 내 신념이 확고한 만큼 마땅히 무시할(무시하기로 결정할) 것이다(놓쳤는데 바닥에 안 떨어졌다고? 착시 현상이겠지).

정치 영역을 벗어나보자. 개인의 가능성을 예측할 때는 보통 나쁜 소식보다 좋은 소식이 더욱 강한 영향을 미치고, 이는 사전에 어떠한 신념을 가졌는지와 무관하다. 이것이 바로 좋은 소식 나쁜 소식 효과good news-bad news effect다.[6] 당신이 스스로 생각하는 모습보다 더 똑똑하다는 이야기를 들었다고 해보자. 이 말을 믿을 것인가? 또는 본인이 생각했던 것보다 더 잘생겼다는 말을 들었다면, 이 말을 믿겠는가? 이번에는 본인이 생각했던 것보다 못생겼다는 말을 들었다고 해보자. 기본적으로 사람들은 반갑지 않은 소식보다 반가운 소식을 더욱 신뢰한다. 이러한 현상은 널리 퍼져 있다. 이를테면 사람들은 예상보다 수명이 짧을 것이라는 정보를 접했을 때보다 더욱 오래 살 것이라는 정보를 들었을 때 자신의 기존 신념을 갱신할 공산이 크다. 사람들은 좋은 소식에 신념을 갱신하는 모습을 더욱 많이 보일 뿐만 아니라, 나쁜 소식을 접했을 때보다 더욱 합리적인 방식으로 갱신할 가능성이 크다.[7]

좋은 소식 나쁜 소식 효과는 동기화된 추론의 한 형태인 '바람직성 편향desirability bias'이 반영된 것으로 볼 수 있다.[8] 자신을 기쁘게 하거나 행복하게 하는 방향으로 믿음을 전환하는 경향성을 가리키는 용어다. 자신이 생각보다 더욱 건강하다는 이야기를 들으면 해당 정보를 신뢰하고, 생각보다 건강하지 않다는 이야기를 들으면 이 메시지를 전달한 메신저를 무시한다. 좋은 소식 나쁜 소식 효과는 일면 파스칼의 내기와 유사하다. 이 효과 또한 사람들이 무의식적이고 또 순식간일지라도 무엇을 믿을지 결정한다는 점을 시사한다. 어떤 경우 사람들은 나쁜 소식을 믿지 않기로 결정하고 또 어떤 때는 좋은 소식을 믿기로 결정한다.

이러한 결과와 같은 맥락으로, 기후변화를 잘 믿지 않는 사람들은 예상치 못한 나쁜 소식(기후변화가 더 심각하다는 정보로서 본질적으로 자신에게 아무런 영향도 미치지 않는다)보다 예상치 못한 좋은 소식(기후변화가 그리 심각하지 않다는 정보로 기존의 신념과 일치한다)을 훨씬 잘 받아들인다. 기후변화에 관한 좋은 소식은 자신에 대한 좋은 소식으로, 기후변화에 대한 나쁜 소식은 자신에 대한 나쁜 소식으로 받아들이는 것이다. 기후변화를 잘 믿지 않는 사람들에게 기후변화가 그리 심각하지 않다는 데이터는 그리 놀랍지 않다. 하지만 이와 대조적으로 기후변화를 강하게 믿는 사람들은 예상치 못한 좋은 소식보다 예상치 못한 나쁜 소식을 훨씬 더 받아들인다.

이 결과가 놀랍게 느껴질 수 있다. 왜 이들은 좋은 소식보다 나쁜 소식을 더욱 신뢰할까? 두 가지 설명이 가능하다. 첫째, 사람들은 '나쁜 소식에 치우친' 편향 동화를 보이는 것이다. 둘째, 사람들은 합리적인 베이즈주의Bayesianism●에 따라 자신의 신념을 갱신하는 것이다. 편향 동화로 설명한다면, 기후변화를 굳게 믿는 사람들은 예상치 못한 나쁜 소식이 그들의 절박함에 힘을 실어주고 자신들의 정체성을 이루는 신념에 부합하기까지 한 바, 나쁜 소식을 수용하려 한다.[9] 반대로 예상치 못한 좋은 소식은 자신의 절박함을 부정하고 정체성을 약화할 수 있다. 한편으로 합리적인 베이즈주의에 따라, 사람들은 좋은 소식은 기존 신념에 비추어 신뢰할 수 없다고 무시하고 나쁜 소식은 기존 신념에 부합한다는 이유로 신뢰한다. 이 사안은 잠시 후에 다시 이야기하겠다.

가장 좋은 설명이 무엇이든, 이러한 비대칭적 갱신이 만연하고 매우 중요한 현상이라는 사실만은 분명하다. 이는 우리가 무엇을 믿을지 스스로 결정한다는 증거이자, 우리의 동기와 기존 신념이 생각을 언제 어떻게 바꿀지에 영향을 미친다는 강력한 증거다. 몇몇 사람들에게는 나쁜 소식이 어떤 의미에서 '좋은 소식'일 수

● 신념을 주관적인 확률로 해석하여 수학적으로 접근하는 인식 방법. 어떤 정보를 알기 전의 사전 확률과 알고 난 후의 사후 확률을 계산한다.

있고 나쁜 소식을 특별히 더 신뢰할 수 있다. 이러한 가능성은 사회·정치·법 등 삶의 여러 영역에서 새로운 정보가 어떻게 신념을 고착화하고 또 양극화를 심화하는지 설명해준다.

연구: 사람들은 신념을 어떻게 갱신하는가?

2017년 아마존 메케니컬 터크를 통해 미국에 거주하는 자원자 302명(남성 177명, 여성 125명)이 온라인 연구에 참여했다. 설문조사는 약 2분이 걸렸고, 참가비로 0.25달러가 지급되었다. 참가자들의 특성은 〈표 5〉에 정리했다.

연구의 핵심 목표는 이랬다. 기후변화에 관해 이전에 접했던 것보다 더욱 좋거나 나쁜 정보를 들었을 때 사람들이 과연 신념을 갱신할 것인가? 그렇다면 얼마나 갱신하는가? 기후변화를 확고하게 믿는 사람들은 예상치 못한 나쁜 소식(즉, 기존보다 기온 상승 예상치가 더욱 높아졌다는 소식)보다 예상치 못한 좋은 소식(즉, 기존보다 기온 상승 예상치가 낮아졌다는 소식)을 접했을 때 자신의 신념을 바꾸기를 더욱 꺼릴 거라는 가설을 세웠다. 또한 기후변화에 더 회의적인 사람들은 이와 반대되는 패턴을 보일 거라고 가정했다. 이들은 예상치 못한 좋은 소식(기존보다 기온 상승 예상치가 낮아졌다)에 자신의 신념을 바꿀 가능성이 높을 터였다.

이 가설을 시험하기 위해 우선 참가자들의 성향을 평가했다.

나이	45.7%	30세 미만
	41.7%	30~49세
	11.6%	50~64세
	1%	64세 초과
인종	73.8%	백인
	11.3%	동양인
	7.6%	흑인
	5.3%	히스패닉계
	0.3%	아메리카 원주민
	1.7%	그외
연 소득	25.8%	3만 달러 미만
	41.1%	3만~5만 9999달러
	19.2%	6만~8만 9999달러
	7.6%	9만~11만 9999달러
	3.0%	12만~15만 달러
	3.3%	15만 달러 초과
당적	49.7%	민주당
	33.4%	무소속
	16.9%	공화당
최고 학력	0.3%	고등학교 미졸업
	10.6%	고등학교
	38.1%	대학교
	38.4%	4년제 학사 학위
	1.7%	전문 학위
	9.3%	석사 학위
	1.7%	박사 학위

표 5 참가자들의 특성

구체적으로는 참가자들에게 이렇게 질문했다. ① 자신을 환경주의자라고 생각하십니까? ② 인간이 초래한 기후변화가 지금 벌어지고 있다고 생각하십니까? ③ 최근 온실가스 감축을 위한 파리협정에 미국이 서명한 일이 옳았다고 생각하십니까? 참가자들은 1에서 5 척도로 대답했다(1은 매우 동의하지 않음, 5는 매우 동의함).

각 답변의 점수를 모두 더해 모든 참가자의 '기후변화 신념 climate change belief(CCB)' 점수를 산출했다(다만 '환경주의자'인지를 묻는 질문은 기후변화에 대한 개인의 믿음을 직접 측정하지는 않는다는 점을 인정한다). 그런 뒤 참가자들을 세 집단으로 나누었다. 높은 점수를 받은 사람들(높은 기후변화 신념 집단, 108명, 평균 CCB 13.83), 중간 점수를 받은 사람들(중간 기후변화 신념 집단, 105명, 평균 CCB 11.02), 낮은 점수를 받은 사람들(낮은 기후변화 신념 집단, 89명, 평균 CCB 7.73)이었다.[10]

이후 참가자들에게 정보를 전달하면서 이렇게 질문했다.

> 많은 과학자가 2100년까지 미국의 평균 기온이 최소 화씨 6도 상승할 것이라고 말합니다. 추가로 규제 조치가 마련되지 않는다면, 2100년에 미국의 평균 기온이 어느 정도 상승할 거라고 생각하십니까?

참가자들은 0에서 12 사이의 숫자로 답할 수 있었다.

이들이 답한 첫 번째 추정치는 전체 평균 5.40도였다(이 추정치는 이후 좋은 소식을 전해들은 참가자와 나쁜 소식을 들은 참가자들 간에 차이가 없었다). 전반적으로 기후변화 신념 점수가 높을수록 이 추정치도 높았다(긍정적인 상관관계). 연령과 교육, 소득을 통제한 후에도 마찬가지였다. 높은 기후변화 신념 집단은 첫 번째 평균 추정치가 6.32도였다. 중간 기후변화 신념 집단은 5.93도, 낮은 기후변화 신념 집단은 3.64도였다. 중요한 점은 낮은 기후변화 신념 집단이 '기후변화 부정론자'가 아니라는 것이다. 기후변화가 일어난다고 믿지만 다른 두 집단의 생각보다 그 정도가 작을 것이라고 믿는 이들이었다.

초기 추정치를 밝힌 참가자들을 무작위로 두 조건 중 하나에 배정했다. 구체적으로 설명하자면 이들은 앞서 전달받은 정보보다 좋거나(좋은 소식, 참가자 152명 중 여성 72명) 나쁜(나쁜 소식, 참가자 150명 중 여성 53명) 정보를 접했다. 좋은 소식 조건에 속한 참가자들은 이런 이야기를 들었다.

> 지난 몇 주간 몇몇 저명한 과학자가 과학적 사실을 검토한 결과 기존에 생각했던 것보다 상황이 훨씬 긍정적이라는 결론을 내렸다고 가정해봅시다. 이들은 추가로 규제 조치가 마련되지 않는다면 온실가스 배출 시나리오와 기후 모델에 따라 2100년에 미국의 평균 기온이 화씨 1도에서 5도까지 상승할 것으로 예상된다고 밝혔습니다.

나쁜 소식 조건에 속한 이들은 다음과 같은 이야기를 들었다.

> 지난 몇 주간 몇몇 저명한 과학자가 과학적 사실을 검토한 결과 기존에 생각했던 것보다 상황이 훨씬 심각하다는 결론을 내렸다고 가정해봅시다. 이들은 추가로 규제 조치가 마련되지 않는다면 온실가스 배출 시나리오와 기후 모델에 따라 2100년 미국의

> 평균 기온이 화씨 7도에서 11도까지 상승할 것으로 예상된다고 밝혔습니다.

그런 뒤 참가자들은 추정치를 갱신해 전달해야 했다. "추가로 규제 조치가 마련되지 않는다면, 2100년에 미국의 평균 기온이 어느 정도 상승할 거라고 생각하십니까?" 이들은 드롭다운 메뉴에서 0에서 12 사이의 숫자를 선택했다.[11] 이후 (나이·소득·인종·당적을 묻는) 인구통계학적 질문이 이어졌다.

그러고 나서 각 참가자의 신념 변화(갱신)를 계산했다. 그리고 두 조건(좋은/나쁜 소식)과 세 집단(높은/중간/낮은 기후변화 신념)을 개체 간 요인으로 설정하고, 나이·학력·소득·성별·당적·인종 그리고 첫 번째 추정치를 공변인으로 통제하여 분산분석 ANOVA을 수행했다. 연구 결과, 2100년 미국의 평균 기온이 얼마나 오를지 추정치를 갱신한 정도는 다음과 같이 나왔다.

> 평균 추정치 갱신
> 높은 신념 집단, 좋은 소식 조건: 0.9 감소
> 높은 신념 집단, 나쁜 소식 조건: 1.94 증가
>
> 낮은 신념 집단, 좋은 소식 조건: 1.05 감소
> 낮은 신념 집단, 나쁜 소식 조건 : 0.2 증가
>
> 중간 신념 집단, 좋은 소식 조건: 1.25 감소
> 중간 신념 집단, 나쁜 소식 조건: 1.8 증가

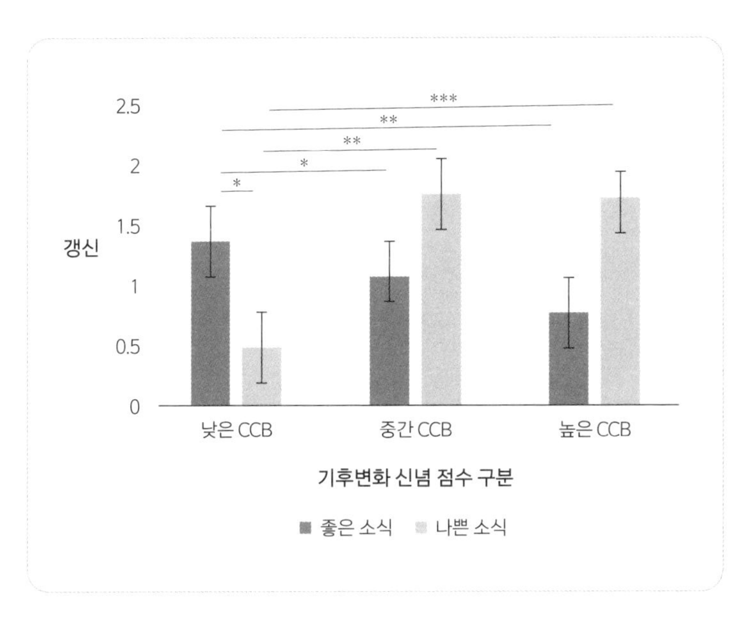

도표 1 기후변화 신념의 변화

높은 기후변화 신념 집단은 좋은 소식에 비해 나쁜 소식을 접했을 때 추정치를 더욱 큰 폭으로 갱신한 반면, 낮은 기후변화 신념 집단은 나쁜 소식에 비해 좋은 소식을 들었을 때 추정치를 더욱 갱신했다. 중간 기후변화 신념 집단은 조건에 따라 갱신한 정도가 크게 다르지 않았다.

같은 나쁜 소식을 들었을 때, 높은 신념 집단이 낮은 신념 집단보다 더욱 많이 추정치를 갱신했다. 좋은 소식을 듣고서 추정치를 갱신하는 정도는 집단 간 차이가 없었다. 낮은 신념을 지닌 집단이 나쁜 소식을 들었을 때는 추정치를 거의 바꾸지 않았지만, 이외 모든 경우에 참가자들은 추정치를 0보다 훨씬 크게 갱신했다.

〈도표 1〉은 기존의 기후변화 신념에 따라 추정치가 어떻게 달라졌는지(즉, 새로운 정보를 듣고 난 후 신념이 얼마나 달라졌는지)

를 보여준다. y축은 나이·학력·소득·성별·당적·인종 그리고 첫 번째 추정치를 통제한 후의 추정치 변화량이다. 오차 막대는 평균의 표준 오차를 가리킨다($^{*}p$[유의확률]<0.05, $^{**}p<0.01$, $^{***}p<0.001$).

당적을 살펴보면, 민주당 지지자들이 공화당 지지자들보다 기후변화 신념 점수가 높았고 첫 번째 기온 상승 추정치 또한 높았다(민주당 평균 6.13도, 공화당 평균 3.73도). 다만 좋은 소식을 들었을 때와 나쁜 소식을 들었을 때의 추정치를 갱신하는 정도는 당적에 따른 차이를 보이지 않았다(기후변화 신념 점수와 나이·학력 등 다른 요인을 통제했다).

불편한 진실

이 연구의 목적은 사람들이 무엇을 믿을지를 어떻게 결정하는지, 또는 새로운 정보를 접한 후 사람들이 자신의 신념을 어떻게 조정하는지 조사하는 것이다. 기후변화 신념 점수가 높은 사람들은 좋은 소식보다 나쁜 소식에 더욱 신념을 바꾸고자 하는 비대칭적 갱신을 보였다. 기후변화 신념 점수가 낮은 사람들은 나쁜 소식보다 (본질적으로 이들의 신념에 아무런 영향도 미치지 않는) 좋은 소식에 신념을 더욱 바꾸며 위와 상반된 비대칭적 갱신을 보였다. 기후변화 점수가 중간인 사람들은 비대칭적 갱신 현상을 보이지 않았다. 앞의 두 집단에서만 비대칭적 갱신이 나타난 이유가 무엇일까? 그리고 이 연구 결과가 일반적으로 정치적 신념을 형성하는 데는 어떠한 의미를 지닐까?

두 집단에서 비대칭적 갱신이 나타난 이유는 동기화된 추론으로 설명할 수 있다. 개인에 관련한 정보들(가령 외모가 얼마나 뛰어난지, 얼마나 건강한지)에서는 사람들이 나쁜 소식보다 좋은 소식에 반응해 자신의 신념을 갱신한다는 점을 떠올리길 바란다.[12] 사람들에게는 나쁜 소식을 무시할, 적어도 덜 중요하게 여길 동기가 있다. 즉, 자신이 믿고 싶은 것을 믿는다(믿기로 결정한다). 기후변화 신념 점수가 낮은 집단과 높은 집단은 각자 기후변화를 마주하며 마음을 쏟았을 것이다. 신념 점수가 낮은 집단에게 좋은 소식은 결국 어떤 맥락에서든 기쁜 소식이기에, 이들이 좋은 소식에 특별한 가중치를 두었으리라 예상할 수 있다. 나쁜 소식이 이들에게 본질적으로 아무런 영향도 발휘하지 못했다는 점은 어찌 보면 좀 더 놀랍고 충격적이다. 기후변화를 그리 믿지 않는 사람들은 처음 과학적 발표에 등장한 화씨 6도라는 수치에 영향을 받았다 할지라도, (7도에서 11도 상승이라는) 나쁜 소식은 믿을 만한 정보라기보다는 단순한 기우나 또 다른 잡음 정도로 여길 동기가 있었을지도 모른다.

가장 큰 수수께끼는 신념 점수가 높은 사람들이 특히나 나쁜 소식을 신뢰하는 이유가 무엇인가다. 한 가지 가능성을 생각해보면, 나쁜 소식이 이들이 걱정하는 바가 사실이라고 힘을 실어주고 그 우려가 옳았다는 확신을 더해주었다는 점에서 긍정적으로 작용했다고 볼 수 있다.[13] 그런 의미에서 이들에게는 나쁜 소식을 수용할 동기가 있었을 것이다.

기후변화를 확고하게 믿는 사람들에게 좋은 소식은 불협화음을 일으킨다. 지금껏 기후변화에 신경을 썼던 것이 잘못이었으며 지나친 걱정이었다는 사실을 암시하고, 이것이 부정적인 반응을 불러일으켰을 수 있다. 좋은 소식이어도 사람들의 정치적 신념과 정체성을 위협한다면 이와 같은 부정적인 반응을 유발한다.[14] 분열된 사회에서 새로운 정보는 좋든 나쁘든 어떤 이들에게는 부정적인 정서 반응을 일으키고(그리하여 묵살되고), 또 다른 이들에게는 긍정적인 정서 반응을 일으키므로 양극화가 심화된다. 일상생활에서 사람들이 좋은 소식이나 나쁜 소식을 신뢰할지 말지 판단할 때 주로 그 소식을 듣고 어떤 기분이 드는지를 기준으로 삼는다고 봐도 무리가 아니다. 이는 앞서 이야기한 비대칭적 갱신이 나타나는 두 가지 이유 중 첫째인 편향 동화를 보이는 것이다.

비대칭적 갱신이 나타나는 두 번째 이유는 동기나 감정과 관련이 없다. 순전히 어떻게 인지하느냐 하는 베이즈주의가 반영된 결과다.[15] 가장 간단하게 답을 하자면 이렇다. 기후변화를 거의 믿지 않는 사람은 기온이 상승하겠지만 그렇게까지 더워지지는 않을 거라고 생각한다. 당신이 생각했던 것만큼 기온이 오르지는 않을 거라는 과학자들의 이야기를 들었다고 가정해보자. 당신은 해당 정보가 신뢰할 만하다고 판단하고 그 정보에 맞춰 신념을 갱신할 것이다. 이제 당신이 생각했던 것보다 기온이 더 많이 오를 거라는 과학자들의 이야기를 들었다고 생각해보자. 그럼 당신은 이 정보를 믿지 않기로 결정할 것이다. 저 과학자들은 도대체 누구인가? 극단주의자들인가?

기후변화를 확고하게 믿는 사람은 반대의 경향을 보이며, 아주 많이 더워질 거라고 생각한다. 당신의 생각보다도 더 뜨거워질 거라는 과학자들의 이야기를 들었다고 가정해보자. 그럼 당신은 해당 정보를 믿을 수 있다고 판단하고 이 정보에 따라 신념을 수정할 것이다. 이제 당신이 생각했던 것만큼 기온이 상승하지 않을 거라는 과학자들의 의견을 들었다고 생각해보자. 당신은 이 정보를 믿지 않기로 결정할 것이다. 저 과학자란 사람들은 누구인가? 어느 업계에서 돈이라도 받은 게 아닐까?

좀 더 복잡해진 베이즈주의식 답변은 이렇다. 기온이 얼마나 오를지에 관한 기존의 신념은 화씨 3도아니면 11도라는 단 하나의 수치보다는 확률의 히스토그램으로 가장 잘 표현할 수 있다—이를테면 제임스는 기온이 5도 상승할 확률을 10퍼센트로, 6도 상승할 확률을 30퍼센트로, 7도 상승할 확률을 20퍼센트로 믿는다. 가능한 상승 예측치를 제시하라는 요청을 받으면 제임스는 자신의 신념 분포가 정점에 이른 숫자를 알려줄 텐데, 방금 사례로 들자면 그나마 가장 높은 확률로 믿는 6도다. 이제 두 가지 시나리오를 생각해보자. 한 시나리오에서 제임스는 기온이 7도 상승할 것이라는 과학자들의 이야기(나쁜 소식)를 들었고, 다른 시나리오에서는 5도 상승할 것이라는 이야기(좋은 소식)를 들었다. 이제 제임스는 자신의 신념이 어떻게 달라졌는지 제시해야 한다. 그는 새로운 신념을 형성하기 위해 기존의 신념과 새로운 근거를 조합해 분포의 정점을 수정한다. 사전 확률이 원래부터 비대칭이므로 제임스가 베이즈 통계학을 활용해 사후 확률을 계산한다 해도 두 시나리오에서 모두 사후 분포의 정점은 사전 분포의 정점과 다를 것이다.

기후변화가 실제 벌어지는 심각한 문제라고 굳게 믿는 사람은 사전 확률이 부정적으로 기울어졌고, 잘 믿지 않는 사람은 긍정적으로 기울어졌을 가능성이 있다. 내가 수행한 연구에서는 첫 번째 추정치, 즉 사전 분포의 정점은 통제했지만, 사전 확률의 전체 분포는 기록하지 않았다.[16] 따라서 베이즈주의로 두 집단의 비대칭적 갱신이 충분히 설명된다.[17]

어디서든 나타나는 비대칭적 갱신

위 결과들을 바탕으로 기후변화뿐만 아니라 전반적으로 삶과 과학, 정치, 법의 영역에서 사람들의 신념이 어떻게 달라지는지를 파악할 수 있다. 사람들이 기후변화에 대해 새로운 정보를 접하고(마땅히 그럴 수밖에 없다) 그리고 그 정보가 시시각각 변한다면, 양극화가 더욱 심해지리라 생각해야 한다. 기후변화를 많이 걱정하는 사람들은 나쁜 소식을 접했을 때 그렇지 않은 사람들에 비해 자신의 추정치를 상향 조정할(더 심각하게 받아들일) 확률이 크다. 전혀 걱정하지 않는 사람들은 좋은 소식을 접했을 때 다른 사람들보다 자신의 추정치를 하향 조정할(덜 심각하게 받아들일) 가능성이 높다.

걱정스러운 소식과 덜 걱정스러운 소식 모두 사람들의 관심을 끄는 만큼, 이러한 비대칭성이 기후변화라는 사안에서 (비록 다른 요인이 없더라도) 충분히 양극화를 불러온다는 점은 의심할 여지가 없다.[18] 기후변화 신념 점수가 낮은 사람들이 회의론자나 부정론자가 아니었다는 점을 떠올려보길 바란다. 이들은 단지 기후변화의 규모가 다른 두 집단에 비해 작을 것이라고 믿었다. 그럼에도 이들은 나쁜 소식보다 좋은 소식에 반응한 반면, 기후변화 신념 점수가 중간이었던 집단은 그런 현상을 보이지 않았다.

일반적으로 신념과 관련해 여러 영역에서 이와 비슷한 현상이 나타난다. 선거가 조작되었는가, 내년에 테러가 얼마나 발생할 것인가, 이민자들로 인한 폭력 사태가 얼마나 벌어질 것인가? 최저 시급을 15달러로 높이면 실업률이 얼마나 증가하는가 등을 둘러싸고 신념이 어떻게 형성되는지 다양하게 연구해볼 수 있다. 좋은 소식을, 즉 생각보다 상황이 나아질 거라고 말하는 신뢰할 만한 전문가의 판단을 나쁜 소식보다 더욱 중요하게 받아들이는 사람이 많을 것이다. 이민이 범죄나 실업률을 늘리지 않음을(좋은 소식을) 뒷받침하는 근거를 수용하고 싶어 하는 반면, 나쁜 소식에 대한 근거를 수용하는 데 몹시 주저하는 집단을 쉽게 떠올릴 수 있다.

한편 몇몇 집단에게는 좋은 소식이 상당한 부정적인 반응을 유발할 텐데 여기에는 자신의 정당성을 입증하고 싶은 사람들의 욕구가 일부 작용한다. 자신의 행동과 우려가 모순되지 않았으며 마땅하다는 확인을 받고 싶어 한다. 테러리즘이 증가하고, 이민이 폭력 사태로 이어지고, 기후변화가 굉장히 파괴적으로 벌어지고, 최저 시급을 15달러로 올리면 실업률이 크게 증가하는 등 상황이 훨씬 악화될 거라는 시나리오임에도 이를 지지하는 자신의 태도에 상당히 투자한 사람들도 있다. 이런 사람들은 나쁜 소식을 전적으로 환영하고 따라서 나쁜 소식을 더욱 중요하게 여긴다.

정치와 법에서 양극화의 대부분은 이런 식으로 전개되고 심화된다. 매일까지는 아니더라도 매주 미래의 상황을 두고 서로 상반되는(또한 타당해 보이는) 예측들을 접하는데, 이런 현실은 개인의 현재 추정치가 너무도 낙관적이거나 너무도 비관적이라는 사실을 시사한다. 건강에 관해서는 주로 좋은 소식에 특별한 가중치가 부여된다. 하지만 정치와 법에서는 무엇이 좋은 소식인지 그만큼 명확하지 않다. 어떤 이들은 (예상보다 상황이 좋아질 거라는) 객관적으로 긍정적인 소식을 접하고 자신의 신념을 갱신하는 데 각별한 관심을 기울인다. 또 다른 이들은 같은 소식이라 하더라도 자신의 깊은 신념을 위협한다는 이유에서 부정적으로 받아들일 수 있다. 이런 일이 벌어지면 정반대의 방향으로 비대칭적 갱신이 생겨나거나 심화되면서 양극화하기 좋은 상황이 펼쳐진다. 신념의 갱신에 관해서는 아직도 밝혀져야 할 내용이 많다. 하지만 신념에 따라 정보를 수용하는 데서 보이는 이러한 차이는 대단히 전문적인 사안에서조차 시간이 지남에 따라 양극화가 심해지는 이유와 합의를 도출하기 어려운 이유를 설명해준다.

이 주제가 영향을 미치는 영역은 더욱 광범위하다. 일상생활에서 우리는 친구, 고용주, 자녀, 배우자, 자동차, 그 밖의 우리에게 주어진 선택지와 기회까지 수많은 사안에서 무엇을 믿을지 선택권을 가진다. 우리는 일부 기존의 신념에 따라(내 차는 훌륭하고, 이에 반하는 정보는 믿지 않을 거야), 또 일부는 우리의 감정에 따라(내 아이들을 사랑하고, 이 아이들에게 불리한 정보는 믿지 않을 거야) 대단히 신속하게 결정을 내리는지도 모른다. 따라서 이제 시야를 좀 더 넓혀보고자 한다.

5

믿음을
지킬 것인가,
바꿀 것인가

무엇을 믿을지 결정하는 문제를 두고 좀 더 일반적인 사례를 들 수 있을까? 사람들은 자신의 신념을 어느 정도까지나 결정하는 걸까? 우리가 믿고 싶은 바를 어느 정도까지 믿는 걸까? 신념을 형성하며 욕망에 이끌리는 유혹과, 진실을 믿어야 한다는 목표 사이에서 어떻게 균형을 잡을까?

신념은 대부분 확고하고 고정된 것으로 보인다. 우리는 한 번 신념을 형성하고 나면 이를 유지하려 하고(유지하기로 결정하고), 그 신념을 바꾸기를(바꾸기로 결정하기를) 꺼린다. 실로 부모의 종교적 신념을 따르는 사람이 많고,[1] 대부분 일곱 살이면 평생 응원할 스포츠 팀이 정해진다.[2] 하지만 신념이야 변하기 마련이고, 사람들이 어떠한 사안에서 기존의 생각을 크게 바꿔야겠다고 결정하기도 한다. 최근 직장 내 괴롭힘을 어떻게 정의할지 생각이 달라지기 시작한 사람이 많으며,[3] 공공장소에서의 흡연이 허용되어야 하는지도 신념이 달라진 이들이 많다.[4] 공중보건 전문가들은 마스크가 코로나바이러스의 전파를 줄이는지,[5] 전자 담배가 안전한지에 대한 입장을 바꾸기도 했다.[6] 새로운 정보와 경험이 사람들의 신념을 바꿀 수 있고 실제로도 바꾼다.

저명한 경제학자 존 메이너드 케인스는 이런 말을 자주 했다. "새로운 정보를 접하면 나는 생각이 바뀐다. 당신은 어떠한가?" 앞장에서 봤듯이 이에 답하기는 그리 간단하지 않다. 때로 사람들은 새로운 정보를 접한 후 신념을 바꾸지 않으며 고집을 부리고 심지어 완고한 모습을 보인다. 또 어떤 경우는 그럴 만한 이유가 없음에도 선뜻 자신의 생각을 바꾼다.[7] 이러한 불일치성에 일반 사람들만이 아니라 심리학자와 경제학자, 철학자마저 당황했다.[8]

이번 장의 핵심 주장은 이렇다: 모든 것은 신념의 가치에 달렸고, 이 가치는 인식 가능한 요소들로 구성된다.[9] 이 인식 가능한 요소들 중 일부는 신념의 정확성과 연관된다. 사람들은 자신의 신념을 바꾸어 '효용utility'을 얻거나 잃는데, 여기서 효용은 후생을 포함하는 개념이다(또한 후생의 동의어로 쓰였다). 따라서 신념이 변화하는 과정은 기존의 가치를 새로운 신념의 잠재적 기대 가치와 비교하는 과정으로 볼 수 있다. 이렇게 개념화하면 왜 어떤 신념은 완고하고 어떤 신념은 쉽게 변하는지, 신념을 변화시키기 위해 활용되는 전략 중 왜 어떤 것은 효과적이고 또 어떤 것은 실패하는지를 이해할 수 있다.

신념이 바뀌는 과정은 다차원적인 경제적 의사결정과 유사한 다차원적인 가치 평가 문제로 이해된다. 여기서는 의사결정의 신경과학[10] 분야에서 최근에 나온 연구 결과에 심리학[11] 및 행동경제학[12]의 유서 깊은 통찰을 더해 그 변화 과정을 설명하겠다.

다차원적인 가치 평가 문제로서 신념의 변화

4장에서 논의한 기후변화 사례로 돌아가보자. 다른 영역에서와 마찬가지로 기후변화 문제에서 신념의 변화는 가치 기반 결정으로 볼 수 있다. 어떠한 신념이든 효용성이 있다는 뜻이다.[13] 사람들은 새로운 신념의 기대 효용이 기존 신념보다 클 때 자신의 신념을 바꿀 가능성이 높다. 신념의 효용은 다양한 차원에서 발생하는 효용을 모두 더해 계산한다. 이러한 차원은 크게 두 가지로 나뉜다. 신념의 외적 결과(신념을 바탕으로 얻거나 잃는 돈이나 지위 등)와 내적 결과(신념을 바탕으로 얻거나 잃는 자신감이나 안도감 등)이다. 그리고 각각의 결과는 정확성에 독립적이거나 의존적일 수 있다.

외적 결과

정확성 독립적. 어떠한 신념이 정확한지와 무관하게 믿는 것만으로 얻는 금전적 보상이나 사회적 수용을 의미한다.[14] 예를 들어 어떠한 사회에서는 특정 종교를 믿는 사람들이 직업을 구할 가능성이 높다. 이러한 결과는 신념 자체가 참인지 거짓인지와 무관하다(실로 사람들이 단순히 어떠한 신념을 지닌 척하는 경우도 있지만, 이 문제는 여기서 다루지 않겠다).

정확성 의존적. 정확한 신념을 지닐 때 얻는 이익(보상)과 부정확한 신념을 지녔을 때 발생하는 비용(처벌)을 의미한다. 예컨대 주식 시장이 상승세를 맞이할 것이라 믿고 투자한 경우, 이 믿음이 옳다면 돈을 벌겠지만 틀렸다면 손해를 볼 것이다. 주식에 투자할 자금이 없다면(다른 사람에게 투자하라는 조언도 하지 않는다면) 정확성 의존적인 외적 결과는 제로가 된다. 신념 다수는 정확한지 부정확한지에 따라 개인에게 다른 결과를 안긴다(흡연이 건강에 좋은가? 코로나바이러스 백신이 안전한가? 동료가 친구인가 적인가?). 하지만 그렇지 않은 경우도 많다(지구가 평평하다는 믿음을 떠올려보자. 장거리를 이동하는 상황이 아니고서야 지구가 평평하든 둥글든 득이나 실이 될 일은 없다. 다만 같은 생각을 지닌 사람들과 연합한다는 사회적 이점이 있을지도 모르겠다). 어떠한 신념은 정확성을 따질 수 없는데, 선호도나 옳고 그름에 대한 신념이 그렇다. 초콜릿 아이스크림이 바닐라 아이스크림보다 맛있다거나 개가 고양이보다 낫다, 또는 인간이 식용으로 동물을 희생시켜서는 안 된다는 생각에는 정확성이라는 개념이 없다.

내적 결과

정확성 독립적. 외적 결과와 관계없이 어떠한 신념에서 직접 파생되는 인지적·정서적 결과인 내적 결과는 그것이 정확한지와 무관할 때가 많다. 이를테면 미래에 자신이 장수를 하며 훌륭한 직업을 갖게 될 거라는 믿음은 긍정적인 정신 상태로 이어진다.[15] 이런 사람은 미래 지향적인(미래에 관심을 갖는) 주체라서 그러한 신념을 지녔을 수도 있다.[16] 미래의 상황이 바람직할 것이라는 믿음이 현재 상태를 좋게 하는 현상을 '긍정적인 기대심리'라고 한다.[17] 또 다른 예로는 자기 자신을 향한(자신의 능력이나 성격, 지능, 외모에 대한) 긍정적인 믿음을 지니는 것이다. 또 하나의 예로는 어떠한 신념을 대단히 확신하는 태도인데, 이는 자신이 주변 세계를 이해하고 있다는 안도감을 제공한다.

정확성 의존적. 내적 결과 또한 정확성에 따라 달라질 수 있다. 예를 들어 시험에서 좋은 성적을 받을 거라고 믿으면 지금 당장은 (정확성 독립적으로) 기분이 좋겠지만, 이후 낙제점이 나오면 굉장한 실망감이 찾아온다.[18] 후자는 정확성 의존적이지만 신념에서 직접 파생된 결과다. 다시 말해 낙제점을 예상했다면 실망감이 그리 크지 않았을 것이다.

상호작용

내적 결과와 외적 결과는 상호작용할 수 있다. 가령 구직 면접을 잘 해낼 수 있다고 믿으면 실제 면접 자리에서 좋은 모습을 보이게 되고 취업을 할 가능성 또한 높아진다.[19] 한편 과도한 자신감은 자멸로 이어지기도 한다. 시험을 잘 치를 거라 믿는다면 기분이 나아지겠지만, 그런 믿음을 지니지 않은 사람에 비해 공부를 덜 하게 된다.

기대치의 결합

이렇듯 사람들은 다양한 결과에 대한 기대치를 암묵적으로 결합하여 각 신념의 전체 효용을 계산한다. 이때 반드시 정확한 신념을 형성하기보다는 가장 가치가 높은(바람직한 결과로 이어질 확률이 높은) 신념을 선택한다. 그리고 계산을 할 때 무의식적으로 다양한 차원을 통합하기도 한다. 사실 이것이 일반적인 방식이다. 두뇌는 의사결정을 이끄는 수많은 계산을 무의식적으로 한다(가령 길을 건너기 전 다가오는 자동차의 속도와 거리를 추정한다).[20] 따라서 뇌가 신념의 가치를 코드화하고 서로 다른 결과들을 평가하는 동안, 개인이 이 과정과 각 속성의 가치에 반드시 명시적으로 접근할 수 있는 것은 아니다. 이때 사람들은 가장 효용이 높은 관점이 가장 정확하다고 믿으며 자기 신념을 합리화할 수 있다. 신념이 자동으로 형성되다 보니 이러한 믿음이 주관적으로 정당하다고 느낀다.[21] 새로운 증거가 등장하면 잠재적으로 새로운 신념과 기존의 신념 간의 효용 차이를 비교한다. 새로운 신념의 효용이 기존의 신념보다 클 때 변화가 일어난다.

사람들이 매우 신뢰할 만한 새로운 증거를 마주하고도 자신의 신념을 바꾸지 않는 현상을 이 프레임워크로 설명할 수 있다. 이를테면 (사고나 질병 같은) 불행한 사건의 발생 가능성이 예상보다 높다는 사실을 알게 되거나,[22] 다른 사람들이 자신을 생각보다 덜 매력적으로 여긴다는 것을 알게 되거나,[23] 예상보다 본인의 수입이 적을 거라는 사실을 알게 되거나,[24] 자신이 지지하는 대선 후보가 여론조사에서 뒤처진다는 것을 알게 되는 등[25] 결론이 불쾌한 정보를 마주했을 때 우리는 자신의 신념을 적절하게 바꾸지 못한다. 이 모든 경우에서 개인은 부정확한 신념을 유지하려 들 수 있는데, 이때 정확성 의존적인 외적 결과보다 훨씬 큰 부정확성 의존적인 결과가(가령 기분을 좋게 하는 신념을 유지하며 긍정적 정서를 경험하는 현상이) 나타날 수 있다.

이와 유사한 감정가valence• 의존적 비대칭성은 강화학습 과제를 수행하는 실험 과정에서도 관찰되었다. 참가자들에게 두 가지 단서cue가 주어지며 그중에 가장 큰 보상으로 이어지는 단서를 학습하는 과제였다. 여기서 부정적인 결과보다는 예상치 못한 긍정적 결과를 얻을 때 참가자의 학습 속도가 더욱 빨라졌다.[26] 흥미롭게도 컴퓨터가 대신 선택할 때가 아니라 참가자가 직접 단서 중 하나를 선택할 때만(즉, 참가자에게 결과에 대한 통제력이 있을 때만) 이러한 편향이 드러났다.[27] 다시 설명하자면 참가자들은 자신의 선택이 옳다는 믿음을, 내적으로 보상이 되는 그 믿음을 증폭했다. 어떤 상황에서는 이러한 학습 패턴(즉 '선택 확증 편향choice-confirmation bias')이 더욱 큰 외적 보상으로 이어진다는 사실이 드러났다.[28] 이 경우 외적 및 내적 결과로 인해 신념은 더욱 높은 가치를 지니게 된다. 하지만 헌팅턴병의 유전자를 보유했는지 여부를 두고 신념을 바꾸는 상황과 같이 결과를 통제할 수 없을 때조차도 긍정 편향이 관찰되었다.[29]

환경 또는 상황이 변하면 결과가 얼마나 정확한지 혹은 부정확한지에 따라 그 가치가 달라진다. 위협으로 가득한 환경에서 부

• 특정한 사건이나 대상을 향한 긍정적 또는 부정적인 마음 상태.

정적인 정보를 과소평가하면 외적 정확성 의존적 비용이 특히나 커진다. 가령 세계적인 팬데믹 상황에서 자신이 치명적인 감염성 바이러스에 면역이 있다고 믿으면 대단히 심각한 결과로 이어질 것이다. 실로 실험 참가자들을 위협적인 상황에 노출시킬 때 불쾌한 정보에 자신의 신념을 적절하게 바꿀 가능성이 높았다.[30]

또는 보수적 신념을 지녀야 인정받는 사회에서 자란 사람이 보수와 진보 모두 수용되는 동네로 거처를 옮겼다고 생각해보자. 기존에는 그 보수적인 신념이 설령 틀렸더라도 이점이 있었다. 하지만 새로운 동네에서는 그 이점이 줄거나 사라지므로 개인은 다른 차원(관점)에서 신념을 바꿀 수 있다. 다시 말해 환경이 달라지면 신념을 평가하는 여러 차원들의 가치 또한 달라지므로 자신의 신념을 바꿀 수 있다는 뜻이다. 사람들은 각기 다른 환경을 경험하고, 성격과 가치관이 다르며(가령 누군가는 사회에 받아들여지는지를 중요시하지만 그렇지 않은 사람도 있다), 신념의 효용도 저마다 다르다. 그래서 한 집단 안에 다양한 신념이 공존할 수도 있다. 그러면서 정치적 양극화가 해소될 수도 있다. 한 환경에서는 특정한 신념에 보상을 주고 또 다른 환경에서는 다른 신념에 보상을 준다. 한 사람이 같은 신념을 지녀도 어느 곳에서는 '신념 보조금'을 받고 또 다른 곳에서는 '신념 세금'을 내야 한다.

신념은 정확성 독립성 또는 의존성 중 하나가 두드러질 때도 변화한다. 예를 들어 정확성을 고려하도록 유도를 받으면 그렇지 않을 때보다 정확성 의존적인 결과를 더욱 중요하게 여겨 신념이 달라진다. 실로 한 연구에서는 참가자들에게 어느 한 게시물의 정확도를 평가해달라고 요청하며 소셜 미디어 게시물의 진실성에 대해 생각해볼 계기를 마련하자 사람들이 다른 허위 정보를 덜 공유하게 되었다.[31] 하지만 이러한 개입으로 실험 참가자가 소셜 미디어 게시물들이 진실이라고 믿는 정도 또한 감소했는지는 확인되지 않았다.

물질로 된 재화를 평가하고 비교할 때와 마찬가지로 신념의 가치를 평가하는 과정에도 편향과 휴리스틱이 개입하고,[32] 이로 인해 신념 변화의 이득과 비용을 잘못 판단할 수도 있다. 예를 들자면 우리는 (가령) 자신이 암에 걸릴 위험이 높다고 믿는 등의 새로운 신념이 마음을 매우 심란하게 만들 거라며 (잠시나마 찾아오는 부정적인 정서적 영향을) 과대평가하는데, 이는 부정적인 정보를 자기가 잘 받아들이지 못할 거라고 과소평가하기 때문이기도 하다.[33] 어떤 경우에는 신념을 바꿀 때 얻으리라 예상되는 기대 가치가 작아 기존 신념을 더욱 완강히 고집하고, 또 어떤 경우에는 이 기대 가치가 크다고 생각해 신념을 너무나 쉽게 바꾼다. 아무런 근거 없이 신념을 바꾸지 않을 때와 아무런 근거 없이 신념을 바꿀 때 모두 현재 편향과 낙관적 편향이 영향을 미친다.[34]

신념 변화에서 자신감과 메타인지의 역할

위에서 언급한 다차원적인 프레임워크는 다른 다차원적인 경제적 의사결정 문제들과 유사하다.[35] 가령 우리는 바나나를 하나

사더라도 주관적인 가치를 다차원적 평가로 결정한다. 주체는 바나나가 얼마나 맛있을지, 당분과 섬유질을 얼마나 함유했는지, 현재 자신의 체내에 당분과 섬유질 수치가 어느 정도인지 등을 판단해야 한다.[36] 여기에는 각 차원을 얼마나 확실하게 평가하는지가 다른데, 다시 말해 차원의 불확실성이 존재한다. 이를테면 당신은 바나나가 맛있을 거라고 대단히 확신하지만 당분이 얼마나 들었는지는 확신하지 못할 수도 있다. 또한 종교를 믿는 것이 취업에 도움이 될지 해가 될지, 더 이상 믿지 않으면 어떤 기분일지는 확신하지 못할 수 있다. 그리하여 더욱 정확한 신호를 보내는 정보에 더욱 가중치를 부여하는 베이즈의 정보 통합 원칙에 따라, 전체 효용을 계산하면서 불확실한 차원의 비중을 낮춘다.[37] 예를 들어 백신이 건강과 공중보건에 이롭다는 믿음을 생각해보자. 과학적 체계를 교육받은 과학자들은 백신 예방접종이 코로나19 감염 사례에 미친 효과(외적 정확성 의존적 차원)를 확실하게 평가할 수 있고, 이러한 차원이 전체적인 믿음에 큰 영향을 미칠 것이다. 반대로 과학적 체계에 익숙하지 않은 사람들은 백신이 얼마나 효과적이었는지 확신하지 못할 수 있고, 따라서 이 차원이 믿음에 미치는 영향이 작을 것이다. 더욱이 어떠한 차원이든 불확실성이 존재할 때 각 차원의 평가를 전부 통합해서 형성되는 신념의 가치도 확실성이 낮아지는데, 다시 말해 신념의 불확실성이 생겨난다는 뜻이다.

신념이나 가치의 불확실성은 어떠한 신념을 가지겠다는 결정의 확신(자신감)과는 개념이 다르다. 이는 다른 의사결정 영역에서 자신감과 확실성이 구분되는 것과 유사하다.[38] 가령 바나나와 용과 중에서 하나를 선택할 때, 먹어본 경험이 적은 용과보다는 바나나의 가치가 얼마인지 더욱 확신할 수 있다. 무언가를 택하는 상황에서 우리는 각 선택지에 대한 결정 자신감decision confidence이 다르다. 즉, 하나의 선택지(바나나)와 또 다른 선택지(용과)의 가치 분포가 서로 다르다고 이해할 수 있다.[39] 선택지의 가치가 불확실하면 가치 분포의 폭이 넓어지고(반대로 가치가 확실하면 폭이 좁아지고), 따라서 가치의 확실성은 각각의 가치 분포가 서로 겹치는 정도에 영향을 준다. 일반적으로 가치 분포가 겹치면 결정을 내리기 어렵고 자신감도 낮다. 각 선택지의 가치 분포가 분리되어 있으면 결정은 쉽고 자신감은 높다.[40] 이와 마찬가지로 신념을 바꿀지 말지 결정할 때 우리는 상반되는 신념 간의 상대적 가치를 비교한다. 각 신념들의 가치 분포가 서로 뚜렷하게 구별되면 더욱 자신감을 갖고 신념을 고를 수 있다. 예를 들어 당신이 무신론자로 사는 편이 이로운지 종합적인 효용을 확신하지 못한다 해도('신념의 불확실성'이 높아도), 그래서 어떤 종교를 믿느냐 고민할 때 '날아다니는 스파게티 괴물교'•를 따르는 것이 더 낫다고 선택하는 데에는 '결정 자신감'이 높을 수 있다(가치의 상대적인 차이가 뚜렷하기 때문이다).

일반적으로 사람들은 결정 자신감이 낮을 때 추가로 정보를 수집하려 한다.[41] 신념에 관해서도 마찬가지다. 가령 백신이 효과가 없고 안전하지 않다는 초기의 신념에 자신이 없을 때 새로운 정보를 계속해서 구하고, 그러다 보면 결국 신념을 바꾸게 된다. 우

• 파스타파리아니즘Pastafarianism이라고도 하며, 기존의 종교를 풍자해 미국에서 만들어진 신흥 종교다.

리는 정보를 다양한 형태로 수집한다. 새로운 정보를 능동적으로 구하거나(백신의 효능을 조사한 연구들을 찾아본다),[42] 얻은 증거를 다시 한 번 추려내거나(백신의 효능에 관해 의사와 나눈 대화를 다시 떠올려본다),[43] 미디어에서 우연하게 접한 정보에 더욱 관심을 기울인다(즉, 정보를 '스캐닝'한다).[44] 하지만 만약 어떠한 신념의 (내적 또는 외적으로) 잠재적인 결과가 보잘것없다면 사람들은 정보를 구하는 데 시간과 노력을 투자하지 않을 것이다(백신이 과연 안전한지 매우 불확실하지만 애초에 백신을 접할 일이 없다고 생각한다면 굳이 조사하려 들지 않는다).

결정 자신감이 낮으면 새로운 정보를 적극적으로 구하게 되지만, 이와 무관하게 낮은 결정 자신감이 새로운 근거를 수용하여 신념을 바꾸도록 할 가능성이 높은 것으로 밝혀졌다.[45] 따라서 우리는 자신감의 수준에 맞춰(적응적으로) 가치 있는 정보를 구하고 처리해간다.[46] 이러한 의미에서 자신감은 우리가 추가로 새로운 정보를 수용하고 처리할 필요가 있는지를 판단하고 통제한다. 위에서 언급했듯 (높은) 자신감은 그 자체가 정확성 독립적인 내적 결과다. 세상을 향해 느끼는 자신감이 위안을 전해주고 이것이 본질적으로 상당히 귀중한 가치를 지니기 때문이다. 이러한 사실은 뇌에서 가치를 평가하는 신호들과 자신감 신호들이 복내측 전전두피질 내 비슷한 영역에서 나타난다는 연구와[47] 금전적 보상과 자신감 간의 상호작용이 있음을 밝힌 연구에서도 드러난다.[48]

가치 및 자신감의 신호와 같은 뇌의 통제 신호들은 얼마나 유용할까? 신념의 효용은 실제로 어떤 부분은 크고 어떤 부분은 작으며 기저에 특정한 분포를 보이는데, 가치 평가와 자신감의 정도가 이 분포와 얼마나 일치하는지에 따라 유용성이 달라진다.[49] 이전 연구를 통해 자신감은 결정과 관계없는 요인들(능숙도와 각성 등)에 영향을 받는다는 사실이 드러났다. 자신감과 신념이 일치하지 않을 때 사람들은 자신감을 가져서는 안 되는 상황에서도 자신감을 느끼고, 그래서 현재 지닌 신념이 상당히 불확실함에도 이를 바꾸기 위해 노력하지 않는다. 이와 대조적으로 때로는 불확실한 기분을 느끼지 않아야 할 때 불확실성에 시달리며 최선이 아닌 차선의 신념을 택하기도 한다.

(결정) 자신감과 실제 행동을 일치시키는 것은 '메타인지' 능력으로 알려져 있다.[50] 메타인지 능력이 높은 사람은 자신의 결정이 옳을 때 자신감이 매우 높고, 결정이 틀릴 때는 그리 자신감을 갖지 못한다. 보통 무언가를 직접 관찰하고 측정하며 진실인지 판단하는가를 근거로 메타인지를 측정하며, 이를테면 지각적perceptual 결정(화면에 찍힌 점들의 배열이 오른쪽으로 움직이는가, 왼쪽으로 움직이는가? 그 판단에 얼마나 자신 있는가?)의 정확성을 따진다. 하지만 메타인지라는 개념은 신념 효용으로도 확장될 수 있다. 메타인지 능력이 높으면 사람들은 효용이 높은 신념에 높은 자신감을 갖고 차선의 신념에는 낮은 자신감을 보이는데, 후자의 경우 신념을 바꾸기 위해 정신적으로 노력할 동기가 생긴다. 따라서 훈련으로 메타인지 능력을 높인다면[51] 새로운 정보를 향해 열린 태도를 키울 수 있는데, 새로운 정보가 신념과 가치를 일치시키는 데 도움이 되는 상황에서는 특히나 이러한 태도가 중요하다.

정책으로 사람들의 신념을 바꾸고자 한다면

지금까지 신념의 가치는 2×2로 분류된 네 가지 결과들(외적/내적 또는 정확성 독립적/의존적)의 가중치를 합산한 것으로 이해된다고 이야기했다. 정책 입안자와 실무자는 사람들의 신념을 예측하거나 변화시키려 할 때 네 가지 상자를 '모두' 고려하면 도움을 얻을 수 있다.

정보 공개를 요구하는 수많은 정책은 신념의 방향을 달리할 목적으로 만들어진다. 예컨대 건강 및 안전에 관한 정보나 연비를 알려주는 표시들은 소비자의 믿음을 현실에 일치시키려는 의도를 담는다. 정책 입안자들은 소비자·노동자·투자자 등이 정확성만 신경을 쓴다고 가정하고, 신뢰할 수 있는 진실을 제시한다면 이를 믿을 것이라고 여긴다.[52] 지금껏 나눈 논의들을 생각해보면 이러한 가정은 잘못되었다. 앞에서 봤듯 사람들은 어떠한 신념이 개인에게 어떤 정서를 안겨주는지를 포함해 정확성과 무관한 차원들 또한 중요하게 여긴다.

정책 입안자가 (뿐만 아니라 지지자와 마케터도) 사람들의 신념을 바꾸고자 한다면 신념을 달리하며 나타나는 내적 결과를 사람들이 얼마나 기대하는지 살펴야 하며,[53] 또한 정확성에 의존하지 않은 외적 결과를 어떻게 인식하는지도 면밀하게 살펴야 한다. 그래야 신념 변화가 사람들에게 더욱 매력적으로 느껴지도록 정보를 재구성하거나 프레임을 만들어나갈 수 있다.

한 예로 사람들에게 코로나19 백신이 안전하며 효능을 믿어도 된다고 설득하는 캠페인을 생각해보자. 대다수의 민간 및 공공 기관은 백신의 효능과 안전성을 보여주는 데이터를 전달하는 데에만 치중한다(정확성 의존적인 외적 결과). 자신에게 면역이 형성되었다는 사실을 알면 불안이 크게 낮아질 것이라거나(정확성 독립적인 내적 결과), 백신의 효능을 신뢰하는 사람들이 동료에게서 더욱 존경을 받는다는(정확성 독립적인 외적 결과) 식의 결과들을 강조할 때 백신 효능에 대한 신뢰가 높아지는지 향후 연구하여 알아봐야 하겠다.

공포를 자극하는 전략이 효과를 거두는 이유는[54] 긍정적인 내적·외적 신념 결과를 이끌어내기 때문이다. 대부분의 공포 소구는 위험(코로나바이러스 감염이 사망으로 이어질 수 있다)과 더불어 이를 통제할 해결책(백신 접종)을 함께 강조한다. 이러한 메시지는 해당 신념(백신이 효과가 있다)이 긍정적이며 정확성 의존적인 외적 결과(신념을 지니면 많이들 백신을 접종받을 것이고 이로써 질병이 효과적으로 예방된다)와 정확성 독립적인 내적 결과(백신의 효능을 믿으면 두려움이 줄어든다)를 모두 보여주기 때문에 효과적이다.

같은 방법으로 오정보와 '가짜 뉴스'에도 효과적으로 대응할 수 있다. 어떤 경우 잘못된 내용을 사실대로 정정하는 일이 효과를 보지 못하는데, 사람들이 그 정보가 정확한지와는 무관하게 믿고 싶지 않아 하기 때문이다.[55] 극단적으로는 정정이 역효과를 내는 바람에, 반박되어야 할 신념이 도리어 더욱 큰 지지를 얻는다.[56] 이러한 현상이 벌어지는 한 가지 이유는, 사람들이 믿음을 바꾸면 어떤 의미에서 고통을 경험하게 될 거라고 판단하기 때문이다(신념을 바꾸면 기존에 같은 마음을 지닌 사람들과의 소속감이 위태로워지고,

정체성을 위협하며, 아픔과 두려움을 안겨줄 수 있다). 다시 말해 사람들의 소속감이나 자기이해, 각자가 지닌 세계관의 본질을 해치지 않는 방식으로 오류가 정정된다면 효과적일 수 있다는 뜻이다.[57] 그래서 뜻밖의 검증자surprising validators가 신념 변화를 성공적으로 유도하기도 한다.[58] 뜻밖의 검증자는 새로운 신념을 지지할지 말지 고민하는 이들이 신뢰하는 인물이며, 그 신념을 지지할 것이라 예상하지 못한 사람이다(동성애자의 권리를 지지하는 보수 정치인처럼). 개인의 안전과 건강에 관한 새로운 신념이 위협이라기보다는 기회처럼 제시된다면 사람들은 이에 마음이 기울 것이다.

마지막으로 현재의 프레임워크는 정규교육 환경에 흥미로운 시사점을 제공한다. 학생들의 학습과 공부 시간을 늘리는 데 자신감과 메타인지의 역할은 오랫동안 중요하게 인정받았다.[59] 더불어 (나는 수학을 잘한다고 믿는 등의) 자기 효능감이 교실에서의 노력과 성취도에 영향을 미치는 것으로 드러났는데, 이것이 STEM(과학/기술/공학/수학) 과목에서 남학생과 여학생 간 자신감의 차이를 불러오는 한 가지 요인일 수 있다.[60] 이러한 믿음을 현실에 일치시키기 위해서는(가령 여학생이 남학생보다 수학 실력이 떨어지지 않는다고 깨닫게 하기 위해서는) 신념을 변화시킬 사실(시험 점수)만이 아니라 정확성 독립적인 측면(또래 집단이 공유하는 의견에서 벗어나지 않으려는 마음) 또한 조사하는 것이 유익하다.

정확성이 전부는 아니다

지금까지 이야기한 핵심은 이렇다. 개인의 목표는 효용이 최대인 신념을 지니는 것이다. 효용은 해당 신념을 지닐 때 발생할 잠재적인 결과들의 가중치를 합산하여 계산한다. 결과들 중 몇몇은 신념이 정확한지에 따라 가치가 다르지만 그렇지 않은 것들도 있다. 예를 들어 종교적 신념은 스트레스를 줄이고 사회에 받아들여지는 결과로 이어지지만, 둘 다 신념의 정확성과는 무관하다. 자신이 건강 위험에 취약하다는 신념을 지니면 그 결과 두려움과 슬픔이 찾아오고, 이는 사람들이 회피하고자 하는 감정이다.

따라서 신념 변화는 반드시 신념의 정확성을 개선하겠다는 시도가 아니라 좀 더 높은 효용을 지닌 신념을 수용하려는 시도다. 기존의 신념에는 상충하지만 대단히 신뢰할 만한 새로운 근거가 주어졌음에도 신념이 바뀌지 않을 때가 있는데, 이는 개인이 신념을 전환하는 데 드는 정확성 독립적 비용이 너무 높다고 인식한 탓일 수 있다. 또 어떤 때는 새로운 근거가 전혀 없음에도 신념을 바꾸는데, 새로운 신념의 효용이 갑자기 상승한 것이 이유일 수 있다(가령 새로운 신념을 지닌 사람에게 외적 보상이 주어지는 새로운 환경이 조성되었을 수 있다). 중요한 사실이 있다. 잠재적으로 새로운 신념이 기존의 신념보다 효용이 크지 않다면, 기존의 잘못된 신념을 바로잡기 위해 새로운 증거를 제시하는 것만으로는 변화를 일으키기에 충분치 않다. 이는 신념의 변화를 이끌어내고자 할 때 신념에 관련한 차원 모두를 고려해야 한다는 점을 강조한다.

6

일관성은 언제 어떻게 무너지는가

지금껏 사람들이 ① 어떻게 결정을 내리고, ② 어떠한 정보를 구하고, ③ 어떠한 신념을 지닐지 결정하는 방법을 살펴봤다. 이제 시야를 바꿔보자. 우리의 결정에 일관성이 결여될 때가 있다. 어떤 때는 B보다 A를 선호하지만 또 어떤 때는 A보다 B를 선호한다. 도시·일자리·노트북·투자·친구·연인 등 무엇에 대해서든 마찬가지다. 이번 장에서는 이 문제의 한 가지 차원에 초점을 맞추겠다. 어려운 이야기로 들릴 수 있지만 내가 보기에 가장 근본적인 차원이다.

지난 25년간 행동과학 분야에서 밝혀진 가장 흥미로운 결과는 바로 '선택지들의 공동 평가 및 분리 평가 사이의 선호 역전'이라는 그리 멋지지 않은 이름의 개념이다.[1] 골자는 이렇다. 사람들이 A와 B를 따로 평가할 때는 B보다 A를 선호하지만, 두 가지를 함께 평가할 때면 A보다 B를 선호하는 현상이다. 이러한 선호 역전은 일상에서 행해지는 실천적 추론의 많은 부분을 설명한다. 또한 선택, 합리성, 선택 설계, 결정과 후생 간의 관계를 둘러싼 심도 있는 질문을 제기한다.[2]

수많은 상황에서 사람들은 분리 평가separate evaluation로 결정을 내린다. 가전제품이나 책, 영화, 정책, 정치 후보자, 잠재적인 연애 상대 등의 사안에서 하나의 선택지를 평가한다. 한 가지 선택지만을 '단독으로' 바라보며 몰두한다. 또 다른 상황에서는 공동 평가joint evaluation로 선택한다. 두 가지 선택지를 평가하고 이런저런 차원을 기준으로 둘을 비교한다. 두 가지에만 맹렬히 집중하며 특히나 그 둘이 차이를 보이는 차원들에 초점을 맞춘다.

물론 세 가지, 네 가지, 500가지를 평가하기도 한다. 분리 평가의 대안으로 '다중multiple' 평가가 더욱 적절한 상황에서는 분리 평가와 공동 평가의 차이를 구분하는 일이 현실적이지 않다. 이 점은 후에 다시 살펴보기로 하고 지금으로서는 잠시 접어두겠다. 핵심 개념은 사람들이 한 선택지를 평가할 때 주변의 다른 선택지들은 비교하지 않을 수도 있다는 점이다.

여기서 내 주된 목표는 다음의 사실을 보여주는 것이다. 흥미롭게도 각각 다른 이유로 인해 분리 평가와 공동 평가 모두 나쁜 결과로 이어질 때가 많다. 단순하게 이야기하자면 분리 평가 때는 관련 정보가 부족하다는 문제가 벌어진다. 어떠한 선택지가 지닌 몇몇 특성은 단독으로 평가하기가 어렵고, 삶이나 실제 경험에서 그 특성이 지닌 의미가 명확하지 않다. 그래서 평가하는 동안 해당 특성들이 간과될 수 있다. 이와 대조적으로 공동 평가 때는 단 하나의 요소가(또는 요소들의 일부가) 지나치게 두드러진다. 사람들은 두 선택지 간의 차이점이 실제로 자신의 삶 또는 경험에 대단한 의미를 지니게 될지는 전혀 신경 쓰지 않은 채, 선택지 간의 차이에만 집중한다.

시장과 정치 모두에서 이러한 문제가 발생해 개인이 잘못된 결정을 내릴 때가 많다. 나는 상당한 지면을 할애하여 그 이유를 설명할 예정이다. 일반적인 견해와 달리 나는 분리 평가와 공동 평가 둘 중에서 한쪽이 더 좋다고 할 정당한 근거가 없다고 생각한다. 좋은 결정을 내리고 좋은 결과를 내겠다는 목적을 이루기에는 두 가지 평가 방식 모두 심각한 문제가 있다. 우리는 각각의 방식이 지닌 문제와 폐단을 피할 구조를 모색해야 한다. 언뜻 보기에는 분리 또는 공동 평가보다 '포괄global' 평가(모든 선택지를 고려하는 평가)가 나아보이지만, 이는 너무도 단순한 결론이다. 구조를 모색하려면 사안의 목적을 평가해야 한다. 그 목적이 소비자의 후생을 증진시키는 것인가? 사회적 후생의 폭을 더욱 넓히는 것인가? 가장 효과적인 억제력을 갖추는 것인가? 어떠한 목적에 관한 문제와 폐단을 이해해야 적절한 구조가 무엇인지 찾아나갈 수 있다.

소비와 정치에서의 선호 역전

소비자에게서 나타나는 선호 역전 현상을 사례를 들어 설명하겠다. 다음은 어떤 사전을 구매할지 정하는 상황이다.

> 사전 A
>
> 단어 수 2만, 표지가 찢어졌지만 그 외에는 새것과 같은 상태
>
> 사전 B
>
> 단어 수 1만, 새것과 같은 상태

실험에서 참가자들에게 물었다. A를 구매하는 데에 얼마를 지불하겠습니까? B를 구매하는 데에는? 두 가지 선택지를 따로 평가한다면(사전 A 아니면 B의 값을 고민하는 사람에게는 반대편의 사전 B 또는 A라는 다른 선택지가 보이지 않는다) 사람들은 B에 더 많은 돈을 내고자 하지만, 공동 평가를 한다면(A와 B가 동시에 제시된다) A에 더 많은 돈을 내려 한다.[3] 이러한 선호 역전을 가장 잘 설명하는 개념은 평가성evaluability[4]이다. 분리 평가를 할 때 사람들 대다수는 사전에 단어가 얼마나 들어있어야 하는지, 1만 단어가 과연 많은지 적은지 파악하기 힘들어한다.[5] 그래서 단어 수 1만과 2만을 구별할 수 없는 요소로 보고 동일한 금액을 지불하려 한다. 의미를 알기 어렵다는 점에서 숫자들은 중요하지 않고 중요할 수도 없다. 이와 대조적으로 분리 평가에서도 '찢어진 표지'는 확실한 단점이고 '새것과 같은 상태'는 확실한 장점이다. 이러한 특성이 두드러져 보인다. 표지가 찢어진 사전을 누가 원하겠는가?

심리학 문헌에 등장하는 평가성의 문제라는 개념은 더 전통적인 경제 용어로 설명할 수 있다. 바로 적절한 정보의 부재다. 어떤 정보는 얻는 비용이 너무 커서 갖지 못하고, 어떤 정보는 비용이 많이 들지 않는다 해도 사람들이 찾지 않는다. 대개 분리 평가를 할 때는 정보가 불충분하다(정보를 얻으려 노력하는 것이 합리적

인지는 별도의 문제로, 이는 노력의 비용과 편익에 따라 달라진다). 본질적으로 사전·가전제품·휴대전화·일자리·사람·도시 등 수많은 선택지의 특징은 언뜻 보면 의미가 없다. 여기서는 '평가성'이라는 용어를 적절한 정보의 부재라는 의미로 일반적인 용례에 따라 쓰겠다.

어떠한 대상의 특징 가운데 숫자는 평가하기가 어렵거나 불가능하고 맥락과 배경에 따라 의미가 달라진다. '긱벤치 3 SC 32'라는 노트북에 3680이라는 숫자가 적혀 있겠지만, 소비자는 이게 무슨 뜻인지 이해하지 못한다. 물론 소비자 대다수가 그 의미를 잘 이해하는 숫자(가령 배터리 사용 시간)도 있다. 하지만 이런 숫자들조차도 분리 평가에서는 무엇이 인상적인 숫자이고 덜 인상적인 숫자인지를 판단하기가 쉽지 않다(배터리 사용 시간이 10시간이면 좋은 건가?). 평가성의 문제(적절한 정보의 부재)를 극복하려면 나름의 노력을 기울여야 하는데, 소비자가 이를 거부할 때가 많다.

이런 의미에서 평가성의 문제는 '기회비용 무시opportunity cost neglect'와 같은 계열에 속한다. 사람들은 어떠한 제품에 X달러를 지불할 의사가 있지만, 이는 X달러로 얻을 수 있는 다른 것들에 집중하지 않을 때만 그렇다.[6] 기회비용에 집중한다는 건 무심하게 지나칠 수 있는 다른 비교 대상을 고려하도록 시야를 넓히는 행위로, 따져보면 공동 평가와 유사하다.

소비재는 물론 셀 수 없이 많은 선택지에서 평가성은 심각한 문제가 되고, 선택의 순간에는 (평가하기 어려운 것보다는) 한눈에 평가할 수 있는 특징들이 사람들의 결정을 좌우한다. '현재 편향'이라는 행동 현상도 같은 맥락으로 이해할 수 있다.[7] 현재는 평가하기가 쉬운 반면 미래는 대체로 구름 같은 것에 가려져 있다는 평가성의 문제가 현재 편향의 한 가지 원인이다. 정치와 법에서는 선택지의 어떤 특징들을 평가하기가 특히나 어려운데, 이는 차후 다시 논하도록 하겠다.

이에 반해 공동 평가에서는 사전에 담긴 1만 단어가 2만 단어보다 부족하다는 점을 쉽게 이해할 수 있다. 소비자에게 이 숫자들은 대단히 중요하고, 서로 비교하는 상황에서는 의미가 더욱 크다. 사전의 본질이 단어의 정의인 만큼 2만 단어가 1만 단어보다 훨씬 좋아 보인다. 두 사전 중 하나가 다른 사전보다 단어 수가 두 배나 많다면 표지가 찢어졌다 한들 누가 신경을 쓰겠는가?

이제 다음의 사례(인정하건데 지금은 고민할 리 없는 구식 기술의 사례다)를 살펴보자.[8]

> CD 체인저 A
>
> CD를 5장 보관 가능, 총 고조파 왜곡 0.003퍼센트
>
> CD 체인저 B
>
> CD를 20장 보관 가능, 총 고조파 왜곡 0.01퍼센트

실험 참가자들은 총 고조파 왜곡이 작을수록 음질이 좋다는 정보를 들었다. 분리 평가에서 참가자들은 CD 체인저 B에 더 많은 돈을 지불하겠다고 답했다. 공동 평가에서는 CD 체인저 A에 더 지불할 의사가 있다고 했다.[9] 이 현상도 평가성의 문제로 잘 설명된다. 총 고조파 왜곡의 수치가 낮을수록 좋다는 사실을 알지만, 언뜻 생각해도 0.01퍼센트는 상당히 낮은 수치이며 딱히 의미가

있지는 않다. 분리 평가에서 0.01퍼센트와 0.003퍼센트는 똑같게 (둘 다 낮게) 느껴진다. 하지만 공동 평가에서는 당연히 0.003퍼센트가 훨씬 나아 보인다. CD 체인저에서 가장 중요한 특성은 음질이라고 생각하는 만큼, 사람들은 더욱 나은 음질을 위해서 비교적 중요하지 않은 차원(CD 보관 개수)을 희생한다.

실제 시장 데이터를 반영한 또 다른 사례를 소개하겠다.[10]

> 야구 카드 패키지 A
>
> 가치가 높은 카드 10장, 그리 가치가 높지 않은 카드 세 장
>
> 야구 카드 패키지 B
>
> 가치가 높은 카드 10장

이전에 카드를 거래한 경험이 없는 사람들은 분리 평가에서 패키지 B에 더 많은 돈을 지불하고, 공동 평가에서는 A에 더 많이 지불한다. 이처럼 뚜렷하지는 않지만, 흥미롭게도 경험이 많은 사람들에게서도 선호 역전 현상이 발견된다. 경험이 많은 사람들 또한 공동 평가에서는 패키지 A에 더 많은 돈을 지불하고, 분리 평가에서는 B에 더 큰 금액을 지불한다(다만 분리 평가에서의 금액 차이가 통계적으로 유의하지는 않다). 경험이 많은 거래자의 경우 경험이 없는 거래자보다는 선호 역전을 보인 비율이 낮지만, 공동 평가에서는 패키지 A를 더 선호했고 분리 평가에서는 선호의 차이를 보이지 않았다.

앞서 본 사례들과 유사한 이 현상은 경험이 없는 거래자들에게 좀 더 명확하게 드러났다. 공동 평가에서는 패키지 A가 더욱 낫

다는 사실이 쉽게 보인다. B에서는 얻을 수 없는 가치를 A에서는 얻을 수 있다. 분리 평가에서는 두 패키지를 평가하거나 둘 중 어느 쪽이 더 나은지를 가늠하기가 어렵다. 어떤 이들은 대표성 휴리스틱representativeness heuristic과 비슷하게 접근해 패키지 A의 가치를 낮게 평가했을 수도 있다. 그리 가치가 높지 않은 카드가 포함되었기에 전체 패키지의 가치가 떨어져 보이는 것이다. 경제학자 존 리스트는 "실제 시장에서 이루어지는 선택을 조사하며" 발견한 이 역전 현상이 "위험이 없는 의사결정에서 선호도의 안정성"을 검토하는 좋은 사례라고 설명했다.[11] 주요 결론은 이렇다. 선호는 안정적이지 않다!

정치 영역에서의 사례를 하나 더 소개하겠다.[12]

> 국회의원 후보자 A
>
> 일자리 5000개를 창출할 것이고, 경범죄 전과가 있다.
>
> 국회의원 후보자 B
>
> 일자리 1000개를 창출할 것이고, 전과 기록이 없다.

사람들은 분리 평가에서는 후보자 B를 더욱 우호적으로 평가했지만, 공동 평가에서는 후보자 A를 선호했다. 이 현상에 대한 가장 좋은 설명은 이제 알 것이다. 언뜻 보기에 1000개 또는 5000개의 일자리가 어느 정도인지 파악하기가 어렵고, 그 차이를 이해하기는 상당히 수고스럽다. 하지만 경범죄 전과는 확실한 마이너스 요소이기 때문에 분리 평가에서 후보자 B가 더욱 인기를 끌었다. 하지만 공동 평가에서는 국회에 경범죄 전과가 있는 의원이 한 명

들어가는 비용보다 추가 일자리 4000개가 창출하는 이득이 더욱 크다고 생각한 사람이 많았기에 후보자 A가 승리를 거둔다.

물론 이는 고도로 단순화한 사례이며 결과는 집단마다 다를 것이다. 어떠한 집단에서는 공동 또는 분리 평가에서 경범죄 전과가 결정적인 상황도 쉽게 떠올릴 수 있고, 공동 평가에서 경범죄 전과를 특히나 중요하게 생각하는 집단도 있을 것이다.[13] 예리한 정치 컨설턴트는 자신의 후보자에게 어떠한 평가 방식이 유리할지 주의를 기울여야 한다. 정치의 맥락에서는 조작이 개입될 우려가 생기는 만큼(또한 몇몇 측면이 합리적인지 시험대에 오르는 만큼) 이 사안은 나중에 다시 다루겠다. 중요한 단 한 가지 사실은, 상품을 선택할 때와 마찬가지로 후보자들 중 한 명을 고를 때 평가 방식에 따라 사람들의 선호가 달라질 수 있다는 점이다.

그렇다면 포괄 평가가 가장 바람직한가?

공동 평가란 포괄 평가가 아니라는 점을 강조하고 싶다. 우리는 모든 선택지와 그 안의 모든 특성을 고려해 평가하지 않았다. 위에 언급한 사례들의 공동 평가에는 두 가지 특징이 눈에 띈다. 먼저 A 또는 B라는 선택지는 두 가지 차원에서만 달랐다. 둘째로 선택지가 단 둘이었다. 실제로는 어떠한 선택지에 훨씬 많은 특성이 있고, 그중 몇몇은 분리 평가에서 가치를 따질 수 있지만 그럴 수 없는 것도 있다. 또한 현실에서는 보통 단 두 가지가 아닌 다양한 선택지가 주어진다.

이런 이유로 공동 및 분리 평가를 실험한 연구는 각 방식의 특징을 보여주는 연구로, 실제 의사결정의 근사치 정도로만 이해해야 한다. 제대로 기능하는 시장에서는 포괄 평가가 일어난다고 생각하기 쉽다. 하지만 이런 생각은 버리자. 실제 시장의 사례를 반영한 야구 카드 연구를 생각해보면, 경험이 많은 거래자들은 반전을 보여주었다. 몇몇 선택지들은 따로따로(혹은 그에 가까운 방식으로) 평가된다. 즉, 어떤 경우 사람들은 한 상품을 구매하거나 구매하지 않거나, 이 두 가지에만 집중한다는 것이다. 여러 대안을 고려하려면 노력해야 하고 마찰을 경험하며, 사람들은 '비교 마찰comparison friction'•을 피하려 할 수 있다. 포괄 평가가 단순한 사고실험에 불과한 이유도 이것이다. 사람들이 (전자레인지, 시간 여행에 관한 책, 하이브리드 자동차 등등) 선택지들을 어떠한 방식으로 정의할 수 있다 해도 모든 선택지를 고려하기는 쉽지 않다. 정확히 하자면 선택지가 많을 때, 특히나 (슈퍼마켓이나 드러그 스토어에서처럼) 다양한 선택지가 눈앞에 제시될 때는 공동 평가가 아니라 다중 평가의 상황에 놓인다.

위에 등장한 네 가지 사례를 보면 공동 평가에서 한 가지를 무작위로 선택하지 않았다는 점 또한 중요하다. 공동 평가는 이전에는 가늠하기 어려웠던 한 가지 특징의 가치를 평가할 수 있도록

• 선택지들을 비교할 때 활용할 수 있는 정보가 얼마나 되느냐와 실제로 소비자가 그것을 활용하느냐 사이에 존재하는 격차. 어떤 정보는 쉽게 얻을 수 있음에도 소비자가 귀찮거나 품이 많이 든다는 이유로 해당 정보를 구하지 않는다.

(또는 평가하기 쉽도록) 고안된 방식이다. 사전, CD 체인저, 정치인을 공동 평가할 때는 눈에 띄는 특징을 지닌 수많은 선택지가, 가치를 상대적으로 평가할 수 있는 특징을 지닌 무수한 선택지가 제시될 수 있다. 이후 살펴보겠지만 이런 상황에서는 조작을 할 기회가 충분하다. 공동 평가가 아니라 세 가지, 네 가지, 40가지 선택지를 평가하는 실험 또한 충분히 가능하다.[14] 공동 평가가 포괄 평가 또는 그에 가까운 방식이 아닌 이유에는 규범적인 의미도 담겼는데, 이는 이후 다시 설명하겠다.

현실에서는 공동 평가와 분리 평가가 칼로 자르듯 나뉘지 않으며 아니라 둘 사이에 연속체가 존재한다는 사실 또한 명심해야 한다.[15] 사람들이 단 하나의 선택지만을 고려하기도 하지만, 또 다른 혹은 두 가지 이상의 선택지가 배경에 존재하기도 한다. 휴대전화를 구매하러 매장에 갈 때는 다른 여러 휴대전화 제품이 그곳에 있으리라는 사실을 분명히 알고 있다. 공동 평가에서는 두 가지 이상의 선택지가 동시에 눈앞에 제시되지만, 또 어떤 경우에는 선택지들이 나란히 제시되지 않아 선택자가 각각을 비교하려고 약간은 노력해야 할 때도 있다. 하지만 비교에는 '마찰'이 따른다. 이 비교 마찰을 줄이려 할지 말지에 따라 공동 평가를 할 수도 안 할 수도 있다.

적을수록 좋을까?

공동 평가와 분리 평가 때 발생하는 선호 역전은 여러 영역에서 발견된다.[16] 이 역전이 언제 일어나고 또 언제 일어나지 않는지를 예측할 수 있다. 대략 보자면, 어떠한 선택지가 지닌 X라는 특징이 ① 분리 평가가 어렵고, ② 공동 평가가 훨씬 수월하며, ③ 분리 평가에서는 (단순히 평가성의 문제로) Y라는 특징 때문에 X가 가려지고, ④ 공동 평가에서 X가 Y보다 중요한 가치를 지닐 때 선호 역전이 일어난다. 일련의 상황은 판매자의 노력과 무관하게 벌어지기도 한다. 하지만 경제적·정치적·법적 이해관계에 놓인 사람들이 의도적으로 이 상황들을 만드는 경우도 있다.

여기에는 양극단보다는 중간의 선택지를 고르려는 극단 회피extremeness aversion 심리가 깔리기도 하는데, 이러한 심리를 조작하여 선호 역전을 일으킬 수 있다.[17] 예를 들어 나는 초콜릿 케이크 조각을 고를 때 작은 크기의 조각 A와 중간 크기의 조각 B 두 가지만 비교하면 A를 선호한다. 하지만 여기에 큰 조각까지 세 가지 선택지가 주어지면, 중간 크기의 케이크 조각으로 내 선택이 달라지며 A보다 B를 고르게 된다. 이는 중간에 위치한 선택지를 고르는 휴리스틱(타협 효과compromise effect)으로 이해할 수 있다. 극단을 회피하려다 보니 사람들은 속임수에 쉽게 넘어간다. 판매자는 선택지 A와 B에 그리 매력적이지 않은 C를 일부러 추가해 사람들이 A가 아니라 B를 고르도록 유도한다. 이렇게 좀 더 비싼 쪽을 택하도록 타협 효과를 악용하며, 정치인들도 같은 수법을 쓴다.

음식점이나 영화관 또한 이 현상을 잘 안다. 중간 크기의 팝콘 A와 큰 크기의 팝콘 B를 제공하는 영화관이 있다. 사람들이 보통 A를 선택한다는 사실을 잘 알고 영화관은 점보 크기의 팝콘 C를 마련한다. C를 선택하는 사람은 적겠지만 C로 인해 B를 선택하는 사람이 더욱 많아진다.

그렇다면 공동 평가 또는 분리 평가가 더욱 바람직한 경우는 언제일까? 어떤 기준에 따라 달라질까? 두 가지 방식 모두 특징적인 문제들에 영향을 받을까?

유혹에 저항하다

무엇을 살지 선택할 때의 핵심은 '결국 무엇이 소비자의 후생을 향상하는가'라고 규정해보자. 소비자의 후생 향상이 정확히 무슨 의미냐 하는 여러 복잡한 질문은 덮어두겠다. 이 복잡한 질문들을 고려하지 않는다 해도 소비 선택에서는 공동 평가가 낫다는 결론을 내리기 쉽다. 어쨌거나 공동 평가를 하면 하나 또는 두 개의 관련 정보들을 평가하기가 더욱 쉬워지기 때문이다. 여기에는 실제로 이점이 있다. 위에서 언급한 사례들을 생각해보면, 분리 평가에서는 한 가지 중요한 변수가 그것을 어떻게 평가해야 할지 모른다는 이유로 평가절하되거나 무시되었다. 관련 정보가 주어진 공동 평가에서는 사람들이 해당 변수에 마땅히 관심을 가져야 한다고 판단했다. 야구 카드의 사례가 이 점을 가장 명확하게 보여준다. 공동 평가에서는 패키지에 포함된 카드 수가 더 많은 쪽이 낫다는 사실을 사람들이 쉽게 파악했다.

하지만 이런 결론은 너무 단순하다. 첫째로 공동 평가에서는 실제로 그리 중요하지 않은 차이가 중요한 것처럼 보일 수 있다.[18] 사전을 고를 때는 단어 수가 (어느 선까지는) 적은 것보다 많은 것이 더욱 낫지만, 얼마나 더 나을까? 대다수 사용자에게는 1만 단어 사전과 2만 단어 사전이 비슷하게 느껴질 것이다. 또한 찢어진 표지가 내내 신경을 거슬리게 할 수도 있다. 둘째로 우리는 대부분 분리 평가를 하며 살아간다(이후 적당한 시점에 이와 관련한 몇 가지 문제를 이야기하겠다). CD 체인저에 CD 5장이 보관 가능한지 20장이 보관 가능한지가 대단히 중요할 수도 있다. 귀로 들을 때 총 고조파 왜곡의 0.003퍼센트와 0.01퍼센트의 차이가 전혀 중요하지 않을 수도 있다. 단순히 드러나는 숫자로는 아무것도 알 수가 없다. 국회의원 후보자 둘 중에서 한쪽이 일자리 4000개를 더 창출한다는 점은 분명 대단한 특성이고, 이때는 공동 평가가 더욱 나은 방식처럼 보인다. 하지만 경범죄 전과가 실제로 어떠한 부패나 위법 행위를 예측할 지표가 된다면 공동 평가가 실수로 이어질 것이다.

‡

따라서 공동 평가에서 어떠한 선택들은 '결정 효용decision utility'과 '경험 효용experience utility'의 격차를 반영하여 내려진다고 볼 수 있다.[19●] (좀 더 단순하게 말하자면) 한 선택이 자신의 주관적인 후생에 어떤 영향을 미칠지 잘못 예측하는 '쾌락 예측 오류hedonic forecasting error'를 일으키는 것이다.[20] 이런 현상은 공동 평가가 사실 그리 중요하지 않은 특징이 두드러져 보이도록 만들기 때문에 발생한다.[21] 한 가지 직관적인 예를 하나 소개하겠다. 존스는 두 집 중에 하나를 고르려고 한다.

> 집 A
>
> 무척 넓고, 장거리 통근
>
> 집 B
>
> 넓고, 단거리 통근

분리 평가에서 존스는 집 B에 더 많은 돈을 내겠다고 생각할 수 있다. 집이 넓고 통근 거리도 짧으니까. 공동 평가에서는 A를 선호할 수도 있다. 무척 넓은 집 A가 더 좋아 보이며, 통근 거리는 딱히 중요하지 않다고 여긴다면 말이다. 존스가 매일 반복되는 장거리 통근의 불편함을 과소평가한다는 점에서 이는 쾌락 예측 오류다. 더 즉시 인식할 수 있는 무언가(즉 구체적인 집 크기의 차이)에 집중한 탓에 장거리 통근의 불편함에는 주의를 기울이지 않았다.

이러한 현상이 무엇을 살지 말지뿐만 아니라 다른 상황에서도 나타날까? 훌륭한 직원을 뽑으려 한다고 가정해보자. 합리적으로 생각하면 공동 평가 방식이 더 낫다. 고용주에게 두 가지 이상의 선택지가 주어지면 대단히 중요한 요소에 집중할 수 있는 공동 평가에서 결정의 질이 높아진다. 다음의 사례를 생각해보자.

● 결정 효용이 무엇을 선택할지 계산할 때 따지는 경제적 수치라면, 경험 효용(경험된 효용experienced utility)은 선택지가 안겨주는 심리적 쾌락을 뜻한다.

> 잠재적 직원 A
>
> 이력이 훌륭하고, 경력이 좋으며, 친구가 추천했고, CEO와 같은 대학을 나왔다.
>
> 잠재적 직원 B
>
> 이력이 대단히 뛰어나고, 경력이 매우 훌륭하며, 추천인은 모르는 사람이고, 사내에 동문은 없지만 아주 우수한 대학을 나왔다.

분리 평가에서는 잠재적 직원 A가 더욱 선호되리라 예상할 수 있다. 하지만 공동 평가에서는 잠재적 직원 B가 더욱 나아 보이고 더 나은 선택이 될 것이다. 한편 이 사례에서도 주의를 기울여야 한다. 고용주가 무엇을 중요하게 여기는지에 따라 분리 평가가 더 나은 결과로 이어질 수 있다. 친구가 추천했다는 점을 대단히 중요하게 여긴다면 공동 평가에서 이 점이 결정적인 요인으로 작용할 것이다. 또는 CEO 육성을 대단히 중요하게 여긴다면 직원이 현 CEO와 동문이라는 사실이 효과적일 수 있다. 잠재적 직원 B가 더욱 낫다고 판단하는 공동 평가는 이러한 상황에선 실수일 것이다.

지금까지의 맥락에서 볼 때 우리는 기존의 인식에 의문을 제기할 수 있다. 분리 평가에서는 사람들이 감정적으로 판단하고 공동 평가에서는 좀 더 신중하게 판단한다는 인식이다.[22] 물론 "분리 평가에서는 정서가 너무나 큰 역할을 한다"는 주장이 (데이터를 바탕으로) 합당해 보이도록 상황을 만들어낼 수는 있다.[23] 하지만 그 반대도 가능하다. 데이트 상대를 고르는 상황을 생각해보자.

상대 A

성품이 훌륭하고, 재밌고, 항상 친절하며, 매력적이다.

상대 B

성품이 좋고, 굉장히 재밌으며, 항상은 아니더라도 대체로 친절하고, 대단히 매력적이다.

데이터를 수집하지는 않았지만, 분리 평가에서는 여러 집단이 A를 선호하고 공동 평가에서는 B를 선호할 것이라고 상상해볼 수 있다. 분리 평가는 더욱 감정적이고 덜 신중한 방식일까? 이 질문의 바탕에는 사람들이 분리 평가에서는 '원하는 것'에 집중하는 반면 공동 평가에서는 '원해야 하는 것'(또는 해야 하는 것)에 집중한다는 인식이 깔려 있다.[24] 실로 일부 데이터는 이러한 관점에 부합하기도 한다. 다음의 예시를 생각해보자.

선택지 A

거주하는 도시의 공기질 개선

선택지 B

새 휴대전화 구입

분리 평가에서는 사람들이 새 휴대전화를 구입하는 데 돈을 더욱 지불하려 하지만, 공동 평가에서는 공기질 개선에 더 큰 돈을 지불하려 한다.[25] 분리 평가에서는 욕구가 자극되는 한편 공동 평가에서는 사람들이 마땅히 올바른(규범적인) 판단을 하도록 유도되는 상황이 쉽게 떠오른다. 하지만 결과가 정반대로 나오는 상황

또한 만들어낼 수 있다. 한 가지 예시를 들어보겠다.

> 선택지 A
>
> 국가 부채 상환에 기여
>
> 선택지 B
>
> 연인을 위한 낭만적인 저녁 식사 자리 마련

분리 평가에서 선택지 A에 더 많은 돈을 지불하고 공동 평가에서는 선택지 B에 더 큰 돈을 지불하겠다는 집단이 있을 것이다. 결국 모든 건 우리의 선호가 어떻게 분포되었는지와 공동 평가에서 무엇을 중요하게 여길지에 달렸는데, 이는 다시 이야기하겠다.

친구를 얻고 사람을 움직이는 방법

분리 평가와 공동 평가에서 각각 판매자가 선택자의 마음을 움직이는 또는 조종하는 방법이 있다. 적절한 조종 방식이 무엇일지 대략 예상이 갈 것이다.

분리 평가 때

분리 평가에서 판매자는 선택자가 쉽게 평가할 수 있는 특징(긍정적으로 작용한다면)과 쉽게 평가하기 어려운 특징(부정적으로 작용한다면)을 모두 보여주어야 한다. 이렇게 할 때 어떠한 선택지가 심각한 결함이 있다 해도 매력적으로 보일 것이다. 실로 판매자는 선택지를 분리 평가로 제시할 수 있는 상황이라면 가급적 그렇게 해야 한다.

실제 시장에서 선택지들은 단순히 두 가지를 넘어 다양한 특징이 있다고 앞서 강조했다. 실험으로 얻은 근거 다수는 근본적으로 상당히 단순화되었다는 사실을 떠올리길 바란다. 하지만 요점은 같다. 도리어 실험적 근거들을 통해 핵심이 더욱 극명하게 전달되었다. 판매자는 쉽게 평가되는 수많은 (매력적인) 선택지 중 몇 가지와, 평가가 어렵거나 불가능한 수많은 (매력적이지 않은) 선택지 중 몇 가지를 골라 제시할 수 있다. 상품의 어떠한 특징들은 '가려져' 있다는 사실을 누구나 아는데, 다시 말해 선택자가 특정 부분에만 관심을 기울이거나 판매자가 의도적으로 계획한 탓에 어떠한 속성들이 눈에 띄지 않는다.[26] 이러한 문제와 평가성의 문제는 같은 범주에 속한 가까운 사촌이다. 실제로는 무엇도 가려져 있지 않지만 선택자는 자신에게 주어진 정보를 잘 이해하지 못한다. 실제 시장에서는 선택자가 정보를 파악할 수도 있다. 실로 그리 어려운 일이 아닐 수도 있다. 하지만 비교 대상이 되는 정보를 구할 수 있음에도 이를 구하려 하지 않는 태도로 인해, 즉 비교 마찰로 인해 분리 평가에서는 평가성 문제가 지속되기도 한다.

공동 평가 때

이와 대조적으로 공동 평가에서 판매자는 선택자에게 명백하게 중요한 차원이 한눈에 비교되도록 제시해야 한다. 선택지 간의 차이가 실제로는 경험이나 의미의 측면에서 전혀 중요하지 않다고 해도 말이다. 방법은 어떠한 상품이 좋아 보이거나 더 나아 보이는, 훌륭해 보이는 특징을 부각하는 것이다. 당연하게도 실제로 해당 특징이 대단한 의미를 지닌다면 가장 좋다. 하지만 그렇지 않다 해도 공동 평가 방식으로 비교할 때 매력이 높아지는 특징을 강조하는 전략이 좋다. 물건이나 정치 후보자가 더욱 매력적으로 보이도록 이러한 방법을 쓰는데, 이 외에도 모든 종류의 선택에 같은 전략을 적용할 수 있다.

한 가지 예를 들자면, 무게는 줄고 화면 기능이 뛰어난 새 노트북이 출시되었다고 가정해보자. 기존 모델들보다 훨씬 가볍고 화면이 훨씬 나아졌다. 기존 모델과 새 모델을 비교해보면 무게와 화면의 차이가 확 드러난다. 한편 소비자들이 기존 모델의 무게와 화면에 별 불만을 갖지 않고, 이러한 특징은 공동 평가에서만 열등해 보인다고 가정해보자. 또한 새 노트북 모델은 멋진 화면을 위해 가령 배터리 사용 시간이 줄어들었거나 키보드 입력이 불편해지는 등 중요한 차원이 희생되었다고 생각해보자. 공동 평가에서 사람들은 새 노트북을 선택하겠지만(그리고 구매하겠지만), 분리 평가에서는 기존의 모델이 훨씬 나은 사용 경험을 제공한다고 생각할 것이다.[27] 이 사실을 좀 더 보편적으로 설명해보자면, 공동 평가에서 사람들은 평가하기 쉽거나 (본능적으로) 강렬한 반응을 불러일으키는 속성을 더욱 중요하게 여기는 경향이 있다.[28]

후생의 순이익

공동 평가와 분리 평가 가운데 어떤 상황에서 소비자가 더욱 나은 결정을 내리게 될까? 지금까지의 이야기만 들어도 알겠지만 이 질문의 답을 단번에 내릴 수는 없다. 둘 다 이상적이지 않고, 둘 다 실수로 이어진다. 실로 두 가지 평가 방식 모두 특유의 문제와 병폐를 안고 있다. 분리 평가에서 가장 중요한 문제는 정보가 충분하지 않으며 평가성의 실패로 이어진다는 점이다. 공동 평가에서는 선택자가 지나치게 부각되는 한 가지 특징에만 집중하게 된다.

야구 카드 사례를 보면 공동 평가가 단연 나은 방식이다. 카드가 적은 것보다 많은 게 낫다. 하지만 사전과 CD 케이스의 사례를 보면, 공동 평가가 더욱 나은 방식인지를 판단하기 위해서는 정보가 더 많이 필요하다. 국회의원 후보자들 중 한 명을 고르는 상황도 마찬가지다. 무엇을 살지 선택하는 맥락에서 문제는 공동 평가로 두드러지는 한 가지 특징이, 그리고 이 특징을 평가하는 능력이 선택자에게 후생의 순이익이 커지는 결정으로 이어지는가다. 공동 평가에서 평가될 수 있는 한 가지 특징이 사실 그리 중요한 요소가 아니라면, 또한 공동 평가에서 과소평가되거나 무시되는 특징이 사실 중요한 요소라면, 분리 평가 방식이 더 낫다.

여기에는 심리적 함정이 하나 있다. 우리는 인생을 분리 평가에 기반하여 살아간다고 생각하기 쉬우며, 그래서 공동 평가가 언제 왜 실수로 이어지는지를 분석한다. 하지만 우리가 삶을 정말 분리 평가 속에서 살아갈까? 맥락과 사람에 따라 다를 것이다. 어떤 소비자가 1만 단어가 수록된 사전이나, 키보드는 뛰어나지만 화면은 그리 이상적이지 않은 노트북을 구매한다고 생각해보자. 이 소비자가 더 많은 단어가 수록된 사전이나 화면이 이상적인 노트북을 생각하지 않는다면 그 구매 선택을 옳다고 여길 수 있다. 소비자가 비교에 관심을 기울이지 않는다면 분리 평가 속에서 살아갈 것이다. 하지만 소비자가 적어도 때때로 더 많은 단어가 담긴 사전이나 화면이 더 좋은 노트북을 생각하며, 자신이 갖고 있는 사전에 단어가 부족하고 지금 노트북 화면이 비교적 흐릿한 것 같다는 차이에 집중한다고 가정해보자. 이 경우 정도의 차이는 있지만 공동 평가의 삶을 사는 것이다.

물론 성향에 따라 제품을 비교하는 정도가 다르다. 이는 개인이 어떻게 경험하느냐 하는 기준에 따라 달라지고, 제품 개선이 도리어 기존에 대단히 만족하는 사람들의 후생에 심각한 손실을 안길 수도 있다.

법과 정치

법과 정치 영역에서도 공동 및 분리 평가에서 선호 역전 현상이 일어난다고 설명한 바 있다. 이에 관해서는 분석해야 할 범위가 대단히 방대한데, 연구는 아직 초기 단계에 머물러 있다. 지금 여기서 내 목표는 다음 의견을 입증하는 것이다: 공동 평가와 분리 평가 중 무슨 방식을 택할지는 사안에 따라, 그리고 과제의 본질적인 목표에 따라 달라진다. 때문에 결국 우리는 두 평가 방식 모두를 거부하게 될지도 모른다. 어떠한 행동이 타당하지 않은 행동이 될지도 모른다(인종 편견 등). 포괄 평가 방식에 의존하려 할지도 모른다. 알고리즘을 활용하고 싶을 수도 있다. 최적 억제optimal deterrence●를 찾는 것이 목표라면 공동 평가와 분리 평가 둘 다 그리 큰 도움은 되지 못할 수 있다.

다음의 세 가지 사례를 살펴보자.

차별

많은 영역에서 인종·성별·종교·장애·연령 등 허용할 수 없는 사유를 들어 불법적으로 누군가를 차별하는 사람들이 있다고 생각해보자. 차별은 특정 사회집단에 이익을 주거나 압박을 주려는 의식적인 편견에서 비롯될 수 있다. 또는 무의식적인 편향의 산물이자 자동적으로 발휘되는 평가절하의 행위로, 몇몇은 자신이 실제로 차별한다는 사실을 인지하지 못하거나, 인지할 경우 스스로 이를 거부하고 당황스러워한다. 의식적이든 무의식적이든 차별은 선호 역전에 의문을 제기한다. 이때 공동 평가인지 분리 평가인지가 중요할까? 그렇다면 둘 중 어떤 방식이 더 나을까? 앞으로 보겠지만 간단히 답변할 수 없는 문제다. 하지만 차별을 멈추고자 한다면 다행스럽게도, 특정 요건을 충족하는 상황에서 공동 또는 분리 평가 중에 어떤 평가 방식이 그 목표를 달성하는지는 명확하게 설명할 수 있다.

● 후생 또는 효율의 극대화를 뜻하는 경제 용어.

경제학자 아이리스 보넷과 공저자들은 사람들이 공동 평가에서는 장점을 기준으로 평가하지만 분리 평가에서는 성별을 중요하게 여겨 남성이 여성보다 유리하다는 사실을 밝혔다.[29] 연구 내용을 간단히 요약하자면, 고용주가 잭(남성)과 질(여성)이라는 두 명의 지원자를 평가하는 상황이라고 생각해보자. 분리 평가에서는 잭이 남성이기 때문에 유리하다. 고용주는 자동으로 여성보다 남성을 더욱 높게 평가한다. 분리 평가에서는 이러한 자동적인 평가가 중요해진다. 하지만 공동 평가에서는 성별이라는 이점이 사라진다. 고용주는 두 지원자를 비교하고, 질의 자질이 더욱 훌륭하다면 질을 고용한다. 개인의 장점이 결정적인 역할을 하게 된다. 분리 평가에서는 차별이 발생하지만 공동 평가에서는 개인의 장점이 가장 중요하다는 결론이 보넷과 공저자들이 밝힌 연구의 핵심이다.[30]

그 기제는 단순해 보인다. 여기에는 평가성의 문제(특정 차원을 평가하기 쉽거나 어려워서 생기는 문제)가 없다. 어떠한 집단은 남성에게 더 우호적인데, 다시 말해 분리 평가에서 남성이 더욱 나은 평가를 받는다. 하지만 사람들은 차별을 해서는 안 된다는 사실을 어느 정도 알며, 이들은 자신이 차별을 한다는 사실을 공동 평가에서 노골적으로 마주하게 된다. 스스로 차별을 하고 있다는 사실을 깨달으면 당황하고 그 행위를 멈춘다. 때문에 여성의 자질이 남성보다 우수할 경우 여성이 선택을 받는다. 인종이나 종교, 연령, 장애를 향한 차별이 존재하는 맥락에서 유사한 결론을 쉽게 떠올릴 수 있다.

한편 이 연구 결과를 토대로 공동 평가가 '일반적으로' 차별을 막는 보호책이라고 결론을 내려선 안 된다. 특정한 조건에서만 그 역할을 할 뿐, 다른 조건에서는 차별을 심화할 수 있다. 가령 사람들이 스스로 어떤 편견을 지녔다는 사실을 아는데 이를 부끄럽게 여기지 않는다고 생각해보자. 공동 평가에서 이러한 편견이 있는 사람들은 분리 평가 때보다 더욱 심하게 차별을 행할 것이다. 오히려 분리 평가에서는 성별 또는 인종이라는 특징이 그리 크게 다가오지 않으며, 차별을 행하는 사람은 개인의 자격 요건에 초점을 맞춘다. 하지만 여성 또는 인종적 소수 집단에 편견을 갖고 있다면 공동 평가를 할 때 성별 또는 인종에 다른 사항들이 모두 가려져 더욱 차별적으로 행동한다. CD 체인저 사례에서 총 고조파 왜곡의 차이에 주목한 것처럼 말이다.

이런 상황을 생각해보자.

> 잠재적 직원 A
>
> 매우 훌륭한 이력과 뛰어난 경력
>
> 잠재적 직원 B
>
> 훌륭한 이력, 좋은 경력, 유명한 가문 출신, 비유대인

분리 평가에서는 잠재적 직원 A가 선호될 수 있다(잠재적 직원 A가 유명한 가문 출신이 아니고 유대인이라고 가정하자. 두 가지 특징 모두 분리 평가에서는 눈에 띄지 않는다). 하지만 사회적 태도가 일정 부분 중요하다면 잠재적 직원 B가 공동 평가에서 더욱 높게 평가될 수 있다. 차별은 여러 관련 태도가 집합적으로 작용하여 일어난다.

징벌적 손해배상

미국의(그리고 여러 국가의) 법률 제도에서 배심원은 범법 행위를 처벌하기 위해 징벌적 손해배상을 선고할 수 있다. 이러한 손해배상 청구가 임의적인지, 과도하지는 않은지 질문이 만연하고 대법원도 때때로 주의를 기울인다.[31] 징벌적 손해배상을 부과해야 할지, 그 규모는 어느 정도로 해야 할지를 두고 배심원은 비교 사례를 고려할 수 없게 되어 있다. 배심원단은 분리 평가로 결정을 내려야 한다. 이 평가 방식이 중요하게 작용할까? 그렇다면 얼마나 중요할까? 대략적으로 이해하기 위해 다음의 두 사례를 살펴보겠다.

> 사례 A
> 어린이 보호용 안전 마개가 고장 나는 바람에 아이가 병원에 입원한 사건
> 사례 B
> 재도장한 차량이 새로운 차로 둔갑해 자동차 임대 업체에 판매된 사건

두 사건을 따로 판단할 때는 (실험에서는 1에서 8까지로 척도를 한정했기에) 비슷한 처벌 등급에 비슷한 금전적 배상이 선고되는 경향이 있다.[32] 하지만 둘을 함께 놓고 본다면 사례 A에 더 높은 처벌 등급과 더 큰 액수의 금전적 배상이 내려진다.[33] 이렇듯 분명한 역전 현상이 벌어진다. 하지만 우리가 앞서 본 메커니즘과는 다르다. 적어도 이 상황에는 앞에서 본 것과 같은 평가성 문제가 없다.

사람들이 분리 평가에서 (성별과 같은) 한 가지 특징에 주로 초점을 맞추는 상황도 아니다. 신체에 피해를 입은 사례를 분리 평가할 때 사람들은 자연스럽게 다른 신체적 피해의 사례와 비교해 '표준화normalization'를 한다.[34] 고장 난 어린이 보호용 안전 마개로 인한 사고는 신체적 피해의 범주로 볼 때 괜찮다고 볼 수는 없지만 대단히 나쁘다고도 할 수 없다. 금전적 피해를 분리 평가할 때도 사람들은 이와 비슷하게 표준화한다. 금전적 피해의 범주에서 재도장한 차량이 괜찮다고 할 수는 없지만 대단히 나쁘지도 않다. 따라서 두 사건에 비슷한 등급과 비슷한 배상이 선고된다.

한편 일반적으로 신체적 피해 사례가 금전적 피해 사례보다 더욱 나쁘다는 점에 대다수 동의한다. 따라서 어린이 보호용 안전 마개 사고가 공동 평가에서 훨씬 심각한 일로 이해되고 더욱 가혹한 처벌이 내려진다. 공동 평가는 범주에 얽매인 판단에서 자연스럽게 멀어지도록 하고, 따라서 사람들은 더욱 거시적으로 생각한다. 이와 비슷한 여러 실험에서 공동 평가는 대단한 효과를 발휘하며 참가자들이 떠올릴 수 있는 사례를 확장시켰다. 성차별을 일으킬 수도 있는 맥락에서 사람들이 공동 평가로 다르게 사고하고 더욱 신중해지는 것도 이와 관련이 있다.

또한 사람들이 어느 지점에서 분노를 느끼는지도 이러한 효과와 광범위하게 연관된다. 우리는 불쾌한 행동이 어느 범주에 속하느냐에 따라 분노를 느끼는 정도가 달라진다. 누군가가 공항 보안 검색대에서 새치기를 하거나 소셜 미디어에서 무례한 댓글을 달면 사람들은 상당한 분노를 느낀다. 하지만 이런 행동들을 아동학대나 폭행과 비교하기에는 민망하다(새치기나 댓글로 인한 분노가 훨씬 작을 것이다). 징벌적 손해배상에 관한 판단은 분노에 좌우된다.[35] 분노가 범주에 따라 달라지므로 선호 역전이 본질적으로 일어날 수밖에 없다.

여기서도 조작이 일어난다. 공동 평가는 비교 사례를 무엇으로 할지를 두고 조작할 여지가 상당히 많아진다. 금전적 피해가 발생한 사례를 생각해보자. 강간과 관련된 사건에서 발생한 금전적 피해는 비교적 사소해 보이고 대단히 낮은 처벌 등급을 받게 될 것이다. 하지만 사유지 침입과 같은 경미한 사건에서 발생한 금전적 피해는 심각하게 느껴지고 더 높은 처벌 등급이 내려질 것이다. 다음의 두 사례를 비교해보면 이해하는 데 도움이 된다.

> 사례 A
>
> 시사 주간지의 편집자인 존스는 여직원을 성희롱했다. 그는 여러 차례 강제로 입맞춤을 시도했고, 일터에서 해당 직원을 극도로 불편하게 했다.
>
> 사례 B
>
> 난폭 운전으로 여러 차례 교통법규 위반 딱지를 받은 스미스는 최근 야간에 보행자를 차로 쳤고, 보행자는 (심각한 뇌진탕을 일으키고) 다섯 군데 골절을 입었다.

분리 평가에서 존스(A)와 스미스(B)는 동등하게 중한 처벌을 받거나 심지어 존스의 처벌이 더욱 무거울 것으로 예상할 수 있지만, 공동 평가에서는 스미스의 처벌이 훨씬 가혹할 것이다. 이제 사례 B를 조금 변형해보겠다.

사례 B

록밴드 활동을 하는 고등학생 스미스는 늦은 밤에 계속해서 대단히 큰 소리로 음악을 연주해 이웃집에 사는 윌슨의 수면을 방해했다.

기존 사례 A와 이번 사례 B를 두고 공동 평가를 한다면 존스는 분리 평가 때보다 더욱 큰 처벌을 받게 될 것이다.

규범적으로 고려할 사항이 있다. 조작이 개입할 여지가 있더라도 위와 같은 사례에서는 공동 평가가 분리 평가보다 중요한 이점을 지닌다. 분리 평가로 나온 결과들은 돌이켜보면 부적절하다는 생각이 든다.[36] 다시 말해 분리 평가는 평가자의 일관성이 결여되었다고 여길 만한 결과들을 도출한다는 뜻이다. 앞서 밝혔듯 징벌적 손해는 따로 판단해야만 한다. 미국의 현 법체계는 배심원단이 사례를 비교하지 못하도록 하고 있다.

다만 이는 실수인 듯싶다. 일관된 패턴을 원한다면 공동 평가 방식이 더 낫다. 하지만 공동 평가에는 두 가지 문제가 있다. 첫째로 포괄 평가가 아니라는 점이다. 합리적인 결과를 내고 의사결정자가 불공평하다고 여겨질 상황을 방지하고자 한다면, 사례를 두 가지 또는 몇 가지 정도가 아니라 보편적으로 살펴야 한다. 두 번째 문제는 이러한 사례에서 공동 또는 분리 평가 중에 어느 쪽의 결과도 인정하고 싶지 않을 수 있다는 점이다. 징벌적 손해배상을 선고하려 할 때 그 '취지'가 무엇인지 어떠한 이론도 정립되지 않았다면 마땅히 올바른(규범적인) 판단을 내릴 수 없다.

경제적 관점에서 최적 억제(후생 극대화)를 중시해보자. 범죄가 100퍼센트 적발되고 보상이 완벽하게 이루어질 수는 없다는 문제를 보완하는 수단으로 징벌적 손해배상이 정당화될 수 있다. 그렇다면 분리 평가와 공동 평가 중 무엇을 택할 때 사람들이 최적 억제에 더욱 초점을 맞출지가 중요하다. 사람들은 직관적인 응보주의자로서 죄에는 정당한 보복이 가해져야 한다고 생각한다.[37] 그렇기에 본능적으로 최적 억제라는 관점을 취하지 않고, 그렇게 상황을 바라봐야 한다는 요청을 받을 때조차도 그러기를 꺼린다.[38] 경제적으로 본다면 공동 평가와 분리 평가 중 무엇이 더 나은지 결론은 간단하다. 두 가지 다 문제가 있다.

처벌의 응보주의를 채택한다면 공동 평가가 나아 보인다. 공동체의 도덕적 분노를 가장 잘 반영할 방법은 무엇인가 하는 문제도 있는데, 분리 평가라는 범주에 얽매인 사고방식으로는 이 문제의 적절한 답을(공동체의 기준에 만족하는 답을) 찾을 수 없다. 하지만 다시 한 번 밝히자면, 공동 평가의 가장 큰 문제는 포괄 평가가 아니라는 점이다. 그러므로 배심원은, 또는 배심원의 판결을 검토하는 판사는 시야를 넓혀 다양한 사례를 고려하려고 노력하거나 손해배상의 기준을 마련해야 한다.

이러한 결론은 선호 역전이 나타나는 몇몇 철학적 질문으로 이어진다.[39] 복잡한 이야기를 간단히 설명하자면, 육교 딜레마와 트롤리 딜레마를 생각해보자. 육교 딜레마는 이렇다. 철로에 다섯 명이 묶여 있고 열차가 빠른 속도로 다가온다. 이들을 살리려면 열차의 방향을 바꿔야 하는데, 하필 그 유일한 방법이 육교에서 누군가를 밀어 열차 앞으로 떨어뜨리는 것이다. 대다수는 설령 다섯 명이 죽더라도 그 누군가를 떨어뜨리지는 않을 거라고 답한다. 반면 트롤리 딜레마에서는 그 다섯 명을 구하기 위해 선로가 바뀌도록 스위치를 누르면 되는데, 바뀐 선로에는 행인 한 명이 묶여 있다. 이때 대부분은 다섯 명을 구하기 위해 한 명이 있는 방향으로 열차가 움직이도록 스위치를 누르겠다고 답한다. 이러한 두 테스트는 대개 따로따로 제시되고, 두 사례의 도덕적 직관은 서로 다른 양상을 띤다.

하지만 두 사례가 공동으로 제시될 때는 어떨까? 간단히 말하면 사람들은 두 질문에 동일하게 대답하려 한다. 다섯 명을 구하거나, 한 명을 죽이지 않겠다고 말이다(놀랄지 모르지만, 다섯 명의 목숨을 살리자는 공리주의적 방향으로 대단히 치우치진 않는다). 하지만 이러한 역전 현상을 평가할 방법은 명확하지 않다. 또한 공동 평가에서 사람들이 도덕적 일관성을 과연 보여주는지도 확실하지 않다. 도덕적 일관성을 지키는지 여부는 규범적인 근거에 비춰봤을 때 육교와 트롤리라는 두 가지 딜레마가 같은 문제인지에 따라 달라진다. 이 문제의 답변은 우리가 공리주의를 수용할지, 비공리주의를 수용할지에 따라 또 달라진다. '우리가 공리주의를 따라야 하는가?'라는 문제를 공동 또는 분리 평가에서 사람들이 어떻게 반응하는지로 결정할 수는 없다.

조건부 가치 평가

규제 기관이 비용편익 분석을 하다 보면 시장에서 거래되지 않거나, 시장에서 근거를 얻을 수 없거나, 그 근거가 믿을 만하지 않은 재화의 가치를 평가해야 할 때도 있다. 이런 상황에서는 '진술 선호stated preference' 또는 '조건부 가치 평가contingent valuation'와 같은 방법으로 설문조사를 진행한다(가상의 시나리오를 설정하고 사람들에게 얼마나 지불하고자 하는지 질문하여 가치를 측정한다).[40] 이런 방법들의 유용성과 신뢰성을 둘러싼 심각한 논란은 잠시 미뤄두고[41] 한 가지 단순한 질문만 다루겠다. 사례들을 따로 또는 함께 보는지에 따라 사람들의 가치 평가가 달라질까?

다음 사례를 생각해보자. 타인에게 유익한 활동을 할 때 느끼는 만족도와 그 활동에 지대한 지불 의사가 어느 정도인지를 사람들에게 한정된 척도로 물었다.

> 활동 A
>
> 농장 노동자들의 피부암 탐지를 개선하는 프로그램 마련
>
> 활동 B
>
> 돌고래의 번식 장소를 정화하고 보호하는 기금 마련

이 두 가지를 따로 평가할 때 사람들은 활동 B에 더 높은 만족도를 보였고 지불 의사 또한 더욱 높았다.[42] 하지만 두 활동을 함께 평가할 때면 사람들은 활동 A에 더 높은 만족도를 나타내고 돈도 더욱 많이 지불하고자 했다.[43] 이 또한 범주에 얽매인 사고방식 때문이라는 설명이 가장 훌륭하다.[44] 농장 노동자들의 피부암 탐지는 중요한 문제이지만 인간의 건강이라는 관점에서 볼 때 가장 시급한 사안은 아니다. 돌고래 보호는 사람들의 감정을 건드린다.

하지만 둘을 비교하고 하나를 선택해야 한다면 후자보다는 전자에 더욱 많은 돈을 지불하려 한다.

조건부 가치 평가에서는 공동 평가가 더 나을까 아니면 분리 평가가 더 나을까? 두 접근법 중 어느 방식을 신뢰할 수 있을까? 조건부 가치 평가의 목표는 정보를 갖춘 사람들이 다양한 재화에 어느 정도의 가치를 매기는지 파악하고, 올바르게 기능하는 시장에서 해당 재화들의 지불 의사가 이상적으로 통용되는 상황을 재현하는 것이다. 그렇다면 분리 평가에는 사람들이 편협한 시야로 가치를 평가하게 된다는 심각한 문제가 있다. 이런 이유로 공동 평가가 더욱 나은 방식으로 보인다. 다시 말해 공동 평가는 같은 범주에 속한 사례들을 대상으로 하지 않는다는 뜻이다. 하지만 이러한 사실을 고려한다 해도 사례 B가 속한 범주를 우리가 어떻게 정할까? 공동 평가 또한 사례 A의 가치 평가를 높이거나 낮추는 조작의 위험이 있다.

포괄 평가 또는 그와 비슷한 방식이 공동 평가보다 나아 보이지만, 실제로 포괄 평가 방식을 설계하기란 대단히 어렵다. 그럴 가능성은 대단히 낮지만 만약 조건부 가치 평가 이론이 대체로 타당하게 받아들여진다면, 선호 역전 현상은 구성원들이 너른 시각을 가져야 한다는 주장을 뒷받침하는 새로운 근거로 삼을 수 있다.

정책 평가

사람들은 정책에 찬성하는가? 그렇다면 어떤 정책에 찬성하는가? 최근 이 질문에 '넛지(선택의 자유를 존중하는 동시에 사람들을 예측 가능한 방향으로 이끄는 개입 방법)' 개념을 제시하는 논문들이 많아졌다.[45] 핵심 결과를 밝히자면, 안전·건강·환경의 영역에서 개인의 자유를 인정하는 개입(최근 여러 민주주의 국가가 채택하거나 진지하게 고려 중인 방식)은 사람들이 찬성한다.[46] 한편 다수는 디폴트 규칙default rule•과 같은 비교육적 넛지보다 의무적인 정보 공개와 같이 교육적인 넛지를 대체로 선호하는 듯 보인다.[47]

하지만 이것이 사실일까? 사회심리학자 샤이 다비다이와 행동과학자 엘다 샤퍼는 공동 평가에서는 사람들이 교육적인 넛지를 선호하지만 분리 평가에서는 그렇지 않음을 보여주었다.[48] 다음의 단순화된 사례를 살펴보도록 하자.

> 정책 A
>
> 직원을 옵트아웃(사전에 동의를 구하지 않고 자동으로 처리하는 방식)으로 퇴직 연금에 가입시켜 저축 장려
>
> 정책 B
>
> 직원에게 퇴직 연금 가입의 혜택에 관해 간명한 정보를 제공해 저축 장려

• 어떠한 옵션이 자동으로 선택되도록 설계한 메커니즘.

대부분의 사람은 공동 평가에서 교육적 넛지인 정책 B를 선호하고 한정된 척도로 더욱 높은 점수를 주었다. 하지만 분리 평가에서는 둘의 점수가 동일하거나 비슷했다.[49] 이러한 현상은 이제 익숙한 개념인 현저성salience으로 잘 설명할 수 있다. 분리 평가에서 사람들은 넛지 개입이 교육적인지 아닌지에 특별히 중점을 두지 않는다. 공동 평가에서는 해당 차원의 차이점이(교육적인지 아닌지 여부가) 현저하게 두드러져 사람들의 판단에 영향을 미친다.

공동 평가가 나을까 아니면 분리 평가가 나을까? 지금 맥락에서는 우리가 둘 중 어느 쪽 판단을 신뢰할 근거가 있느냐에 달렸다. 언뜻 이 질문의 답은 간단해 보인다. 규범적 근거에 따라 시스템 1 넛지와 시스템 2 넛지●를 분명하게 구분할 수 있는 상황이라면 공동 평가가 더욱 낫다. 실로 적절한 상황에서는 두 넛지의 차이점을 강조하는 공동 평가가 가장 좋다. 하지만 규범적 근거에 따라 이러한 구분이 거의 또는 전혀 중요하지 않다면, 공동 평가의 특징인 현저성이 도리어 사람들을 잘못된 방향으로 이끈다. 다시 한 번 밝히지만, 공동 평가의 문제는 규범적으로 중요하지 않은 요인에 사람들이 관심을 갖게 만든다는 것이다.

정책 평가라는 사안에서는 우리가 앞서 소비재의 맥락에서 살펴본 것과 관련해 더욱 큰 논의점이 있다. 정책 A는 이론적으로는 좋을 수도 나쁠 수도 있고, 해당 정책의 특징이 구체적으로 제시되지 않는다면 그 여부를 평가하기가 어려울 수도 있다. 이때 정

● 시스템 1(자동 시스템)은 빠르고 직관적인 사고방식을, 시스템 2(숙고 시스템)는 느리고 의식적인 사고방식을 뜻한다.

책 B를 살펴볼 기회가 주어지면 유용한 정보를 얻을 수 있지만, 정책 A와의 차이에 집중하게 되고 그 차이가 지나치게 부각될 수 있다. 때문에 연구자 또는 정치인이 어떠한 조작을 할 수 있게 된다. 포괄 평가 방식이 낫겠지만, 앞서 밝혔듯 현실적으로 실행하기가 어렵다. 다비다이와 샤퍼가 소개했던 사례처럼 우리는 한 가지 규범적 질문을 피할 길이 없다. '공동 평가에서 두드러져 보이는 차이점이 중요한가, 중요하지 않은가?' 이는 사람들에게 무엇을 선호하는지를 묻는 질문이 아니다. 우리는 공동 평가에서 확인되는 차이점이 지닌 가치에, 그리고 공동인지 분리인지 평가 방식에 따라 사람들의 답변이 어떻게 달라지는지에 초점을 맞춰야 한다. '하지만 분리 평가에서는 공동 평가에서 중요한 것으로 판명될 수 있는 요소에 사람들이 주의를 기울이지 않는데요?'라고 강조하고 싶은 마음이 들 것이다. 틀린 말은 아니지만, 이것이 방금 말한 규범적 질문의 대답이 되지는 못한다.

우리가 사람들의 생각을 알고 싶어 하는 상황을 떠올려보자. 사람들은 실제로 어떤 생각을 하고 있을까? 또는 숙고 끝에 어떠한 생각을 하게 되었을까? 공동 평가와 분리 평가 중 하나를 선택해 사람들에게 제안하고자 한다면, 이 질문에 답이 있는지 궁금할 것이다. 사람들의 답변은 사실 어떤 평가 방식을 유도했는지에 따라 달라지므로, 그만큼 선호는 유동적이라는 사실밖에 말할 수 없다.

결론

무엇을 살지 고르는 맥락에서 핵심 질문은 어느 쪽이 선택자의 후생을 향상하느냐다(외부 효과[●]는 잠시 접어두자). 선호 역전이 일어날 상황에서 분리 평가의 문제는 어떠한 선택지의 특징이 평가하기 어렵거나 불가능하다는 점이다. 다시 말해 해당 특징이 받아야 할 관심을 받지 못할 것이다. 이때 후생이나 실제 경험에 중요한 특징이 무시될 위험이 생긴다. 공동 평가의 문제는 어떠한 선택지에서 평가가 가능한 특징이 지나친 관심을 받는다는 점이다. 따라서 후생이나 실제 경험에 중요하지 않은 특징이 주목받을 위험이 있다.

판매자는 분리 평가 또는 공동 평가로 선택자를 교란할 수 있고, 이러한 조작이 어떻게 설계되는지는 이제 잘 알게 되었을 것이다. 분리 평가에서 과제는 선택자에게 이들이 평가할 수 있는 좋은 특징(온전한 사전의 표지)과 이들이 평가할 수 없는 나쁜 특징(총고조파 왜곡 0.01퍼센트)을 보여주는 것이다. 공동 평가에서는 경험 등 중요한 무언가에 거의 또는 아무런 의미가 없는 사안이라 할지라도 선택지들 사이에 명백하게 드러나는 차이를 쉽게 비교하도록 하는 것이 과제다.

외부 관찰자가 완벽한 정보를 갖고 있다면 선택자가 무엇을 골라야 하는지를 분명하게 볼 수 있다. 하지만 외부 관찰자가 지닌

● 어떠한 경제 주체의 활동이 무관한 제3자에게 의도치 않은 편익 또는 비용을 발생시키는 효과.

정보는 완벽하지 않다. 무엇보다 이들은 선택자의 선호와 가치관을 완벽하게 이해하지 못한다. 그럼에도 분리 평가와 공동 평가가 각각 가장 좋은 방법일 때가 있고, 이제 우리는 어떤 경우에 이 두 가지 평가 방식이 적용되기 어려운지를 이해할 수 있다. 중요한 교훈을 다시 떠올려보자. 분리 평가와 공동 평가 모두 심각한 고유의 결함을 각각 안고 있다.

차별 문제 또한 이와 비슷한 관점으로 분석할 수 있다. 기본적으로 다음 두 가지 상황이 모두 나타날 때는 공동 평가보다 분리 평가에서 편견이 더욱 큰 힘을 발휘한다. ① 공동 평가에서 결정을 내리며 자신의 편견이 반드시 드러나게 됨을 깨달을 때, ② 편견을 드러내는 행위가 부끄럽거나 난처할 때. 또 다른 가정에서는(선택자가 스스로 편견이 있음을 인정하고 부끄러워하지 않을 때는) 공동 평가가 차별을 심화하기도 한다. 결국 모든 것은 차별을 행하는 자신의 성향을 어떻게 성찰하는지에 달렸다.

징벌적 손해배상을 선고할 때는 사람들이 어떠한 사례를 접하며 자연스럽게 떠오르는 범주에 국한되어 자신만의 기준 틀을 만들어낸다는 문제가 발생한다. 공동 평가로 이를 해결할 수 있다. 한편 공동 평가로 도출한 배상이 반드시 합리적인 것은 아니다. 공동 평가로 도출한 배상은 최적 억제라는 경제적 관점에서는 합리적이지 못하다. 응보적 관점에서는 공동 평가가 사람들의 도덕적 판단을 더욱 잘 반영하는 만큼 더 나을 수 있다. 다만 공동 평가의 문제점은 이것이 포괄 평가가 아니라는 점이다. 한 범주에 속한 어느 사례를 바탕으로 다른 사례를 평가할 때 조작의 위험이 생긴다.

조건부 가치 평가와 정책 평가도 이와 비슷하다. 분리 평가에서는 사람들이 범주에 얽매여 판단하거나 어떠한 선택지의 중요한 특징을 무시하게 된다는 점에서 심각하게 위험해질 수 있다. 공동 평가 또한 불가피하게 선택지들 가운데 무언가를 골라야 한다는 점에서, 또는 그리 중요하지 않은 선택지의 특징을 강조한다는 점에서 중대한 위험을 초래한다. 가능하다면 포괄 평가가 가장 좋다. 하지만 현실적으로 어렵다면 분리 평가와 공동 평가 중에 하나를 택해야 할 것이다. 이때는 분리 평가에서 무시되었지만 공동 평가에서는 중요하게 여겨질 수 있는 특징이 실제로 중요한지 개인이 판단해야 한다.

앞서 언급한 (명시된 가정 하에서의) 차별 문제처럼 몇몇 사례는 공동 평가로 해결할 수 있다. 하지만 더 중요한 문제는 따로 있다. 분리 평가에서는 평가성 문제, 또는 그 사촌이라 할 수 있는 범주에 국한된 사고로 인해 심각한 문제가 발생한다. 공동 평가에서는 주목할 만한 가치가 없는 상품·사람·맥락의 특징에 집중하게 되어 중대한 문제가 일어난다. 판매자, 의사, 변호사, 정치인들은 이 점을 이용해 본인의 목표를 달성할 수 있다. 두 평가 방식이 지닌 문제점 모두 피해야 마땅하다. 좋은 결정을 내리고 좋은 결과를 도출하기 위해서는 분리 평가와 공동 평가 너머를 바라보고, 두 방식이 지닌 문제와 병폐를 피할 수 있는 구조를 설계해야 한다.

7

합리적이고 가치로운 소비를 위한 경제학

지금까지는 사람들이 무엇을 '하는지(행동)'에 직접 초점을 맞추지 않았다. 이번 장에서는 중요한 행동 결정의 하나인 소비를 다룬다. 여기서 주된 미스터리는 다음과 같다. 다수의 비평가는 시장경제에서 맺어지는 관계들의 원자적이고 고립적인 성격과, 시장이 표명하고 조장하려는 듯 보이는 반사회적이고 지극히 개인주의적인 사고방식을 지적했다.[1] 분명 이 지적이 사실인 부분도 있지만 다른 측면도 존재한다. 일상에서의 소비 패턴은 다양한 사회적 충동을, 심지어 공동체를 이루려는 충동까지도 반영한다. 무엇을 살지 선택하며 소비자들은 상품만이 아니라 다른 고객들과도 관계를 맺는다. 대량으로 생산된 제품을 소비할 때 사람들은 대체로 연대감과 소속감을 구하려 한다. 경험을 공유하고 여러 형태로 연대하려는 충동, 또한 때로는 포용하면서 동시에 배척하려는 충동은 집요하게 존재감을 발휘한다.

이러한 점에서 평범한 소비자들의 결정은 함께 경험하고 같은 심리를 지니는 네트워크를 구축하려는 노력과 복잡하게 얽힌다. 광고주들은 경제적 이득을 얻기 위해 이 사실을 잘 알고 이용한다. 하지만 이들이 그런 노력을 하지 않더라도 사람들이 무엇을 살지 선택하고 그로써 어떤 행동을 하게 될지에는 사회적 충동이 대단히 큰 역할을 한다. 따라서 연대를 찾으며 소비자가 느끼는 즐거움은 대량 소비를 이해하는 또 다른 관점을 시사한다. 이는 시장에서 우리가 소외되고 파편화될 위험이 있다고 말하는 사람들이 내세우는 관점과는 매우 다르다.

재화와 사람

개인의 선택과 개인이 인식하는 타인의 선택은 여러 관계로 얽힌다. 어떤 재화는 다른 사람들이 향유하거나 소비하는지와 무관하게 나름의 가치를 지닌다. 이를 '독립적 재화solitary goods'라고 한다. 아침의 커피 한 잔 또는 트레드밀 위에서 하는 운동의 가치는 다른 사람이 커피를 마시는지, 운동을 하는지에 영향을 받지 않는다. 다른 사람들이 누리거나 소비하는지에 따라 그 가치가 적어도 어느 정도는 영향을 받는 재화도 있다. 이를 '사회적 재화social goods'라고 한다. 사회적 재화는 '연대적 재화solidarity goods'와 '독점적 재화exclusivity goods'로 나뉜다. 연대적 재화는 다른 사람들이 해당 재화를 즐길수록 가치가 높아진다.[2] 현재의 화두를 다루는 잡지나 텔레비전 프로그램은 함께 읽거나 시청하는 사람이 많다면 그 가치가 크게 오른다. 이와 대조적으로 독점적 재화는 다른 사람들이 누릴수록 그 가치가 떨어진다. 석판 예술품을 소유하거나 휴양지에서 휴가를 누리는 가치는 이에 많은 사람이 접근할 수 있다면 아마도 급격히 하락할 것이다. 생산자와 소비자 모두 다양한 연대적 상품과 독점적 상품을 생산하고 소비하고자 한다.

재화의 가치 함수가 복잡하고도 다양할 가능성도 살펴봐야 하겠다. 할리데이비슨 모터사이클을 생각해보자. 다른 제품들과 별 차이가 없고 딱히 광고를 하지 않음에도 훨씬 비싼 가격에 판매된다. 이렇게 잘 팔리는 데는 (거친 남자의 로망으로 일컬어지는) 할리 오너들과 동일시되고 싶은 사람들의 심리가 크게 작용했다. 할리데이비슨 오너의 수가 급격하게 증가하거나 가령 거친 남자가 아니라 단정한 투자 은행가들이 타는 모터사이클로 알려진다면, 이 동일시의 가치가 감소할 거라는 판단이 합리적이다. 많은 활동과 재화가 이러한 특징을 지닌다.

연대적 재화

대체로 재화는 널리 향유되는 만큼 가치가 더욱 높아진다. 유명한 영화나 대선후보 토론, 천연기념물, 식전주, 유적지 방문, 밀레니엄 기념 행사를 생각해보길 바란다. 다른 사람들이 향유하거나 '구매'하지 않는다면 그 가치가 낮아지고 어쩌면 없어질지도 모르는 재화들이다. 같은 재화를 다른 사람들 또한 즐기거나 구매한다는 데서 오는 다양한 혜택에 일부 영향을 받아 우리가 그에 기꺼이 지불하려는 비용이 달라진다. 어떤 재화는 남들이 소비하지 않는다면 소비할 가치가 없다(공짜로도 가질 이유가 없다). 연대적 재화로 간주되는 재화가 부정적인 가치를 지닐 때도 있다. 생산자들은 재화나 서비스의 인기도가 일정한 임계를 넘어서면 시청자와 사용자 수가 기하급수적으로 치솟는다는 사실을 잘 안다. 연대적 재화는 이를 향유하는 사람이 많으면 '긍정적인 연대 외부 효과 positive solidarity externalities'를 낳는다.

연대적 재화는 그 자체로 가치 있거나 수단으로서 가치를 지닌다. 사람들은 베스트셀러 소설이나 자동차 라디오에서 흘러나오는 노래처럼 다른 사람들도 즐기는 무언가를 누리며 마음속으로 즐거움을 느낀다. 아니면 많은 사람이 향유하는 재화가 중요한 사회적 상호작용으로, 심지어 공동의 정책 구상이나 사업 모임, 우정으로 이어질 수 있다고도 생각한다.[3]

말 그대로 다른 이들과 함께 즐겨야만 연대적 재화의 자격을 얻는 것은 아니다. '공적인' 연대적 재화도 있고 '사적인' 연대적 재화도 있다. 공적인 연대적 재화는 (시민 축제처럼) 다른 사람들과 함께 즐기고 싶은 재화다. 사적인 연대적 재화는 개인이 홀로 즐기고 싶어 하지만 다른 사람들도 누린다는 사실을 아는 재화다. 많은 이에게 극장에서 보는 영화는 공적인 연대적 재화이고 온라인으로 시청하는 영화는 사적인 연대적 재화다.

독립적 재화와 독점적 재화

많은 재화가 독립적 재화에 속한다. 이 재화의 가치는 다른 사람들이 향유하는지와는 전혀 관계가 없다. 함께 누리는 사람이 많은지 적은지, 아무도 없는지는 중요하지 않다. 어떤 이들은 스포츠 경기와 텔레비전 프로그램을 그렇게 본다. 아침에 마시는 오렌지 주스 한 잔이나 토요타 캠리 자동차 소유, 트레드밀에서 운동하기 등이 대표적인 독립적 재화다.

독점적 재화는 소규모 집단에서 누릴 수 있는지, 또는 홀로 누릴 수 있는지에 따라 가치가 매겨진다. 다른 이들도 해당 재화를 즐길 때 그 가치가 상당히 낮아진다. 지위와 관련하여 '위치적 재화positional goods'[4]라고도 하는 특정 재화가 이러한 성격을 지녔는데, 외딴 지역에 자리한 해변의 별장과 같이 혼자만의 시간을 가능케 하는 재화가 그렇다. (거의) 독점적으로 즐거움을 누릴 수 있다는 점이 가치의 큰 부분을 차지한다. 극단적인 경우 오직 한 사람만 누릴 수 있기에 가치를 지니는 독점적 재화도 있다. 물론 생산자는 어떠한 재화의 진귀한 또는 유일무이한 특성을 강조하고 이용한다. 한정으로 제작되는 '희귀 기념 주화'처럼 의도적으로 희소성을 만들기도 한다.

반半연대적 재화와 클럽 재화

할리데이비슨의 사례가 보여주듯 연대적·독립적·독점적 재화 어느 쪽에도 속하지 않는 흥미로운 재화가 있는데, 이를 '반연대적 재화demi-solidarity goods'라고 한다. 이 재화는 특정 수준 이상 또는 이하로 소비가 늘거나 감소하는 상황이 바람직하지 않다. 당신은 너무 크지도 작지도 않은 정치 집회에만 참석하겠다고 생각할 수도 있다. 외식을 하고 싶지만 너무 붐비거나 손님이 당신밖에 없는 식당에는 가지 않을 것이다. 옷을 살 때의 심리도 이와 비슷하다. 많은 사람이 대중을 따르기만 하는 것은 원치 않지만 너무 튀고 싶어 하지도 않는다. 대중적이어야 하지만 너무 대중적이어서는 안 된다. 반연대적 재화는 사용자의 수가 중요하고 선택에 결정적인 역할을 한다. 하지만 사용자가 늘어난다고 재화의 가치가 계속 늘어나지도(반대로 계속 줄어들지도) 않는다.

사람들은 연대와 독점이 이상적으로 조합된 조직을 만들고 싶어 할 수도 있다. 때문에 많은 클럽(동아리)이 특별한 반연대적 재화를 제공한다. 이러한 클럽은 재화와 활동을 함께 즐기는 동시에 특정한 타인을 배척하는 데서 가치가 나온다. 한 집단이 결속하고 타인을 배제하며 자신들끼리 공공으로 누리며 이익을 얻는 '클럽 재화club goods'는 경제학에서 상당한 주목을 받았다.[5] 스포츠 협회, 운동 시설, 건강관리 기관health maintenance organization • 등이 이에 속한다. 클럽 재화는 일반적으로 사람들이 밀집하면 서비스 경험의 질이 낮아지는 문제가 생긴다. 그래서 클럽들은 회원제, 가입비, 다양한 의식, 선발 절차 등으로 사람들이 바로 참여하지 못하도록 장벽을 세운다.[6]

뿐만 아니라 구성원들은 클럽에서 제공하는 서비스 외에도 다른 구성원들과 어떤 특성을 공유한다는 데서 즐거움을 느끼는

• 연회비를 받고 건강 관련 서비스를 제공하는 의료보험단체.

데, 여기에는 배제적인 측면이 있다. 클럽에서 선호되는 공통의 특성으로 성별이나 지역, 학력, 재산, 종교, 인종 등이 꼽힌다. (밀집할 위험이 있더라도) 이상적인 구성원이 늘어나면 클럽 재화를 공유하여 얻는 혜택이 증가하지만, 원치 않는 구성원이 합류하면 그 혜택이 크게 감소하거나 없어질 수도 있다. 구성원들이 바라는 것은 비단 공동의 경험만이 아니라, 자신들과 같은 방식으로 규정되지 않은 타인이 자신들의 경험을 누리지 못하는 것이다. 실로 집단 정체성은 연대와 독점의 적절한 조화에 달렸다.

파트너십과 친목 재화:
숫자가 아니라 사람이 중요하다

단순히 소비자의 수만이 아니라 그 소비를 하는 사람이 누구인지 '정체성'을 (더욱 중요하게) 생각할 때도 있다. 관련자 6명 또는 60명이 당신에게 대단한 의미를 지닐 수도 있고, 실로 이들이 어떠한 재화를 향유하기(또는 향유하지 않기) 때문에 당신이 해당 재화를 좋아할 수도 있다. 비교적 규모가 작은 집단이라면 해당 재화를 선택하여 파트너십을 맺거나 표현할 수 있는데, 이때 '파트너십 재화partnership goods'를 향유한다고 말할 수 있다. 가까운 친구나 부부 관계에서는 단적으로 (음식점이나 영화, 휴가지 등을) 함께 소비한다는 사실이 재화를 선택하는 중요한 이유가 된다. 두 명 이상이 어떠한 재화를 함께 향유할 때 그 밖의 사람들이 소비하는지는 의미가 없으며 재화의 가치가 일정하게 유지된다.

몇몇 재화는 즐기는 사람들이 일정한 수에 이르면 가치가 증가하지만 그 외의 사람들이 소비하면 가치가 감소한다. 몇몇 클럽, 친구 관계나 친목회, 같은 지역 주민들, 팀, 동호회, 민족 집단, 국가에서 이런 재화를 볼 수 있다. 우리는 자신과 비슷해 보이는 다수가 어떠한 재화를 즐길 때 그것을 더욱 좋아하게 된다. 광고주들은 자주 이러한 점을 활용하고, 소비자들은 광고주가 그러든 말든 관계없이 해당 재화에 호감을 갖는다. 하지만 다른 범주의 사람들이 해당 재화를 즐기기 시작하면 가치가 때로는 급격하게 떨어지기도 한다.

'순수한' 연대적 재화를 선택할 때 사람들은 단순히 소비자의 수를 중요시 여기고, 파트너십 재화에서는 소비자가 누구인지를 중요하게 생각한다. 하지만 앞에서 소개한 것처럼 '친목 재화 fraternity goods'라는 또 다른 유형의 재화가 있는데, 여기서는 (학생, 가톨릭 신자, 운동선수 등) 특정 범주에 속하는 자신과 비슷한 소비자가 중요하다. 친목 재화에는 차별적 요소가 담겨 있다. 이를테면 같은 가톨릭 신자들이 더욱 많이 참여할수록 파티가 즐거워지지만, 비가톨릭 신자들이 함께할 때 즐거움이 감소한다. 차별적 클럽은 기본적으로 이렇게 돌아간다. 여기서 차별적 클럽이란 배제성을 띠는 지역 공공재를 포함한 클럽 재화를 자의적으로 만든 집단을 말한다(이 배제성은 법석 규세를 따르기에 해당 재화 또한 대체로 헌법의 제약 아래에 놓인다). 몇 가지 일반적인 소비재도 이와 동일한 특성을 지니며, 비공식적인 규칙에 따라 누군가를 포용하고 다른 누군가를 배제한다. 사람들은 (모터사이클 동호회에서 할리데이비슨을 함께 타듯이) 특정한 옷을 함께 입으며 외부인들이 두려워하거나, 거부하거나, 완전히 이해할 수 없는 어떠한 신호들을 드러낸다.

재화의 관계적 특성

지금까지는 재화의 어떠한 '성질'을 들어 다양한 유형 중 하나에 속하거나 속하지 않는다는 식으로 논의를 전개했다. 하지만 이는 재화를 지나치게 단순화한 설명이다. 모든 사람에게 재화의 본질은 그 재화가 지닌 고유한 특성만이 아니라 해당 재화가 특정 사람들과 어떻게 관계하는지에 따라 달라진다. 이 지점에서 사람들이 극명하게 구분된다. 우리가 현재 논의하는 차원으로는 어떠한 재화 자체의 본질을 '읽어내는' 일은 불가능하다. 사람들이 그 재화에 어떻게 반응하는지를 알아야 하는데, 이는 대개 사람과 집단마다, 심지어 문화마다 다르다.

교직원 휴게실이 사람들로 붐빌 때를 좋아하는 사람에게는 휴게실이 연대적 재화일 수 있다. 하지만 그저 커피를 마시러 갈 뿐 남들이 얼마나 있는지 신경을 쓰지 않는 사람에게 해당 장소는 독립적 재화가 된다. 제인 오스틴 소설을 독립적 재화로 여기는 사람도 있지만, 제인오스틴협회Jane Austen Society 구성원들에게는 연대적(또는 반연대적) 재화일 것이다. 엄밀히 말해 무엇이 연대적 재화인지 아닌지는 관계에 따라 다르다. 나 혹은 당신에게는 연대적 재화인 것이 객관적으로는 연대적 재화가 아닐 수도 있다. 따라서 정확히 말하자면 한 재화가 반드시 '연대적/독립적/독점적이다'라고 할 수 없으며, 재화의 가치는 해당 재화가 지닌 연대적/독립적/독점적 가치의 함수로 나타난다. 이러한 가치들은 사람에 따라, 사회적 집합체social aggregate•에 따라 여러 방식으로 결합한다. 어떠한 재화는 사람들에게 연대적 가치가 실제로 좋게 평가받지만, 소비를 유도하는 것은 독립적 가치일 수 있다. 또 어떤 이들에게는 특정 재화의 독점적 가치가 중요하고 소비를 유도하는 요인이지만, 다른 이들에게는 그 독점적 가치가 긍정적일지언정 중요성은 낮을 수도 있다. 가치란 연속적인 개념이며 동시에 다양하게 변형된다는 점은 쉽게 상상이 간다.

다양한 가치 함수

지금까지 살펴봤듯 연대적 재화와 독점적 재화 모두 가치 함수가 복잡할 수 있다. 이러한 함수는 연속적이지 않을 수도, 방향이 급작스럽게 바뀔 수도 있다. 어떤 재화는 소비하거나 향유하는 사람의 수가 늘어감에 따라 꾸준하게 가치가 상승한다. 또 어떤 재화는 특정 소비자 수까지 가치가 증가하다 그 이후로는 증가하지 않는다. 이를테면 시청자에게 대선 후보 토론 방송의 가치는 수백만 명이 시청한다는 사실로부터 나오지만(따라서 그 사실을 알아야 하지만), 많이들 본다는 것이 중요할 뿐 수백만이라는 숫자 자체는 중요하지 않을 수 있다. 소비자의 수가 증가함에 따라 가치가 감소하지만 어느 지점부터는 수가 늘어도 가치가 일정하게 유지되는 독점적 재화도 떠올려보자. 해변이 그 사례다. 해변에 사람이 북적

● 서로 상호작용하는지, 공통점이 있는지와 무관하게 같은 시간과 장소에 모인 사람들의 집합.

거린다면 혼자 있기를 좋아하는 사람에게는 그 해변이 앞으로 얼마나 더 혼잡해지든 그리 중요한 문제가 아니다(조금 혼잡하든 많이 혼잡하든 이미 최악이다).

가치의 감소와 증가

왜 어떤 재화는 다른 사람들이 향유하는지에 따라 그 가치가 감소하거나 증가할까? 가치가 감소하는 경우는 간단하다. 어떠한 재화는 어떤 이들에게 지위적 재화status goods 또는 좀 더 광범위하게는 위치적 재화다. 해당 재화는 누구나 쉽게 접근할 수 없기에 가치 있고, 재화가 소유자의 지위를 드러내기 때문에 사람들이 좋아한다. 자아 개념이 가장 중요할 때도 있다. 희귀한 재화를 소유할 때 사람들은 자신이 특별하거나 고상한 사람이 된 기분을 느끼는데, 만약 대중적으로 소비된다면 재화의 품위가 떨어질 것이다. 뿐만 아니라 때로는 혼자 누리는 무언가를 가치 있게 여기며 군중을 싫어한다. 일부 독점적 재화는 (비교적) 혼자서 누릴 수 있는 무언가를 보장하고 혼잡이나 침해를 막아준다. 다른 사람이 거의 없는 자연보호 구역이나 박물관, 해변에 방문하기를 좋아하는 이들은 그렇게 할 수 있다면 기꺼이 추가 금액을 지불하려 한다.

반대로 사용자의 수가 늘어남에 따라 가치가 증가하는 몇 가지 이유는 다음과 같다.

1. 특정 재화를 소비하여 사회적으로 상호작용하고 다른 활동에 참여할 수 있다. 가령 회사 탕비실에서 스포츠 경기나 유명

시트콤을 함께 시청한다면 오가는 여러 대화에 참여할 수 있다. 국립공원에 친구들과 함께 가서 이곳에 관해 이야기를 나눌 수도 있다(이 대화가 어떤 가치를 창출할지, 아니면 가치가 감소할지는 다른 문제다). 대통령 선거 운동에 참여하는 사람들은 관심이 없었다면 이해하기 어려웠을 다양한 신문 기사와 텔레비전 프로그램을 이해하고 즐길 것이다.

2 어떠한 재화가 널리 향유된다는 사실을 안다면 해당 재화를 자신이 향유하는 것이 과연 합당하고 합법적인지를 덜 걱정할 수 있다. 축구 경기나 시트콤, 시가를 즐기는 것이 적절하거나 올바른 일인지 헷갈릴 수 있지만, 다른 사람들도 해당 재화를 즐긴다는 사실을 안다면 잠재적인 수치심이 사라진다. 또는 남들이 승인한 무언가를 즐기며 자부심을 느낄 수도 있다.

3 우리는 평판을 신경 쓴다. 그리고 일반적으로 사람들이 자기와 같은 무언가를 하는 이들을 좋게 여기며 그러지 않는 이들을 덜 좋게 여길 거라고 판단하는 편이 합리적이다. 어떠한 활동 또는 재화의 가치는 그것의 인기가 많아지면 상승하는데, 이는 인기가 어떠한 정보를 제공해서가 아니라 소비자가 집단에 합류함으로써 얻는 바람직한 평판 효과(또는 집단에 합류하지 않음으로써 피하는 바람직하지 않은 평판 효과) 때문이다. 무언가를 살 때 평판 효과를 가장 중요하게 고려하는 경우를 떠올려보자. 때때로 폭포 효과cascade effects●와 티핑 포인트 현상◆도 평판으로 인해 벌어진다. 어떤 행동을 하는 사람들이 점차 늘다가 어느 순간 임계점에 이르면 대단히 많은 사람이 행동에 동참하게 될 수 있다. 같은 맥락에서 사람들은 자신의 '유형'을 알리기 위해

특정한 행동을 하여 신호를 보낸다. 이 신호를 듣는 사람이 많다면, 또는 신호가 대단히 인상적이라면, 해당 신호가 증폭되거나 제대로 영향력을 발휘한다.[7]

시장과 국가의 역할

연대적 재화는 대부분 사람들을 특정 방향으로 이끌려는 정부의 노력 없이 자발적으로 만들어진다. 하지만 때때로 사람들은 행동을 조정하는 데에 어려움을 겪는데, 정보가 부족하거나 하여 거래 비용transaction costs●●이 높기 때문이다. 이에 더해 일부 연대적 재화는 이를 사용 또는 향유하는 사람들에게 유해한 영향을 끼친다. 남들도 이걸 골랐을 거라는 '부정확한' 믿음 때문에 사람들이 어떠한 재화를 선택한다면, 국가가 나서서 오해를 바로잡아야 한다. 가장 흥미로운 경우는 남들이 무엇을 고르는지 '정확히' 알고서 해당 재화를 선택하면서도 한편으로는 그들이 다른 선택을 했으면 좋았겠다고 바라는 상황이다. 여기에는 선택자의 자율성이 침해된다는 중요한 문제가 있다.

합리적인 가정 하에서는, 공공이 개입하지 않으면 연대적 재

● 어떠한 일이 연쇄적으로 다른 일들에 영향을 미쳐 예상치 못한 사건이 발생하는 효과.

◆ 작은 일들이 누적되어 되돌릴 수 없는 변화로 이어지는 현상.

●● 정보 비용이나 협상 비용 등 재화를 구매하기까지 가격 외에 지불하는 모든 비용.

화는 언제나 일정하게 선택된다(선택이 달라질 수 없다). 어떠한 연대적 재화는 사람들이 그것으로 수렴하는 상황이 정부의 이익에 부합한다. 따라서 정부는 사람들이 해당 재화로 수렴하지 못하는 상황을(즉, 바람직하지 않은 평형 상태를) 바꾸려고 한다. 또는 수렴하지 않거나 다른 재화로 수렴하는 편이 이로우나 사람들이 좋지 않은 연대적 재화로 수렴할 때도 정부가 개입하려 든다. 비배제성 non-excludability[•]이 전혀 문제가 되지 않음에도 사람들은 어떤 재화나 서비스로 수렴하지 못하거나 나쁜 행동을 함께할 수 있다. 따라서 공익과 무관하더라도 정부의 방침이 정당화된다. 연대적 재화를 이렇게 이해한 다음 국가는 뚜렷한 근거를 갖고 개입한다.

사회적 유대의 매개체와 외부 편익

법의 역할을 생각하려면 우선 다음의 보편적인 개념을 숙지하자: 연대적 재화가 많지 않은 사회에는 다양한 문제가 발생한다. 공동의 경험과 기억이(즐거운 경험이 아니라 정신적 외상을 초래하는 것일지라도) 사회를 안정화하고 여러 중대한 가치를 만드는 데에 중요한 역할을 하기 때문이다. 연대적 재화가 공동의 상징과 경험을 중심으로 다양한 사람들을 통합한다면 사회의 결속력이 커지

• 특정 재화의 생산비를 부담하지 않은 주체라 해도 소비에서 배제시킬 수 없다는 공공재의 특성.

고 평화가 찾아온다(국가 기념일이 그 사례다). 이러한 연대적 재화가 뚜렷하고 많다면 사람들이 연대감을 더욱 드러낼 것이다. 사람들은 서로를 공통의 관심사와 경험을 지닌 같은 시민으로 볼 때 더욱 뚜렷하게 직접적으로 인식한다. '사회적 자본social capital'이라는 개념이 큰 주목을 받았는데, 이는 대체로 호혜성을 촉진하는 관계를 의미한다.[8] 하지만 사회는 신뢰 관계를 촉진하는 공동의 경험, 즉 '연대적 자본'이 대단히 많이 필요하다는 사실도 알아야 한다. 다른 조건이 동일하다면, 연대적 자본이 많을 때 이타적 행동이 증진되고 집단행동 문제collective action problem●를 해결하는 사회적 규범이 고취된다.

연대적 재화가 개개인이 선택해서 바로 얻기 어려운 외부 편익을 창출하기도 한다. 예를 들어 교육 프로그램이나 사회 문제를 다룬 텔레비전 프로그램이 개별 시청자에게는 혜택을 안기지 못하더라도, 해당 프로그램을 시청한 이들의 이야기를 듣고서 학습하는 다른 사람들이 그 혜택의 대부분을 경험한다고 가정해보자. 다른 유형의 재화가 그렇듯 연대적 재화에서도 이러한 제3자 편익이 발생한다. 하지만 연대적 재화만의 특징적인 외부 효과도 여럿 있다. 무엇보다 다양한 형태로 맺어지는 사회적 유대의 매개체에서 그런 효과가 비롯된다. 연대적 재화 덕분에 사람들이 생산적이고 호의적으로 상호작용한다면 이들은 물론 제3자도 마땅히 이익을 경험할 것이다. 집단 정체성이나 애국심이 길러지고 사회 문

● 자원 고갈이나 낮은 투표율 등 개인들의 이해관계가 상충하여 각자의 이익을 추구하다가 공동의 이익이 저해되는 사회적 딜레마.

제에 관심이 생기는 현상이 그렇다(애국심과 시민 참여에서 발생하는 부정적인 효과가 없다는 말은 아니다). 여기서 문제는 사회적으로 바람직한 연대적 재화를 충분한 양과 밀도로 창출하는 것이다.

지금껏 주관적인 가치에 주안점을 두었다. 하지만 사회적 후생을 평가할 때 고통과 즐거움의 총합 이상을 따진다면, (가령) 시민에 관한 주제를 다룬 프로그램 시청이나 청정 지역 또는 문화 기관 방문에 객관적인 연대 가치가 있다고 볼 수 있다. 그리고 이 객관적인 가치가 주관적인 연대 가치를 넘어선다고 볼 수 있겠다. 이러한 경험의 좋은 영향력을 개인의 선호만을 기준으로 평가할 수 없다면 객관적인 연대 가치가 주관적인 연대 가치의 총합보다 높을 것이다. 물론 여기에는 정부의 역할이 무엇인지 여러 질문이 생긴다. 정부가 기존에 형성된 사람들의 선호를 단순히 충족하기만 하면 되는가? 아니면 어떠한 선호를 비판적으로 평가해야 하는가? 몇몇 연대적 재화는 공적으로 보호해야 한다고 생각하는 사람이 많은데, 해당 재화가 사람들이 선호와 신념을 개선하는 데 바람직한 영향을 미치기 때문이다. 잠시 후에 다루겠지만 문화 보조금 지급과 환경 보호가 그러한 사례다.

연대 게임

앞서 확인했듯 사람들은 자발적으로 연대적 재화를 창출할 수 있고 또 창출할 것이다. 생산자가 노력한 결과로서 또는 소비자 스스로의 판단에 따라, 소비자 집단은 특정 상품을 연대적 재화로 바꿔놓는다. 하지만 사람들이 이를 독자적으로 행할 수 없는 경우도 있다. 특히 연대적 재화의 창출이 조정coordination을 둘러싼 집단행동 문제를 일으키기도 한다.[9] 이때 정부는 정보를 제공하거나 때로는 좀 더 직접적으로 역할을 수행한다.

기본 개념을 이해하기 위해 단 두 명으로 구성된 단순한 사회를 생각해보자. 가정이 타당하다면 이 사회는 집단행동 문제를 극복하지 못할 경우 연대적 재화를 생산하지 못한다. A와 B 두 사람이 심야에 대선 토론회를 시청하는 상황을 예로 들어, 각자 시청할 때 얻는 편익이 3, 그 시간에 잠을 잘 때 얻는 편익이 4, 함께 시청할 때의 편익이 5라고 가정해보겠다. 편익의 구조(A, B)는 다음과 같다.

A \ B	토론회 시청	수면
토론회 시청	(5,5)	(3,4)
수면	(4,3)	(4,4)

종합적으로 봤을 때 가장 좋은 상황은 왼쪽 상단이다. 두 사람이 함께한 후에는 굳이 자리를 이탈할 동기가 없다는 점에서 균형도 안정적이다. 죄수의 딜레마•가 벌어지지 않는다. 한편 애초에 두 사람이 한뜻으로 함께하는 것 자체가 어려울 수 있다. 상대방이 뭘 고를지 모르는 상황에서 이런 생각을 하게 된다. 내가 토론회 시청을 선택할 때 최악의 상황은 (상대방은 잠을 자고 나 혼자 토론회를 보는) 3점이다. 내가 수면을 선택한다면 상대방이 무엇을 택하든 나는 4점을 받는다. 상대가 뭘 고를지 모르는 상황에서 자

신의 안전을 도모하고 최악의 상황을 피하기 위해서는 수면을 선택해야 한다. 대칭적인 상황이므로 상대방 역시 같은 생각을 할 것이다. 따라서 결과는 (4,4)일 텐데, 이 또한 균형이 안정적이다. 다만 이들에게 필요한 것은 (5,5)가 될 방법이다.[10]

위의 표에 등장한 상황은 성 대결battle of the sexes이라고 알려진 조정 사례를 떠올리게 한다. 여성은 오페라를, 남성은 머드레슬링을 보러 가고 싶지만, 그럼에도 각자 따로 가는 것보다 함께 가는 것을 선호하는 경우다. 참가자들이 무엇보다 같은 행동을 함께하고 싶어 하는 상황으로, 여기서 문제는 두 사람의 선택을 어떻게 조율하는가다. 따라서 성 대결은 둘 이상의 연대적 재화가 연관된 상황으로 우리가 논하는 집단행동 문제의 특수한 사례라고 할 수 있다. 일반적으로 연대적 재화에서는 참가자들의 전반적인 선호를 조정해야 한다는 가정이 없다. 보통은 여러 선택지 가운데 다른 사람들이 선택함에 따라 그 가치가 상승하는 재화 하나를 두고 이야기할 뿐이다.

두 사람 또는 작은 규모의 집단은 이러한 문제를 스스로 해결할 수 있다. 서로 확신을 주고받는 짧은 논의면 충분하다.[11] 큰 규모의 집단에서는 상당한 난항을 겪는데, 의사소통과 상호 확신이 어렵고 비용이 많이 든다는 이유만으로 합리적인(제한적으로 합리적인) 사람들이 질 낮은 선택지에 합의하곤 하기 때문이다. 예컨대 많은 사람이 노벨 평화상 수상자인 마틴 루터 킹 주니어나 이츠하크 라빈을 기념할 방법을 찾는다고 가정해보자. 각자 노력하고 교

● 본인의 이익만 좇다가 자신은 물론 상대방 모두에게 불리한 결과가 나오는 상황.

육 캠페인을 벌여 일정 기간 두 사람을 기리자고 어느 정도 진전된 합의를 이뤄낼 수 있을 것이다. 여러 성공적인 노력을 거쳐 결국 의미 있는 연대적 편익을 창출할 수도 있다. 하지만 이런 일이 벌어지지 않는 상황도 쉽게 떠오른다. 서로 소통이 어렵거나 어쩌면 관련 정보(가령 생산과 소비가 동시에 발생하여 얻어지는 연대적 편익이 무엇인지)가 부족할 수도 있다.

어떤 가정들 하에서는 정부 차원의 홍보 캠페인이나 심지어 국가 기념일(또는 공휴일) 선포가 가장 좋은 방법이다. 이러한 홍보 캠페인이나 기념일 선언의 주요 기능은 강압보다는 조정에 가깝다는 점에 주목하자. 목표는 모든 또는 대다수의 사람들이 선호하는 해결책이 무엇인지를 공표하는 것이다. 이와 유사하게 어떠한 텔레비전 프로그램은 많은 사람이 시청할 때에만 개개인과 집단 모두에게 큰 가치를 지닌다. 엔터테인먼트의 선택지가 다양한 시기에는 모든 또는 대다수의 사람들이 시청할 최상의 선택지로 조정하기가 어려울 수 있다.

정부가 합의점을 제공한 후에는 사람들이 알아서 해당 방향으로 움직이는 결과가 바람직하고, 이후 추가적인 모니터링이나 강제(가령 세금 납부나 공기 정화 유지)가 필요하지 않아야 한다. 현실에서 유사한 사례로는 '강요 없는 준수'라는 널리 퍼진 현상을 들 수 있다. 강요가 거의 또는 전혀 없이 민간에서 합의를 준수하는 상황으로, 이는 조정 문제의 해결책이며 연대적 재화를 만들어내기도 한다.

따라서 연대적 재화와 관련해 정부는 정보 제공을 넘어서 소비를 명령할 수도 있다. 소비의 의무화에 많은 비용이 들지 않거나 심각한 불만을 야기하지 않을 것이라는 가정 하에 말이다. 사람들이 진정 한뜻으로 행동하고자 한다면 정부의 지시는 사람들이 원하는 것을 하도록 보장해준다. 물론 정부의 정보 제공만으로 충분할 수 있고, 이것이 선택권을 덜 침해하는 방식인 만큼 명령보다는 당연히 더욱 낫다.

법이 도와줄 수 있는 영역

규제가 없는 시장이 연대적 재화를 충분히 생산하지 못할 때 정부와 법이 도움을 줄 수 있다. 물론 자세한 조사를 거쳐 해당 분야에서 조정 문제가 해결될 수 있는지, 그렇다면 어떻게 가능할지를 확인해야 한다. 법이 어떤 도움을 주는지 몇 가지 가능성을 소개하겠다.

미디어 정책

뉴스와 엔터테인먼트 프로그램 다수가 연대적 재화의 특성을 지닌다. 많은 이에게 이러한 프로그램의 가치는 시청자가 늘어날수록 급격히 증가한다. 그 이유는 분명하다. 당연하게도 프로그램을 시청한 후 나타나는 사회적 편익으로 다양한 상호작용이 가능해지기 때문이다. 이러한 프로그램이 바람직한 제3자 효과를 발생시킬 때도 있다. 다양한 외부적 사회 편익을 불러오기도 한다.

이러한 관점에서, 1960년대 말 처음 등장한 이스라엘의 단일 채널 정책을 두고 사회학자 엘리후 카츠가 한 말을 생각해보자. "방송 협회에서 통제하는 텔레비전이 동네의 유일한 볼거리였다."[12] 민주주의를 수호하는 관점에서 이러한 정책은 분명 문제가 있다. 하지만 같은 관점에서 이는 문제로만 작용하지는 않았다. 텔레비전이 등장하고 2년 만에 이런 상황이 펼쳐졌다.

> 거의 모든 가정이 텔레비전 수상기를 보유하게 되었고, 거의 모든 사람이 단 하나의 독점 채널에서 방영하는 거의 모든 프로그램을 시청했다. 정치적 강경파와 온건파도 해당 채널을 시청했고 신뢰했으며, 유대인들과 아랍인들도 방송을 보고 신뢰했고, 심지어 국경 너머의 아랍인들마저도 관심을 가졌다. 뿐만 아니라 시청이라는 경험을 공유하며 이념적 차이를 넘어선 대화가 이루어지기도 했다. 텔레비전 뉴스와 사회 문제를 공유하는 거점은 가상의 주민 회의 장소가 되었다. 이스라엘에 텔레비전이 보급된 첫 20년을 거쳐 깨달은 교훈은, 믿을 만한 시사 보도를 제공받고 논의할 수 있는 하나의 공공장소로 시민들을 모으면 참여 민주주의는 퇴보하지 않고 강화된다는 점이었다.[13]

카츠는 텔레비전 시장이 더욱 세분화되어 미디어가 제공하는 연대적 재화가 줄어들 때 "이타주의나 애국심, 집단 지향성collectivity orientation, 이념 정치, 공공장소를 향한 시민의 요구"[14]가 위험에 빠질 수 있다며 어두운 측면을 지적했다. 대다수 또는 모든 사람에게 공동의 경험을 제공하는 시청의 공유가 민주주의 관점에서 대단히 중요할 수 있다는 점을 인정한다고 해서 단일 채널 정책이 최선이라거나 용인 가능하다고 생각할 필요는 없다. 시청의 공유가 민주주의에 중요하다면 정부는 널리 시청될 수 있는 고품질의 프로그램을 제작하는 정책(가령 공공보조금 마련)을 고려하고, 사람들에게 해당 프로그램을 알리고 시청을 장려하도록 (광고 등으로) 인센티브를 제공하는 것이 타당하다. 또한 정부는 연대적 가치가 큰 재화를 널리 알릴 다양한 방편을 고려할 수 있다. 예컨대 미국의 많은 도시에서는 납세자의 기금으로 스포츠 팀에 보조금을 지급하는데, 다차원적인 도시에 거주하는 수많은 사람이 엔터테인먼트를 공유한다는 연대적 가치를 생각하면 이러한 보조금은 쉽게 정당화된다.

미국 연방통신위원회에는 '공정성 원칙fairness doctrine'이라는 정책이 있었다. 이제는 대부분 사라졌지만 과거 라디오나 텔레비전 방송사는 이 원칙에 따라 사회적인 문제를 논하는 시간을 편성해야 하고 서로 반대되는 견해를 표명할 기회를 제공해야 했다. 상반되는 의견이 공평하게 전달되도록 해야 한다는 원칙은 청취자들이 하나의 견해에만 노출되지 않도록 하기 위함인데, 방송사에서 한쪽 의견을 다뤘다면 이에 반하는 의견도 표명할 기회가 주어졌다. 이 때문에 방송사가 논란의 여지가 있는 사안을 전적으로 피하고 지나친 획일성을 제안하는 관점들을 주로 다루게 되자 연방통신위원회는 공정성 원칙을 폐기했다.[15] 후속 연구에 따르면 공정성 원칙이 사라진 후 극단적인 견해를 주장하며 실질적인 논란을 크게 불러오는 프로그램들이 도리어 꽃을 피웠다.[16]

공정성 원칙이 폐기된 후 바라고 의도했던 효과가 그대로 일어났기 때문에 사람들은 이를 대단히 성공적인 규제 완화의 사례로 간주한다. 하지만 연대적 재화가 중요하다면 상황은 훨씬 더 복잡해진다. 강경하고 극단적인 의견을 표출하는 이슈 중심의 프로그램이 늘어나면서 담론의 장이 더욱 분열되고 공동 경험의 폭을 크게 축소시켰다. 이런 현상은 다양한 사람이 함께하는 민주주의에 문제가 된다.[17]

공공 기념행사와 공휴일

공공 기념행사의 가치는 수많은 사람이 동시에 즐기며 폭넓게 공유된다는 점에서 비롯된다. 많은 이에게 국경일은 확실한 연대적 재화로, 다차원적인 국가의 구성원들이 공동의 정체성을 형성하고 경험하며 그 혜택을 누리도록 해준다. 정부가 국가의 독립을 기념하거나 중요한 인물을 추모하는 날을 지정할 때, 개개인이 쉽게 할 수 없는 선택지나 선호의 조정을 해낼 수 있다. 법으로 지정되고 납세자의 기금이 동원되는 국경일은 이러한 연유로 정당화된다.

여기서 특히나 중요한 지점은 (지극히 사적인 조치에 대조되는) 공적 조치의 '표현적expressive' 기능이다.[18] 이러한 기념행사가 대중의 전체적인 승인을 얻지 못한다면 바라는 응답을 이끌어낼 신호를 전달하기 어렵다. 실로 사람들이 정부를 신뢰하지 않을 때 대중의 마음은 다른 방향으로 치닫고, 정부가 부당하게 행동의 자유를 침해했다고 느끼는 사람들도 생긴다. 하지만 해당 행사가 연대적 재화로 인식된다면 이러한 역효과가 날 가능성은 적다.

문화와 환경

환경 및 문화 시설은 오랜 시간에 걸쳐 많은 사람이 향유했고 이후에도 그럴 것이라는 점에서 가치를 지닌다. 법으로 유적지를 보존하고 개발되지 않도록 보호하는 일이 정당한 이유는 유적지가 계속 존재함으로서 발휘되는 연대적 가치가 지켜지기 때문이다. 많은 사람이 찾는 박물관과 청정 지역을 보호하는 것 또한 같은 맥락이다. 연대적 재화로 중요하게 여겨지는 야생동물 보호지구 또한 마찬가지다. 이러한 재화가 오직(또는 대체로) 연대적 재화를 제공하는 수단으로서만 지켜질 가치가 있다는 의미는 전혀 아니다. 이러한 재화를 보호할 정당성은 여러 근거에서 찾을 수 있어야 한다.[19] 다만 많은 또는 모든 사람이 누릴 수 있는 영역과 활동이 지켜진다면 연대적 가치로 얻어지는 이점이 공공지출을 정당화한다.

다원적 무지의 해소

다양한 역할이 있음에도 또 다른 많은 연대적 재화는 티인 또는 자신에게 해를 끼치는 심각한 문제를 일으킨다. 이를테면 모의를 포함한 범죄행위, 불법 약물과 총기 사용, 난폭 운전, 흡연, 인종과 성별을 바탕으로 한 차별이다. 다른 사람들이 이러한 행위를 할 때 많은 사람이 정보를 얻거나 평판을 높인다는 이유로 동참할 확률이 높고, 뿐만 아니라 해당 경험이 진정한 연대적 재화가 되어 즐거움이 증가하고 위험이 낮아진다면 더 많은 사람이 함께하려 할 것이다. 자신과 타인에게 해로운 일에 참여하고자 하는 개인의 관심은 남들도 같은 행위를 할 때 더욱 커진다.

심각한 사회적 악행 다수가 연대적 재화이기도 하다면 국가는 합법적이고도 대단히 효과가 좋은 몇 가지 특별한 전략을 생각해볼 수 있다. 초기 목표는 거대한 사회적 참여의 잘못된 신호를 바로잡아 참여도가 반대 방향으로 '기울어지기' 시작하는 지점으로 방향을 트는 것이어야 한다. 실로 범죄 문제에 접근하는 기본적인 방법인 "깨진 유리창 고치기fixing broken windows"라는 개념은 범죄란 유행병과 같은 전염성이 있다는 사실에 기반한다. 가장 눈에 띄는 점은, 범죄를 이렇게 인식하면서 원칙적으로 용인할 수 있고 실제로도 효과가 높을 새로운 접근법이 공직자들에게 주어졌다는 것이다.

정부가 (합법적으로) 사람들이 어떠한 행위를 하지 않기를 바란다고 생각해보자. 또한 해당 행위를 선택하는 사람 대부분은 많은 이가 그 행위를 할 거라고 잘못 생각하고 있다고도 가정해보자. 가령 많이들 그런다고 생각하기에 불법 약물을 구매하거나, 세법을 위반하거나, 폭음을 하는 식이다. 사실관계를 밝혀 상황을 명확하게 하려는 정부의 노력에는 그 어떤 이의도 없을 것이다. 실로 이러한 정부의 노력은 합법적일뿐 아니라 효과가 있을 가능성이 크다. 세법을 자발적으로 준수하려는 의식을 높이려는 다양한 노력 가운데 가장 확실한 성공을 거둔 전략은 현재 시민들의 자발적 준수 의식이 높다는 사실을 홍보하는 것이다.[20] 대부분의 사람이 법을 전적으로 그리고 자발적으로 준수한다는 사실을 알고 나면,

그 전까지만 해도 법을 위반하려 한 사람 중 다수는 결국엔 마찬가지로 법을 준수하게 된다. 폭음의 경우에도 실제로 사람들의 행동이 달라진다는 정황이 더욱 뚜렷하게 나타난다.[21] 학생들의 음주 문제와 관련해 대학은 성공적인 전략을 세우는 데 큰 어려움을 겪어왔다. 하지만 대부분의 대학에서 폭음의 정도가 심각하기는 해도 대다수의 학생이 생각하는 것보다는 훨씬 낮은 수준이다. 실제 수준이 어느 정도인지가 공개되면 음주량이 더욱 감소한다. 술은 연대적 재화이고, 실제로 음주하는 사람 수가 놀라울 정도로 낮다는 사실이 드러나면 연대적 가치도 그만큼 감소하기 때문이다. 이 사례는 쉽게 일반화할 수 있다.

이때 정부는 다원적 무지, 즉 다른 사람들이 어떻게 생각하고 행동하는지 정보가 부족한 현상을 해소하려 노력한다. 사람들이 타인의 행동을 지각하여 어떠한 재화나 행동을 선택하는데 그러한 지각이 잘못되었다면, 행동을 통제하는 가장 성공적인 방법은 진실을 알려주는 것이다. 따라서 정부가 어떠한 행동의 참여도를 높이고 싶고, 많은 이에게 행동의 동기가 연대적 가치라면, 대부분의 사람이 해당 행동을 한다고 알리는 전략이 적절하겠다. 정부의 목적이 정당하다면 이러한 노력에 누구도 반대하지 않을 것이다.

정부는 다원적 무지를 해소하기가 어렵거나 비용이 많이 든다고 판단할 수 있다. 그럼에도 정확한 정보를 전달한다면 사람들이 해당 행동을 하지 않을 거라는 생각을 바탕으로 어떠한 행동을 줄이거나 금하려고 한다면 문제가 까다로워진다. 사람들이 보통 불충분한 정보에 근거해서 선택한다면, 정보를 전달하는 대응이 적절하다. 하지만 정보를 전달할 수 없다면, 정부는 사람들이 실제 사실을 정확히 알았다면 내릴 선택의 방향으로 (강제적인 금지가 아니라면 장려책을 이용해) 이들을 유도해야 한다. 한편 사람들에게 남들이 어떻게 행동하는지 정보가 부족한 상황이라면 정부가 자율성을 존중하는 가장 좋은 방법은 공격적인 개입을 지양하고 더욱 많은 정보를 제공해야 한다는 강력한 믿음을 바탕으로 접근하는 것이다.

이 외에도 어떠한 범죄 행위가 엄밀한 의미에서 연대적 재화보다는 파트너십 재화일 때 좀 더 까다로운 문제가 발생한다. 대다수가 아닌 특정한 몇몇이 어떠한 범죄를 저지르기 때문에 사람들이 그 행위에 동참한다고 가정해보자. 어떠한 행동에 참여하는 사람의 수보다 준거집단(개인이 판단의 기준으로 삼는 집단)이 중요한 맥락이라면, 단순히 해당 행동을 하는 사람의 수를 알려주는 방법으로는 문제를 해결하지 못한다. 해당 집단의 규모를 정확히 밝히는 등의 다른 여러 전략이 필요하다. 만약 준거집단의 규모가 비교적 작다면, 이 사안에서도 다원적 무지를 해소하는 접근법이 바람직한 효과를 발휘할 것이다.

해로운 연대적 재화: 연대와 규범

대체로 사람들은 어떠한 재화를 선택하는 사람들이 얼마나 되는지 잘 안다. 이들은 사실을 잘 알고 있으며 자신이 아는 지식을 바탕으로 반응한다. 그렇다면 일반적으로는 문제를 다음과 같이 간단하게 분석할 수 있다. 가령 공익에 관한 사안이라면 정부가 개인의 선택에 개입할 정당한 근거가 있는가? 이러한 표준적 관점은 특별한 집단행동 문제를 간과한다. 그 특별한 집단행동 문제는 이러한 상황에서 발생한다. 평범한 선택자가 다른 사람들이(어떠한 선택을 한다고 인식해서가 아니라) 실제로 어떠한 선택을 하기 때문에 그 선택을 따르는 한편, 다른 사람들이 해당 선택이 아닌 다른 쪽을 택했으면 좋았을 거라고 바라는 상황이다. 이를테면 남들이 다들 권총 한 자루씩을 지니고 다니기에 자신도 총기를 소지하는 경우가 그렇다. 여기서 개인은 사실 총기를 소지하지 않기를 바랄 수 있다. 물론 특정 조건 하에서 사람들은 자신이 바라는 바를 이야기하여 이 문제를 스스로 해결할 수도 있다. 하지만 많은 사람이 관계한다면 개인이 원하는 해결책을 찾는 데 어려움을 겪는다.

이 상황은 위에서 언급한 조정 게임과 유사하지만 한 가지 중요한 차이가 있다. (가령 약물을 함께 투여하는 상황처럼) 두 사람을 위해 어떠한 연대적 재화를 선택할 때 창출되는 가치가 각자 독립적 재화를 택하거나(한 사람은 집에 일찍 들어가고 다른 한 사람은 도서관에서 밤을 보내는 식으로), 두 사람을 위한 다른 유형의 연대적 재화를 선택할 때보다 낮다. 다양한 방식으로 위험을 각오해야 하는 행동이거나 차별적인 행동을 할 때 대체로 이런 상황이 벌어진다. 어떠한 행동을 하지 않는다면, 또는 다른 일을 함께하기로 한다면 더욱 좋을 것임에도 그 행동을 함께한다. 사람들은 나쁜 평형 상태에 빠지고, 새로운 균형으로 향하는 길을 찾기가 어려워진다. 이러한 분석은 앞서 말한 수면과 토론회 시청 논의와 구조가 비슷하지만, 정부가 사람들을 연대적 재화에 가까워지지 않고 멀어지도록 이끈다는 점에서 차이를 보인다.

이러한 맥락에서는 대체로 사람들이 재화나 활동으로 독립적 가치를 거의 얻지 못한다. 많은 이가 해당하는 사례로는 흡연, 범죄, 약물 사용, 총기 소지, 난폭 운전 등이 있다. 여기서 행동의 동기는 전적으로 또는 부분적으로 연대적 가치다. 여기까지는 별 문제가 없을 수 있다. 다만 여기서 우리는 행동을 선택하는 당사자가 해당 행동을 멈추고 싶어 한다고 가정한다.[22] 사람들의 관행을 전반적으로 변화시켜 자신의 행동 또한 멈출 수 있기를 바란다. 이들의 바람은 사회에 만연한 규범을 바꿔 연대적 재화를 덜 매력적으로 만드는 것일 때가 많다. 1964년 민권법으로 미국에서 차별적 행동이 금지되었을 당시 수많은 고용주와 호텔, 음식점이 자멸적인 평형 상태를 깨기 위한 하나의 방법으로 해당 금지법을 지지했다는 점 또한 이러한 맥락에서 볼 수 있다.[23] 또는 난폭 운전이나 (많은 이에게 연대적 재화가 되는) 흡연 등 위험을 초래하는 행동이 '용감'하거나 '강압적인 관습을 거부하는' 행동이 아니라 '한심'하거나 '구제할 수 없을 정도로 무모한' 태도라고 사회적 의미를 변화시키고 싶은 사람들도 있다.

연대를 중시하는 기업인들의 노력이 성공을 거둘 때도 있다. 하지만 아무리 의지가 강한 사람이라도 스스로의 힘으로 지배적인 규범과 그에 따른 사회적 의미를 바꾸기는 어려울 것이다.[24] 이때 정부와 법이 개선에 도움을 줄 수 있으며 그러한 노력은 공공재와 무관하더라도 정당하다는 데에 누구도 이의를 제기하지 않는다. 조정 문제만 있는 상황이라면 정보를 알리기만 해도 충분할 것이다. 그럼에도 사람들이 행동을 조정하지 못한다면 강제적인 접근법이 정당화된다. 이때 정부는 새로운 상황을, 어쩌면 다른 공동의 활동으로 연대적 재화가 창출되는 상황을 만들려 할 수도 있다. 물론 이러한 접근이 효과를 발휘하지 못할 수도 있다. 중요한 점은 정부의 성공 여부가 아니라, 국가를 넘어 개개인 모두 새로운 평형 상태를 찾으려는 노력에 원칙적으로는 이의가 없어야 한다는 것이다. 사람들을 기존의 선택지가 아니라 이들이 진정으로 바라는 평형 상태로 이끄는 정책을 정당하게 구상하려면, 어떠한 활동과 관련한 연대적 가치를 이해해야 한다.

8

불행해지는 줄 알면서도 SNS를 끊지 못하는 이유

이번 장에서는 다양한 영역을 다룰 예정이므로 먼저 핵심적인 논점부터 설명하겠다. 앞으로 보겠지만 페이스북 사용이 평균적으로 행복을 저하하고, 우울과 불안은 높이며, 삶의 만족도는 낮출 확률이 높다는 근거가 있다. 이러한 페이스북의 영향력을 과장해서는 안 된다. 그 영향이 대단히 크지는 않지만 실재한다. 이와 동시에 페이스북을 중단한 사람들은 삶의 질이 뚜렷하게 높아졌지만 다시 페이스북을 사용하고 싶어 하는 마음이 대단히 컸다. 실로 이들은 페이스북을 포기하는 대가로 큰돈을 요구할 정도다. 왜 그런 걸까? 정확히는 알 수 없지만 정보를 얻는 등 페이스북을 사용하는 경험이 사람들을 더욱 행복하게 해주지는 못해도 나름의 가치를 지니기 때문이라고 보는 것이 타당하겠다. 무지는 축복이 아니다. 사람들도 이를 안다. 이들이 정보를 원하는 이유는 '관련한 타인과의 연결감을 좋아하고 소중하게까지 생각하기 때문'이다. 7장의 논의와 일관되게, 사람들은 다른 이들이 사용하기 때문에 페이스북을 쓰고 싶어 한다.

소셜 미디어가 단지 정보만 전달하는 매체는 아니다. 우리는 가족 또는 친구와 연결되기 위해 페이스북을 사용할 수도 있다. 자신의 경제 상황이나 건강에 중요할 무언가를 배울 수 있고, 그러지 못할 수도 있다. 내가 지금 이야기한 것보다 더욱 광범위하겠지만 결국 소셜 미디어는 정보 전달이 큰 비중을 차지한다. 핵심 질문은 그 정보들이 진정으로 얼마나 가치가 있느냐다.

소셜 미디어에서는 정보 대다수가 무료라고 할 수 있다(적어도 돈을 지불하진 않아도 된다). 당신의 주의력 또는 데이터로 대가를 지불하는 것일 수도 있다. 페이스북과 트위터(엑스X) 등의 기업은 광고로 수익을 얻는다. 하지만 여러 논란으로 플랫폼 또는 플랫폼이 제공하는 서비스에 사용자들이 사용료를 지불하는 쪽으로 비즈니스 모델을 전환하는 방안이 진지하게 논의되고 있다.[1] 이러한 논의에는 플랫폼의 적절한 경제적 가치가 얼마인지 더욱 이론적인 분석이 더해졌다. 만약 페이스북을 사용하는 데 비용을 지불해야 한다면 어떨까? 사람들은 어느 정도까지 지불하려 할까?

이 질문의 대답이, 소셜 미디어 사용과 전반적인 정보 탐색과 관련한 결정에 중요한 무언가를 알려줄 수 있다. 또한 플랫폼의 경제적 가치가 얼마인가, 소비하겠다는 몇몇 결정이 잠재적으로 얼마나 표현성이 있는가(얼마나 자기 자신을 표현하는가), 전통적인 경제적 가치 평가와 실제 인간의 후생 사이 격차가 어느 정도인가 하는 좀 더 근본적인 질문의 답을 밝히는 데에도 도움이 될 것이다.

이 질문의 답은 정책과 규제에도 영향을 미칠 것이다.

행동경제학에서 특별한 관심을 받는 근본적인 문제는 지불 의사willingness to pay(WTP)와 수용 의사willingness to accept(WTA)● 사이에 존재하는 잠재적 격차다. 후생을 측정하고자 한다면 가장 좋은 질문은 사람들이 (가령) 페이스북을 사용하는 데 얼마나 지불하려 하는가, 또는 사용을 중단하는 데 얼마를 요구할 것인가다. '소유 효과endowment effect'[2]를 다룬 수많은 연구에 따르면 사람들은 어떠한 재화를 처음 얻었을 때 지불한 것보다 훨씬 큰 금액을 이후 해당 재화를 포기할 때 요구한다. 소유 효과는 범위와 원인, 규모에 대해서 논란이 크다.[3] 그렇다면 궁금해진다. 소셜 미디어를 사용하는 데 따른 지불 의사가 소셜 미디어를 사용하지 않는 데 따른 수용 의사보다 클까? 그렇다고 한다면 기존의 이론으로 이러한 격차를 설명할 수 있을까?

마찬가지로 일반적이며 어쩌면 더욱 근본적인 질문은 지불 의사(또는 수용 의사)를 측정하여 인간의 후생을 측정할 수 있는가다. 어떠한 재화에 대한 사람들의 지불 의사는 해당 재화를 지녔을 때 경험하는 후생 효과를 가장 잘 보여주는 척도라고 경제학에서는 말한다. 물론 지불 의사는 실제 시장에서도 표준적인 기준이 된다. 하지만 지불 의사 수치를 산출하기 위해서는 예측 문제를 해결해야 한다. 다시 말해 어떠한 재화가 개인의 후생에 미칠 영향력을 예측해야 한다. (신발, 셔츠, 비누 등) 써본 적이 있는 익숙한 상품에서는 예측 문제를 해결하기가 쉽다고 느낄 수 있다. 하지만 몇몇

● 어떠한 재화를 잃거나 사용하지 않아서 발생하는 손실을 상쇄하는 최소 금액.

재화는, 특히나 사람들이 경험하지 못한 생소한 상품은 예측 문제를 해결하기가 쉽지 않다. 자신이 한 번도 사용해본 적 없는 재화가 어느 정도의 후생 효과를 일으킬지 어떻게 금전적 가치로 산출할까?

많은 이에게 페이스북과 트위터, 인스타그램, 그 외 다른 소셜 미디어 플랫폼은 상당히 익숙하다. 경험치가 상당하다. 하지만 앞으로 우리가 보게 될 몇몇 이유로 소셜 미디어 사용자들이 이러한 플랫폼을 금전적 가치로 평가하기가 쉽지 않다. 소셜 미디어의 지불 의사를 이해한다면 정보 탐색이라는 맥락에서 지불 의사와 후생 간의 불확실한 관계에 대해서도 무언가를 알 수 있을 테고, 지불 의사의 후생 효과를 더욱 직접적으로 연구할 동기가 생길 것이다. 지불 의사는 후생 효과를 보여주는 하나의 지표일 뿐이고, 어떤 경우 그리 좋은 지표의 역할도 하지 못한다. 과제는 왜 이런 현상이 일어나는지 이유를 밝히고 대안을 만드는 것이다. 여기서 나는 이 과제를 해결하는 데 어느 정도 진전을 이루고자 한다.

초超소유 효과

2018년 4월 나는 가치 평가에 관한 질문의 답을 우선 얻기 위해 예비 실험을 하나 진행했다. 아마존 메케니컬 터크를 이용해 페이스북 사용자 449명에게 해당 플랫폼의 사용 가치를 물었다. 좀 더 구체적으로 말하자면 페이스북 사용자 215명에게 한 가지 간단한 질문을 했다. "페이스북을 사용하는 데 비용을 내야 한다고 가정해봅시다. 한 달 이용료로 최대 얼마까지 지불할 의사가 있습니까?" 동시에 다른 234명에게는 또 다른 질문을 했다. "페이스북을 더는 사용하지 않으면 돈을 받을 수 있다고 가정해봅시다. 페이스북 사용을 중단하는 데 한 달에 최소 얼마를 받아야 합니까?"

첫 번째 질문은 지불 의사를, 두 번째 질문은 수용 의사를 묻는다. 표준 경제 이론에 따르면 두 질문의 답은 동일해야 한다. 하지만 행동경제학자들은 중요한 맥락에서 두 답이 일치하지 않는다는 사실을 보여주었다.[4] 수많은 실험에서 지불 의사는 수용 의사의 두 배가량 되었다. 이는 소유 효과를 보여주는 증거로, 사람들은 자신이 이미 소유한 것을 계속 보유하고 싶어 하고, 두 재화가 동일하더라도 자신이 소유한 재화를 소유하지 못한 재화보다 더욱 가치 있게 여긴다.[5] 이를테면 사람들은 커피 잔이나 복권을 새로 구매하는 비용보다 자신이 이미 소유한 커피 잔이나 복권을 포기하는 대가로 더 큰 비용을 요구할 것이다.[6] 내가 답을 찾고자 한 질문 하나는 소유 효과가 소셜 미디어 사용자에게서도 관찰되는지였고, 다른 하나는 소유 효과의 크기가 얼마나 되는지였다.

페이스북 지불 의사에 대한 답변의 중앙값은 월 1달러밖에 되지 않았다. 평균값은 7.38달러였다. 가장 놀라운 점은 페이스북 사용료로 월 0달러를 내겠다고 답한 참가자가 거의 절반에 가까웠다는 점이다(46퍼센트). 지불 의사의 맥락에서 페이스북의 가치 평가는 상당히 낮았다. 많은 사용자가 페이스북 사용이 가치가 없다고 생각하는 듯 보였다!

반면에 수용 의사는 중앙값이 월 59달러, 평균값은 74.99달러였다.[7] 수용 의사의 맥락에서 페이스북은 진정한 가치를 보였고, 그 가치가 작지 않았다. 지불 의사와 수용 의사의 격차가 대체로 크다는 것만은 분명하다. 이를 '초소유 효과superendowment effect'라고 할 수 있겠다. 이는 이전 연구에서 흔히 관찰되던 1:2 비율과 (또한 암호화폐, 다시 팔려고 보유한 재화, 경제적 가치가 이미 확립된 재화에서는 소유 효과가 없다는 연구 결과와도) 대조적이다.[8]

나는 첫 번째 설문조사에 이어 전국적인 표본을 대상으로 한 대규모 설문조사를 실시했다. 이번에는 페이스북을 포함해 다양한 소셜 미디어 플랫폼에 초점을 맞췄다. 참가자들을 각각의 소셜 미디어 플랫폼 사용자와 미사용자라는 두 집단으로 나누고, 선행 연구에서와 같은 질문 두 가지를 물었다. 결과는 예비 조사와 대체로 일치했지만 플랫폼에 따라 몇몇 흥미로운 차이점이 나타났다.

전반적으로 수용 의사 수치가 지불 의사보다 훨씬 컸다. 페이스북 사용자들의 답변은 전체 인구 표본에서와 비슷하게 나타났다. 다만 페이스북 미사용자들의 수용 의사 금액이 다른 집단에 비해 놀라울 정도로 높았다(페이스북을 사용하지 않는데 그렇게 답하다니 조금 의문스럽다). 다른 소셜 미디어 플랫폼도 결과는 대체로 비슷했다. 실제 사용자들의 응답만 명료하게 정리하면 〈표 6〉과 같다.

조사한 모든 미디어에서 놀랍도록 유사한 패턴이 발견되었다. 가장 중요하게는 지불 의사가 수용 의사보다 훨씬 낮았고, (중앙값이) 1:20의 비율을 보이기도 했다. 지불 의사와 수용 의사의 격차가 이렇게 큰 영역은 본 적이 없다.

페이스북 사용에 대한 지불 의사와 수용 의사

전체 인구 표본

지불 의사: 중앙값 5달러, 평균값 16.99달러

수용 의사: 중앙값 87.50달러, 평균값 89.17달러

페이스북 사용자

지불 의사: 중앙값 5달러, 평균값 17.40달러

수용 의사: 중앙값 64달러, 평균값 75.16달러

페이스북 미사용자

지불 의사: 중앙값 4달러, 평균값 16.70달러

수용 의사: 중앙값 98.50달러, 평균값 98.80달러

	지불 의사(달러)		수용 의사(달러)	
	중앙값	평균값	중앙값	평균값
인스타그램	5	21.67	100	102.60
링크드인	8	25.71	99	97.80
핀터레스트	5	20.97	100	102.92
레딧	10	27.73	99	97.73
스냅챗	5	24.92	100	106.20
트위터	5	19.94	100	104.18
왓츠앱	10	34.90	100	101.16
유튜브	5	17.27	88	90.78

표 6 전국을 표본으로 한 설문조사 결과

이러한 격차의 크기가 한 가지 의문점을 불러오는데, 이는 잠시 후 다루도록 하겠다. 지불 의사와 수용 의사의 차이가 역시 크게 나타난 환경에 관련한 설문조사 몇 가지를 비교해보면 도움이 될 것이다.[9] 한 연구에서 사람들이 공원의 나무들을 파괴하도록 허락하는 대가를 해당 나무들을 보존하기 위해 지불할 비용보다 다섯 배나 높게 책정했다는 사실이 드러났다.[10] 사냥꾼들에게 오리 서식지가 잠재적으로 파괴될 수 있다면 어떻게 하겠는지 묻자, 이들은 서식지를 지키는 데 평균 247달러를 지불하겠다고 답했고 서식지 파괴를 허락하는 대가로는 최소 1044달러를 요구했다.[11] 또 다른 연구에서 참가자들은 공기가 오염되어 가시성이 떨어지는 문제를 수용하여 받는 돈으로 가시성을 지키는 데 지불하고자 하는 금액보다 5배에서 16배 높은 대가를 요구했다.[12] 이러한 격차는 소셜 미디어에서 관찰된 격차보다 크지는 않지만 그럼에도 그 차이가 대단히 크다는 점만은 분명하다.

시간 낭비 재화

환경과 관련한 사안은 잠시 후에 다시 이야기를 나누겠다. 여러 소셜 미디어 설문조사에서는 지불 의사가 상당히 낮다는 특이점이 가장 눈에 띈다(많은 이가 사용료를 전혀 내지 않겠다고 말했다). 적어도 설문조사에서는 지불 의사가 낮게 산출되는 디지털 재화가 많다고 보는 것이 타당하겠다. 의아한 지점이다. 사람들의 실제 행동을 보자면 소셜 미디어는 사용자들에게 진짜 가치를 발휘하는 듯하기 때문이다. 때로는 일주일에 몇 시간이나 사용하는 모습을 보면 가치 평가가 긍정적이라는 사실을 충분히 짐작할 수 있다. 그럼에도 사용자의 상당수에게 소셜 미디어의 가치가 0이거나 그에 가깝다고 생각해도 되는 걸까?

한 가지 가능성은 이렇다. 이러한 사용자들에게 소셜 미디어란 이용은 하지만, 정작 생각해보면 쓸모가 없거나 가치가 없는 하나의 재화일 뿐이다. 습관이거나 심지어 중독되어 페이스북으로 시간을 보내지만, 그럼에도 사람들은 페이스북 대신 다른 일을 하는 편이 더 좋다고 생각하는지도 모른다. 이런 이유로 선택과 가치 평가 사이에 흥미로우면서도 이해가 가는 격차를 보이는 재화가 있는데, 이를 '시간 낭비 재화wasting time goods'라고 한다. 사람들은 시간 낭비 재화를 사용하거나 소비하기로 선택하지만, 그 행위를 계속할 권리에는 비용을 그리 많이 지불하려고 하지 않는다.

내가 보기에 시간 낭비 재화는 실재하는 중요한 재화이자 연구가 충분히 이뤄지지 않은 재화다. 소셜 미디어가 일부 사용자들에게 이러한 재화일 수 있다. 하지만 나는 이것만으로 낮은 지불 의사를 충분히 설명할 수 없다고 본다. 낮은 지불 의사는 하나의 '표현'일 수 있다. 어떤 이들은 일종의 항의 표현으로 지불 의사를 낮게 말했을 수 있고, 그렇다면 해당 응답은 페이스북이나 트위터, 유튜브의 후생 편익을 측정하는 믿을 만한 척도가 전혀 되지 못한다. 요약하자면 이러한 플랫폼을 사용하는 데 지금껏 비용을 지불하지 않았던 사람들은 월 이용료라는 개념을 대단히 싫어한다는 것이다. 돈을 내지 않겠다거나 아주 약간의 비용만 지불하겠다는 말은 사실상 이런 뜻이다. "내게 요금을 부과할 생각이라면, 그럼 그냥 안 쓸게요!" 지금껏 기준점이 0이었으므로 (소액이라도 가격이 오르는 등의) 갑작스러운 변화는 현 상태의 손실이나 다름없는 만큼 불공평하게 느껴진다.[13]

월 사용료로 소액만 (가령 5달러 정도만) 지불하겠다고 답한 사람들의 마음도 이와 비슷할 것이다. 이들은 오랫동안 무료로 제공되던 무언가를 갑자기 구매해야 한다는 데 불만을 표시했을 수도 있다. 따라서 낮은 지불 의사 중앙값은 소셜 미디어 플랫폼을 사용하여 발생하는 후생 효과가 어느 정도인지 적절한 정보를 제공하지 못한다고 볼 수 있겠다.

이러한 관점에서 환경 관련 사안으로 돌아가보자. 깨끗한 공기나 깨끗한 물에 관한 연구에서 지불 의사 금액이 이상할 정도로 낮게 산출되는 상황을 충분히 예상할 수 있을 텐데 그 이유 또한 위와 같다. 과거 무료로 누렸던 재화에 일종의 요금이 부과되었기 때문이다. 여기서 당연하게도 손실회피 성향이 모종의 역할을 한다. 사람들에게 기준점(여기서는 0이다) 이상의 비용을 지불하라고 요구하면 저항할 것이다. 이러한 변화가 부당하다고 생각하고 항의성 반응을 보일 것이다. 그렇다면 설문조사 질문지가 실제 시장에서 사람들의 실제 행동을 예측하는 인자가 되느냐 하는 마땅한 질문이 떠오른다. 설문조사에서는 비용을 전혀 내지 않겠다거나 아주 낮은 비용만 내겠다고 답한 사람들이 실제로 어떠한 비용이 책정되고 나면 훨씬 더 많은 돈을 내려고 할 수도 있다. 시간이 조금 지나고 나면 또는 규범이 변하고 나면 사람들은 처음 느꼈던 분노에서 벗어날지도 모른다. 실제로 그럴지 그리고 어느 정도까지

가능할지는 물론 실증적으로 검정해야 할 문제다.

한편 앞서 언급한 환경 연구에서는 높은 수용 의사가 의문점이었다. 보통 수용 의사는 후생 효과를 나타내는 의심스러운 지표가 된다. 환경 문제에서 높은 수용 의사는 (지불 의사를 0으로 답하는 것과 마찬가지로) 도덕적 분노의 표현일 수 있다. (깨끗한 공기와 안전한 식수, 멸종 위기종 등) 환경적 재화에서 수용 의사에 관한 질문은 당연하게도 사람들의 도덕적 우려를 자극하고 질문만으로도 항의성 반응을 불러온다. 얼마의 돈을 받는 대가로 멸종 위기종이 사라지게 두거나 공기가 오염되도록 허용하는 행위가 도덕적으로 혐오스럽다고 느끼는 사람들이 있을 것이다. 이러한 손실을 돈과 맞바꾸는 행위는 금기시된 거래로도 느껴진다.

도덕적 우려가 들지 않는 사안에서도 사람들에게 향유하던 권리를 포기하는 대가로 얼마가 필요한지 물으면 항의성 반응이 나올 수 있다. 휴가를 낼 권리처럼 말이다. 이렇게 생각하는 사람들도 있을 것이다. "얼마가 됐든 내 휴가를 포기하게 만들 수 없다고!"[14] 어떤 경우 사람들은 자신이 하려고 한 일을 '누군가'가 돈으로 멈추려 한다는 생각 자체에 분개할 수도 있다. 이러한 분노가 (소셜 미디어 사례처럼) 높은 수용 의사로 나타나기도 한다.

여기서도 설문조사의 응답과 실제 행동을 연결할 수 있을지, 그렇다면 어느 정도까지인지 질문이 남는다. 가상에 근거한 설문조사에서는 돈을 거절하기가 쉽지만, 실제 돈이 오가는 상황이라면 훨씬 어려울 수 있다. 그럼에도 도덕적 우려 또는 권리 의식이 시장 환경에서도 충분히 표출될 것이다.[15]

여기에는 기회비용이라는 또 다른 요인이 있다. 지불 의사를 묻는 질문은 대체로 많은 사람에게 기회비용을 떠올리게 한다. 어떠한 재화 X에 어느 정도까지 지불할 의사가 있는지 물으면 사람들은 해당 금액으로 다른 무엇을 할 수 있는지 많이들 떠올린다. 수용 의사 질문은 다르다. 자신이 소유한 재화를(커피 잔이나 복권을) 포기하는 데 큰돈이 필요하다고 답할 때 사람들은 이 돈의 잠재적인 사용처를 생각하지 않는다.[16] 이런 이유로 수용 의사를 묻는 두 번째 질문의 답변으로 나온 높은 중앙값이 소셜 미디어 플랫폼의 후생 효과가 얼마인지를 알려주는 유용한 정보인지는 의심해봐야 한다.

후생

기존에 무료로 제공되던 디지털 재화의 후생 효과를 측정하는 방식으로 지불 의사와 수용 의사 모두 심각한 한계가 있다는 사실을 확인했다. 지불 의사 질문에 대한 답변은 하나의 표현일 수 있고, 수용 의사 질문의 답변에는 분노가 개입할 수 있다.

물론 실제 시장에서는 다른 결과가 나오기도 한다. 《뉴욕 타임스》와 《워싱턴 포스트》 등의 언론 매체가 (기존의 방식대로) 무료로 콘텐츠를 제공하는 대신 유료 구독으로 전환했다. 설문조사 답변으로 나온 지불 의사는 행동으로 관찰된 실제 지불 의사보다 훨씬 낮았을 것이다. 이전에 무료로 서비스를 사용하던 구독자들의 초기 분노가 표현적 응답으로 이어졌지만, 이후 해당 재화가 자신에게 얼마나 가치 있는지를 결정하는 후생 계산 과정에서 그 분노가 사라질 수 있다. 앞서 언급했듯 설문조사로 조사된 지불 의사나 수용 의사가 실제 행동으로 관찰되는 수치와 언제 또 얼마나 차이를 보이는지는 밝혀져야 한다.

훨씬 더 정교한 한 연구에서 스탠퍼드대학교의 경제학자 브린욜프슨 외 연구진은 페이스북의 사용 가치를 밝히기 위해 소비자들에게 해당 플랫폼을 계속 사용하는 쪽을 선호하는지, 아니면 일정한 금액을 받고 한 달간 사용하지 않는 쪽을 선호하는지 물었다.[17] '이산 선택 실험discrete choice experiment'이라는 방법으로 연구자들은 두 가지 선택지 가운데 소비자가 더욱 가치 있게 여기는 쪽을 선택하도록 했다. 이산 선택 실험에서는 지불 의사와 수용 의사가 일부 왜곡되는 현상을 피하는 것이 중요하다.[18] 한편 이산 선택 실험에서는 소유 효과를 벗어날 수가 없다. 관련 질문을 받는 참가자들은 해당 재화의 현 '소유자'이거나 아니거나, 둘 중 하나이기 때문이다.

브린욜프슨과 연구진은 페이스북 사용자를 전국적으로 모집하여 대규모의 표본 집단을 연구했다. 페이스북을 한 달간 사용하지 않는 대가로 소비자들이 요구한 금액의 중앙값은 40~45달러 선이었다(내 연구의 지불 의사 답변보다는 훨씬 높지만, 수용 의사보다는 훨씬 낮은 금액이다). 연구의 여러 기술적 한계를 잘 알았던 브린욜프슨과 연구진은 이 수치들을 강조하지 않았다. 다만 이들은 소셜 미디어를 포함한 디지털 재화가 국내총생산과 같은 기존의 후생 지표가 포착하지 못하는, 거대한 금전적 가치를 창출한다는 점을 분명히 보여주었다. 중요하고도 타당한 결론이다. 다만 두 가지 조건이 추가되어야 한다.

먼저 내가 진행한 연구에서 드러났듯, 설문조사로 어떠한 수치가 도출되었든 그것은 해당 조사에서 활용한 방법이 만들어낸 인위적인 숫자일 수 있다. 다른 방법이 다른 수치를 산출한다면, 이 숫자들 중 무엇이 경제적 가치를 가장 정확하게 측정해내는지 판단하기가 어렵다. 무료로 제공되던 재화들의 지불 의사는 신뢰할 만한 숫자가 아니다. 해당 재화에 비용을 내야 한다는 데에 사람들이 느낀 분노가 반영될 수 있기 때문이다. 수용 의사는 그나마 좀 더 신뢰가 가지만 위에서 언급했던 문제들이 있다. 후생 효과를 포착하는 것이 목표라면 이산 선택 실험이 최선의 방법이겠지만, 현재 해당 재화를 사용하는 사람들에게 질문하여 조사하는 이상 지불 의사는 소유 효과에 영향을 받는다.

좀 더 근본적인 문제는 이러한 재화가 사람들이 경험하는 안녕감에 어떠한 영향을 미치는지를 더욱 정확하게 측정할 방법이 필요하다는 것이다.[19] 브린욜프슨과 연구진은 그들의 인상적인 논문에 「대규모 온라인 선택 실험을 통해 측정한 안녕감의 변화」라는 제목을 붙였지만, 이들이 실제로 측정한 것은 안녕감이 아니다. 고작해야 안녕감의 '예측치'를 측정했을 뿐이다.[20]

사람들은 페이스북을 사용할 권리를 지키는 데 매달 5달러는 내겠다고 생각할 수도 있고, 이 권리를 포기하는 대가로 100달러를 요구할 수도 있다. 이산 선택 실험에서 중앙값이 50달러로 나올 수도 있다. 하지만 페이스북이 사용자들의 실제 경험에 어떠한 영향을 미칠까? 사람들이 페이스북으로 삶을 더욱 또는 덜 즐기게 되거나 아니면 아무런 영향도 받지 않을까? 이것이야말로 더욱 중요한 질문이다. 이산 선택 실험의 결과로 나온 지불 의사와 수용 의사는 재화가 안녕감에 어느 정도나 영향을 미칠지 사람들의 예측치를 금전 가치로 환산한 값으로 이해해야 한다. 다시 한 번 말하지만 중요한 것은 예측치가 아니라 실제 효과다.[21]

돈을 내고 더욱 불행해지다

뉴욕대학교의 헌트 올콧이 이끄는 경제학자들은 이 실제 효과를 탐구하고자 했다. 이들은 페이스북 사용을 중단할 때 사람들의 안녕감이 높아지는 것으로 보인다는(또한 정치적 양극화가 크게 낮아지는 것으로 보인다는) 사실을 밝혔다.[22] 곧 알게 되겠지만 정말 불가사의한 일이 아닐 수 없다.

2018년 11월 올콧과 공동 저자들은 미국에서 중간선거가 끝난 직후에 페이스북 사용자 2884명에게 얼마를 주면 4주간 계정을 비활성화할 수 있는지 물었다. 실험을 감당할 수 있도록 연구진은 102달러 이하의 금액으로 계정을 비활성화할 수 있다고 답한 60퍼센트의 사용자에 초점을 맞췄다. 연구진은 이 사용자를 두 집단으로 분류했다. 처치(실험) 집단에게는 비활성화를 조건으로 돈을 지불했다. 통제 집단에게는 돈이 지급되지 않았다. 두 집단의 구성원들 모두 페이스북 사용 중지가 삶에 어떠한 영향을 미쳤는지를 묻는 일련의 질문에 답했다.

가장 충격적인 발견은 짧은 기간임에도 계정을 비활성화한 사람들이 삶을 더욱 즐기는 것처럼 보였다는 점이다. 설문조사를 해보니 우울과 불안이 크게 줄었다는 사실이 드러났다. 또한 행복도와 삶의 만족도가 상당히 높아졌다. 왜 이런 일이 일어난 걸까? 한 가지 이유는 페이스북 중단으로 이들에게 멋진 선물이 주어졌기 때문이다. 하루 평균 약 60분의 시간 말이다. 페이스북을 중단한 사람들은 친구나 가족과 시간을 보냈고 혼자 텔레비전을 보기도 했다. 흥미롭게도 이들은 온라인에서 더욱 많은 시간을 보내지 않았다(당신의 예상과 달리 페이스북을 안 하는 대신 인스타그램 등의 다른 소셜 미디어 플랫폼을 사용하지는 않았다).

페이스북을 중단하자 사람들은 정치에 관심을 덜 보이기도 했다. 처치 집단의 구성원들은 최근 뉴스에 관한 질문에서 정답을 말하는 경우가 적었다. 정치 뉴스를 확인한다고 말하는 사람들도 적었다. 이 때문인지 페이스북 비활성화가 정치 양극화의 정도를 크게 낮췄다. 정치 관련 질문에서 처치 집단 내 민주당원과 공화당원은 통제 집단보다 의견 충돌이 덜했다(두 집단이 달라서는 아니었다. 두 집단의 구성원은 무작위로 선발되었고, 연구진은 두 집단 모두에게 적정한 금액을 받고 페이스북 사용을 중단할 수 있다고 밝혔다). 사람들이 페이스북 페이지에서 정치를 배우는 동안 개인의 선호에 편향된 이야기를 접하고, 그로 인해 양극화가 심화된다고 보는 것이 타당하다.

제대로 이해했다면 페이스북 사용 중단이 실제로 안녕감을 향상한다고 볼 수 있겠다. 페이스북을 사용하지 않고 한 달이 지난 후에도 한 달을 더 사용하지 않는 조건으로 사용자들이 말한 대가는 중앙값 87달러로 여전히 높은 수준이었다. 미국의 페이스북 사용자는 2억 4000만 명에 이른다. 앞서 말한 중간에 해당하는 사용자가 페이스북을 한 달 동안 사용하지 않는 대가로 받는 돈이 87달러라면 대략 계산해도 해당 플랫폼이 미국인들에게 제공하는 편익은 상당하다고 볼 수 있다. 사용자 한 명이 한 달에 87달러에 달하는 편익을 얻는다면 총 금액은 연 수천억 달러에 이른다.

이를 바탕으로 올콧과 공저자들은 강력한 결론을 도출했다. 페이스북은 (금전적으로는) 아무것도 지불하지 않은 사용자에게 수천억 달러에 이르는 편익으로 "소비자 잉여의 거대한 흐름 enormous flows of consumer surplus"●을 창출한다고 결론지었다. 하지만 이 같은 결론은 틀렸을 수도 있다. 계정을 비활성화한 사람들이 행복도와 삶의 만족도가 커지고 불안과 우울이 낮아지는 등 여러 측면에서 더욱 나은 경험을 했다고 보고한 것을 떠올려보길 바란다. 진정한 역설이 탄생하는 지점이다. 페이스북 사용자들은 스스로를 더욱 불행으로 몰아넣기 위해 매달 상당한 액수의 돈을 포기한다는 뜻이니 말이다!

역설

이러한 역설을 해결하려면 두 가지 가능성을 고려해야 한다.

● 소비자 잉여는 지불할 용의가 있는 가격과 실제로 지불한 가격의 차이이며, 이 값이 클수록 소비자가 받는 혜택이 크다고 할 수 있다.

우선 첫 번째는 여기서 정말로 중요한 것이 사람들의 실제 경험일 가능성이다. 한 달 동안 페이스북을 중단하는 대가로 87달러가 필요하다고 답하는 사람들은 한 가지 큰 실수를 저지르는지도 모른다. 금전 가치는 사람들의 단순한 습관이나(그저 생활 속에서 페이스북을 사용하는 것이 익숙한지도 모른다) 유행하는 사회적 규범 또는 심지어 중독 증상을 반영할 수도 있다. 두 번째 가능성은 87달러라는 대가를 말한 것이 '전혀 실수가 아닐지도 모른다'는 점이다. 이들은 자신이 무엇을 가치 있게 여기는지 알려주는 중요한 단서를 말하고 있다.

잘못된 예측

우선 첫 번째 가능성부터 다뤄보겠다. 소셜 미디어 플랫폼을 사용하기로 결정한 사람들은 이 플랫폼이 자신을 슬프거나 불안하게 만든다는 사실을 모를 수 있다. 단순히 정보가 부족한지도 모른다. 자신이 속한 사회집단의 규범이라서 또는 습관이 되었기에 온라인에 접속할 수도 있다. 중독이 으레 그렇듯 온라인에 접속하지 않을 때 느끼는 고통이 극심할 수도 있다. 즉, 온라인 활동이 즐거워서만은 아니라는 의미다. 습관이나 중독에서 벗어난다면 더욱 행복해질 것이다.

이것이 사실이라면, 한 달간 페이스북 없이 잘 지내고도 한 달을 더 중단하는 데에는 왜 87달러라는 돈을 요구했는지가 미스터리다. 사람들이 재화나 서비스를 구매할 때 보통은 그것들이 주는 후생 효과를 예측한다는 사실을 떠올려보길 바란다. 앞서 우리는 선택자가 해당 재화에 익숙하고 경험한 적이 있다면 예측 문제가 그리 크게 벌어지지 않는다는 점을 살폈다. 하지만 그렇다 해도 예측 문제가 제대로 해결되려면 다른 차원들을 고려해야 한다는 사실도 확인했다. 선택자는 같은 돈을 다른 곳에 사용했을 때 얻을 수 있는 후생 효과를 판단해야 한다. 복잡한 문제가 아닐 수 없다.

어떤 의미에서 선택자는 영국의 경제학자 프리드리히 하이에크가 말하는 '사회(주의자) 계획가'라고 볼 수 있다. 선택자는 심각한 인식의 문제를 마주한다. 사회 계획가가 신발, 양말, 펜, 휴대전화, 자동차 등 재화의 가격이나 생산 수량을 결정해야 하는 상황이라고 생각해보자. 하이에크가 설명했듯 다양한 사람들의 취향과 판단이 반영된 시장은 엄청난 양의 분산된 지식이 통합된 곳이고, 재화의 가격을 책정하거나 수량을 결정하려는 계획가는 해당 지식에 접근할 수 없다는 데서 문제가 발생한다.[23] 어떠한 차원에서는 개인 선택자의 상황도 이와 유사하다. 특정 시점에 놓인 선택자는 다른 여러 시점에서 겪게 될 경험이 무엇일지는 아는 바가 전혀 없을 수 있다. 선택자는 자신이 가격을 결정하는 대상과 관련한 중요한 정보가 없을 수도 있다. 선택자는 미래에 자신이 어떻게 되며 무엇을 좋아하게 될지를 일러주는 정보도 부족할 수 있다. 사람들이 변화한다면 문제는 더욱 까다로워진다.

앞서 강조했듯 몇몇 선택지는 인식하고 판단하기가 특히나 어려워진다. 사람들은 아이스크림과 케이크 중 자신이 무엇을 더 좋아하는지는 잘 알고, 그렇기에 둘 중 무엇이 자신의 후생을 증진시킬지도 안다. 또한 그에 상응하는 돈을 달리 어디에 쓸 수 있을지도 대략 알고 있다. 설사 모른다 해도 위험 부담이 그리 크진 않다. 하지만 여러 사안에서 사람들은 경험이 부족하다. 버뮤다에서의 휴가는 어떨까? 모나리자를 실제로 본다면 어떤 기분일까? 로스앤젤레스에서 가장 훌륭한 음식점에 방문하면 어떨까? 이명이나 만성 기관지염이 있다면? 심장 질환이 있다면? 아이를 잃는다는 것은 어떤 기분일까? 예측 문제는 실로 대단히 까다롭다. 이런 와중에 지불 의사 척도를 사용하는 것은, 위험을 제거하는 데 얼마나 지불할지 결정하는 사안에서 사람들에게 이 예측 문제를 해결하라고 요구하는 것과 다름없다.

소셜 미디어 플랫폼의 경우 몇몇 까다로운 문제들이 해소된다. 이러한 플랫폼들이 삶의 일부인 만큼 사용자들은 관련 경험이 있다. 이런 이유로 응답자들의 표현적 반응(공짜로 쓰던 것에 돈을 내야 한다는 데서 오는 분노 등)을 제거해낼 수만 있다면 지불 의사나 수용 의사 척도를 신뢰할 수 있고, 이산 선택 실험 결과가 우리에게 중요한 단서를 알려준다고 생각할 수도 있다. 그렇다 해도 후생은 가장 중요한 가치이고, 어떤 방식으로 도출되었든 돈으로 환산된 가치가 우리가 알아야 할 모든 것을 알려준다고 보기 어렵다.

사람들이 가치 있게 생각하는 것

연구의 기초가 되는 데이터는 또 다른 사실을 알려주는데 이 역시 근본적으로 중요하다. 불안과 우울 등 개인의 안녕감에 관한 설문조사 답변은 사람들이 정말로 중요하게 여기는 모든 것을 포착하지 못했다. 예컨대 올콧과 공동 저자들은 페이스북 사용자들이 정치에 더 관심을 보인다는 사실을 보여주었다. 정치에 관심을 가지면 불안과 우울을 더욱 많이 경험하지만 그럼에도 많은 이가 정치에 관심을 갖는다. 행복하기 위해서가 아니다. 궁금해서, 그리고 좋은 시민이란 응당 정치에 관심을 가져야 한다고 생각해서 그러는 것이다. 마찬가지로 페이스북 사용자들은 친구가 무엇을 하고 또 어떤 생각을 하는지 알고 싶을 수도 있다. 자신이 더 행복해지는지 그 여부와 관계없이 친구들에 대해서 아는 것이 좋기 때문이다.

바로 이 지점이 중요하다. 앞서 봤듯 사람들은 쾌락 효과와는 아무런 관계가 없는 이유로 정보를 원할 때가 많다. 나는 정보의 수단적 가치를 강조했다. 우리는 건강에 관한 정보를 알면 우울해진다 해도 해당 정보를 활용해 더욱 건강해질 수도 있다는 생각에 그 정보를 원한다. 소셜 미디어를 이러한 수단적인 이유로 사용하는 사람이 많다는 점에는 의심의 여지가 없다. 물론 동기는 이보다 광범위하다. 사용자 다수는 가족 또는 친구에 대해, 세상에 대해 아는 편이 좋다고 생각할 것이다. 이 정보를 전혀 활용할 수 없더라도 말이다. 이들은 분명 좋은 삶 또는 충만한 삶이란 무엇인지 생각하는 사람들이다. 수단적 가치가 없다 해도, 심지어 쾌락적 가치에 반한다 해도 이런 종류의 정보를 소중하게 여기는 것이다.

소셜 미디어 플랫폼의 후생 효과라는 곤란한 질문에 여러 답변이 등장하기 시작했다.[24] 앞서 소개한 올콧과 공동 저자들의 연구 외에도 여러 연구에서 복잡하고도 엇갈린 결과들이 나왔다. 페이스북 등 소셜 미디어 플랫폼은 누가 사용하느냐에 따라(개인의 성격과 인구통계학적 집단에 따라) 서로 효과가 다르다.[25] 소셜 미디어 플랫폼이 인간의 안녕감을 구성하는 '여러 요소'에 질적으로 다른 효과를 미치는 것은 분명하다.[26] 또한 페이스북은 획일적이거나 단일화된 경험을 제공하지 않는다. 당연하게도 페이스북을 활용하는 목적에 따라, 그리고 해당 플랫폼에서 시간을 보내는 방식에 따라 사용자의 안녕감에 서로 다른 효과를 미칠 것이다. 현재의 논의에서 가장 중요한 점은 사용자 다수가 정보를 얻기로 결정한 이유가 쾌락 효과 때문이 아니라는 것이다. 그 정보를 활용할 수 있기 때문에, 그리고 다른 사람들과 연결되는 것이 좋아서, 자신의 삶과 관심사에 대해 배우는 과정 자체를 좋아하기 때문이다.

9

알고리즘은 더 공정하고 현명한가

이차적 결정 전략으로 사람들은 점점 더 알고리즘에게 결정을 맡기고 있다. 1장에서 소개한 것과 매우 유사한 프레임워크로 이 전략을 선택한다. 예컨대 의사가 흉통이 있는 환자를 어떻게 치료할지 결정해야 하는 상황이나, 고용주가 어떤 직원을 고용할지, 상금이 큰 체스 경기에서 어떤 말을 움직여야 할지, 주택 소유자가 홍수 보험을 들어야 할지, 국세청 공무원들이 누구를 감사해야 할지, 고객이 어떤 차를 구매해야 할지, 최근에 이혼한 여성이 누구와 데이트를 해야 할지 결정할 때를 생각해보자. 이런 상황에서 알고리즘이 과연 도움이 될까? 얼마나 도움이 될까? 알고리즘으로 결정하는 게 나을까? 알고리즘은 편향되었을까? 그렇다면 어떻게 편향되었을까?

이러한 질문들은 하나 하나 설명하는 데에 (두꺼운) 책 한 권이 필요할 정도로 복잡하며 간단하게 답을 내릴 수 없다. 나는 여기서 아주 간단한 주장 하나를, 알고리즘에 의한 결정을 크게 지지하는 주장을 펼치고자 한다. 우리가 마땅히 피해야 하는 인지 편향, 훈련과 경험으로 피할 수 있어야 함에도 우리를 지배하는 그 인지 편향의 폐해를 알고리즘으로 극복할 수 있다. 결정하는 상황에서 사람들이 던지는 수많은 질문이 '예측 문제'에서 비롯된다는 점이 이러한 주장을 하는 배경과 동기다. 다시 말해 우리는 미래의 상황이 어떨지 얼마간 예측해야 한다. 여러 맥락에서 사람보다 더 나은 예측을 하는 알고리즘으로 결정하는 편이 합리적이다.

다만 몇 가지 중요한 조건이 있다. 앞서 봤듯 정확성이 유일한 목표는 아니다. 사람들은 스스로 결정하기를 좋아할 수도 좋아하지 않을 수도 있다. 결정을 하고 싶다면, 그리고 자신의 주체성을 발휘하는 쪽을 선호한다면, 알고리즘이 실제로 정확하다 해도 이에 의존하려 하지 않을 것이다. 하지만 결정을 내리고 싶지 않다면, 또한 자신의 주체성을 발휘하고 싶지 않다면, 대단히 정확하지 않다 해도 알고리즘으로 결정을 내린다는 생각이 특히나 매력적이라고 느낄 것이다. 정리하자면 결정이라는 행위가 비용인지 편익인지, 둘 다 아닌지를 알아야 한다. 여러 영역에서 알고리즘을 참고하거나 더 나아가 알고리즘에 결정을 맡길 때 정확도가 대단히 높아진다는 사실만은 분명하다.

어찌 보면 그리 놀랍지 않은 주장이다. 행동과학 분야에서 가장 오래되고 영향력 있는 여러 연구가 통계적 예측이 임상적 예측을 능가할 때가 많다는 점을 보여준다. 그런 상황이 벌어지는 한 가지 원인은 임상적 예측을 하는 사람의 인지 편향이다.[1] 알고리즘은 통계적 예측의 현대 버전이며 이것이 편향의 영향을 받지 않는다는 사실에 놀랄 사람은 아무도 없을 것이다. 나는 몇몇 중요한 맥락에서 알고리즘의 예측 정확성을 보여주는 구체적인 사례와 더불어 알고리즘이 '편향되어' 있다는 우려를 해소하는 일반적인 중론을 말하고자 한다.

시작에 앞서 '알고리즘'이라는 용어부터 정의하는 것이 좋겠다. 표준적인 정의에 따르면 알고리즘은 '특히 컴퓨터로 하는 계산이나 다른 문제 해결 작업에서 따르는 프로세스 또는 규칙 체계'이다. 또 다른 정의에 의하면 알고리즘은 '문제를 해결하거나 계산을 수행하는 데 사용하는 절차'이다. 술을 마실지 결정하는 절차를 거쳐 일주일에 한 번, 토요일 밤에만 술을 마시기로 했다고 생각해보자. 이것도 알고리즘일까? 운동할지 여부를 결정하는 절차 끝에 하루에 한 번, 늦은 오후에 운동을 하기로 했다고 생각해보자. 이것이 알고리즘일까? 제한 속도를 넘길지 여부를 결정하는 절차 끝에 절대로 제한 속도를 넘지 않겠다고 정한다. 한 가지 규칙 또는 규칙의 체계를 알고리즘이라고 생각할 수 있으며 그러한 규칙은 결정을 크게 단순화한다(1장 참고). 하지만 일반적으로 알고리즘은 컴퓨터·머신러닝·인공지능 분야에서 '하드웨어 또는 소프트웨어 기반 루틴에서 단계별로 진행되는 정확한 지침이 나열된 목록'이라는 의미로 쓰인다. 나는 여기서 이 일반적인 용례를 따를 것이다.

수감과 보석, 심장마비

미결 구금 중인 형사피고인의 석방 여부를 판사들이 어떻게 결정하는지를 조사한 연구로 이야기를 시작하겠다.[2] 컴퓨터과학자 존 클라인버그와 그의 동료들은 알고리즘과 판사들의 판단 능력을 비교하며 특히나 예측 문제 해결에 중점을 두었다. 피고인을 석방하느냐 마느냐가 대단히 중대한 결과로 이어지리라는 사실은 누구나 알 만하다. 피고인을 투옥한다면 장기적 결과는 상당히 심각할 수 있다. 한 인간의 삶이 망가질지도 모른다. 하지만 피고인이 풀려난다면 관할구역을 벗어나거나 범죄를 저지를 수 있다. 폭행이나 강간, 살해를 당하는 피해자가 생길지도 모른다. 구금 중인 형사피고인을 석방해야 할지 여부를 결정하는 일은 여러모로 매우 이례적이긴 하다. 하지만 내 목표는 이 사례에서 인간이 내리는 결정과 알고리즘에 의한 결정을 살피고 일상에 적용할 수 있는 보편적인 교훈을 끌어내는 것이다.

미국의 몇몇 관할권에서 구속 전 피고인을 석방하느냐 마느냐의 결정은 도주할 위험이 있는가라는 한 가지 질문에 달렸다. 때문에 판사들은 예측 문제를 해결해야 한다. '피고인이 관할구역을 벗어날 가능성은 얼마나 되는가?' 다른 관할구역에서 해당 피고인이 범죄를 저지를 가능성 또한 중요하며 이 역시 예측 문제다. '피고인이 범죄를 저지를 가능성은 얼마나 되는가?' (도주 위험과 범죄 가능성은 밀접하게 연관된다고 밝혀졌기에 첫 번째 가능성을 정확하게 예측한다면 두 번째 가능성 또한 정확하게 예측할 수 있다.) 클라인버그와 그의 동료들은 보석 심리 때 판사에게 주어지는 과거 범죄 기록과 현재의 위법 행위라는 데이터를 동일하게 입력한 알고리즘을 만들었다. 이 연구진의 핵심 결론은 이렇다. 중요한 모든 측면에서 알고리즘이 진짜 판사들보다 더욱 나은 판단을 한다.

1 알고리즘을 사용하면 구금률을 동일하게(인간 판사가 판결할 때와 같게) 유지하는 동시에 범죄율은 24.7퍼센트까지 낮출 수 있다. 또는 알고리즘으로 현재의 범죄율을 동일하게 유지한다면 수감률은 무려 41.9퍼센트나 낮아진다. 즉, 판사가 판단하지 않고 알고리즘을 활용했을 때 단 한 명의 추가 수감자 없이도 수천 건의 범죄를 예방할 수 있다는 뜻이다. 또는 범죄율을 높이지 않고도 수천 명이 미결 구금 중에 석방될 수 있다. 알고리즘을 활용한다면 범죄율 감소와 구금률 감소 간의 균형을 맞추는 방법으로 분명 다양한 정치적 선택을 내릴 수 있다.

2 판사들은 알고리즘이 특히나 고위험군으로 판단한 수많은 사람들을(관할구역에서 벗어나거나 범죄를 저지를 수 있는 사람들을) 풀어주는 중대한 실수를 저지른다. 좀 더 자세히 말하자면 판사들은 알고리즘이 가장 위험한 상위 1퍼센트에 속한다고 판단한 피고인 가운데 48.5퍼센트를 풀어준다. 이렇게 풀려난 피고인들이 법정에 출석하지 않는 경우가 56.3퍼센트에 이른다. 이들이 재구속될 가능성은 62.7퍼센트다. 판사들은 범죄를 저지를 가능성이 충분한 사람들에게 관대한 처분을 내린다.

3 개중 유독 엄격한 판사들은 특히나 보석을 허가하지 않는데, 이러한 엄격함은 가장 위험한 피고인들에게만 국한되지 않는다(위험하지 않은 사람에게도 지나치게 엄격하다). 만약 가장 위

험한 인물들만 골라 엄중하게 판결한다면, 지금처럼 많은 이를 수감시키는 동시에 범죄 감소율은 75.8퍼센트 높일 수 있다. 또는 현재의 범죄 감소율을 유지하면서 수감률을 지금의 48.2퍼센트로 낮출 수 있다.

알고리즘이 판사보다 더욱 나은 성과를 보이는 이유를 모두 설명하자면 상세한 논의가 필요하다. 하지만 이 장의 주제와 관련한 핵심은 특히나 흥미롭다. 3번에 드러나듯 판사는 최고 위험군에 속하는 피고인을 판결할 때 그리 좋은 성과를 보이지 못한다(이는 가장 엄격한 판사들만이 아니라 모든 판사가 그렇다). 그 이유가 되는 한 가지 편향이 눈에 띈다. 바로 현재 범죄 편향current offense bias•이다.[3] 물론 여기서는 판사에 대해 이야기하고 있지만, 이 편향은 우리가 일상에서 내리는 모든 결정에도 영향을 미친다. 이와 유사한 편향에 사로잡힌다면(실제로 우리는 사로잡혀 있다), 알고리즘의 도움을 받거나 더 나아가 알고리즘에게 결정을 맡기는 데에 관심이 생길 수도 있다.

클라인버그와 그의 동료들은 현재 범죄 편향을 단 두 문장으로 짧게 분석했지만, 그 의미는 대단히 중요하다.[4] 결과적으로 판사들은 두 가지 근본적인 실수를 저지른다. 첫째로 (경범죄를 저질러서) '현재 혐의가 비교적 가벼우면' 판사들은 상당히 위험한 피고인들을 위험도가 낮은 사람들처럼 생각한다. 둘째로 '현재 혐의

• 재범 위험에 따른 판단이 아닌 현재 저지른 범죄의 위험도에 따라 보석 여부를 결정하는 편향.

가 특히나 심각하면' 위험도가 낮은 사람들을 매우 위험한 인물로 대한다. 알고리즘은 이러한 실수를 하지 않는다. 현재의 혐의에 적절한 중요도를 부여한다. 피고인의 배경과 관련한 다른 여러 특징을 고려하여 현재의 혐의를 판단할 뿐, 이에 더욱 큰 비중을 두지도, 더 가볍게 여기지도 않는다. 판사들이 고위험군에 속하는 피고인들 다수를 석방하는 이유는 대체로 (대단히 심각하지 않은) 현재의 혐의에 치중한 탓이다.

경제학자 옌스 루트비히와 센딜 멀레이너선이 진행한 흥미로운 연구는 알고리즘이 판사보다 더욱 나은 또 다른 이유를 보여주었다.[5] 인종과 피부색, 인구통계적 요소를 통제한 후에도 판사들이 머그숏(체포 후 촬영한 피의자의 얼굴 사진)에 비중을 두는 정도가 알고리즘보다 컸다! 루트비히와 멀레이너선은 이렇게 설명했다. "머그숏으로 판사의 행동을 예측할 수 있다. 피고인의 외모와 판사가 피고인을 수감할지 여부에는 밀접한 상관관계가 있다."[6] 어쩌면 당연하게도 판사들은 머그숏 속 피고인들이 '단정한지'에 반응한다. 판사들은 흐트러지고 단정치 못하며 지저분한 피고인에 비해 깨끗하고 깔끔한 피고인을 더 많이 석방했다. 또한 어쩌면 당연하게도 판사들은 머그숏상 '육중한 얼굴'(가로가 넓거나 살집이 있는 얼굴)을 한 피고인들을 석방할 가능성이 높았다. 이러한 현상을 머그숏 편향mugshot bias이라고 한다.

보석 판결 연구에 이어 의사들을 대상으로 한 연구도 있다.[7] 이 연구에서는 핵심적으로 의료 진단을 어떻게 하는지 살폈다. 의사가 검사를 진행하는 대상과 시기는 어떻게 결정할까? 알고리즘이 더욱 나은 판단을 보일까? 이 사안에서도 의사들은 예측 문제를 해결해야 한다. 환자가 검사가 필요할 정도로 어떠한 질환에 시달릴 가능성은 얼마나 되는가? 심장마비의 경우 검사가 필요하지 않은 사람들에게 검사를 진행하고, 검사가 필요한 사람들에게는 검사를 진행하지 않는 때가 많다. 더욱 구체적으로 설명하자면 의사들은 여러 검사를 진행하지만 유의미한 무언가를 찾아내지 못하고 그 결과 큰 비용만 낭비한다. 실제로 급성 관상동맥 증후군을 앓았던 많은 환자를 알고리즘은 정확하게도 '고위험군'으로 예측했지만 의사들은 검사를 진행하지 않았다. 연구의 핵심 결과는 보석 판결 연구와 정확히 일치한다. 알고리즘으로 (불필요하고 도움이 되지 않는 검사를 줄여) 큰돈을 절약하거나, 수많은 목숨을 구하거나, 또는 둘 다 가능하다.

알고리즘에 비해 의사가 실수를 더 범하는 이유는 무엇일까? 보석 판결 연구에서와 마찬가지로 인지 편향이 큰 비중을 차지한다. 의사들은 흉통과 같이 크게 두드러지는 증상을, 특히나 심장마비의 전형적인 증상에 부합한다면 과도하게 크게 인식한다. 물론 흉통이 정말로 심장마비의 증상일 수 있다. 문제는 의사들이 필요 이상으로 해당 증상에 비중을 싣는다는 점이다. 이와 대조적으로 알고리즘은 비교적 적절한 중요도로 인식한다. 여기에 현재 증상 편향current symptoms bias이라는 이름을 붙일 수 있겠다. 또한 의사는 인구통계적 요소를 너무 중요하게 인식하는데 이를 '인구통계적 편향demographic bias'이라고 하겠다. 예컨대 의사들은 고령의 환자들을 실제 위험도에 비해 지나치게 검사한다. 의사가 어떤 환자를 검사할지 결정을 알고리즘에 맡긴다면 이러한 편향을 피하고 돈과 생명을 지킬 수 있을 것이다.

어디에도 편향이

인간이 인지 편향에 시달릴 때는 예측 문제를 해결하는 잘 설계된 알고리즘이 더욱 나은 모습을 보인다. 간단한 예시를 들어보겠다. 아기가 태어나면 간호사나 의사가 '아프가' 점수로 상태를 진단한다. 산과의 마취과 의사인 버지니아 아프가Vriginia Apgar가 1952년에 만든 시스템으로, 의료진은 아이의 외모appearance(피부색), 맥박pulse(심장박동 수), 찡그림grimace(반사), 활동성activity(근육 긴장도), 호흡respiration(호흡수와 능력)을 측정한다(각각의 머리글자를 따서 Apgar라고도 한다). 아프가 검사에서는 이 다섯 가지 요소에 각각 0에서 10점까지 점수를 매기며, 최고점은 그리 흔하게 나오지 않고 7점 이상이면 건강 상태가 양호하다고 간주한다. 컴퓨터나 인공지능이 활용되지 않더라도 (위에서 언급한 정의에 따라) 아프가 검사를 단순한 알고리즘으로 생각할 수 있겠다. 아프가 검사는 실제로 효과가 좋은데, 가장 큰 이유는 인간의 판단에서 편향이 미치는 잠재적 영향력을 크게 낮추기 때문이다.

법과 의료계의 인력은 초보자가 아니라 훈련과 경험을 쌓은 전문가라는 사실을 강조하는 것이 좋겠다. 그럼에도 이들은 심각하고도 체계적인 오류를 일으키는 인지 편향에 시달린다. 정확히 이해하자면 현재 범죄 편향은 '가용성 편향'의 가까운 사촌쯤 된다. 어떠한 확률을 평가할 때 관련 사례를 떠올리는 것이다.[8] 보통 의사들은 가용성 편향의 영향을 받는다.[9] 환자가 최근 폐색전증 진단을 받은 적이 있다면 그에 영향을 받아 의사는 해당 검사를 진행하기로 결정한다.[10] 머그숏 편향과 현재 증상 편향, 인구통계적 편향은 '대표성 편향representativeness bias'의 한 형태로 이해할 수 있다. 우리는 확률를 따지며 개인 또는 어떤 상황의 알려진 특성이 알려지지 않은 사실이나 상태를 대표하는지(아니면 유사한지) 판단할 때가 많다.

이 모든 편향은 속성 대체attribute substitution●와 연관이 있다.[11] 가용성 편향은 가용성 휴리스틱의 산물로, 사람들이 예측 문제를 해결할 때 이 휴리스틱을 사용한다. 어려운 질문을("통계적 사실이 무엇인가?") 비교적 쉬운 질문으로("생각나는 비슷한 사례가 있는가?") 대체하는 것이다. 현재 범죄 편향은 '현재 범죄 휴리스틱'이라고 할 수 있는 개념에서 나타나며, 이 역시 어려운 질문을("도주 위험은 얼마나 되는가?")을 더 쉬운 질문으로("현재 범죄의 경중이 어떠한가?)" 치환하는 현상이다. 대표성 편향은 대표성 휴리스틱의 산물로 이 또한 예측 문제를 해결하기 위해 활용한다. 어려운 질문을("통계적 사실은 무엇인가?") 상대적으로 쉬운 질문으로("이 상황의 특징이 어떠한 사실을 대표하거나 어떠한 사실과 유사한가?") 바꾸어 생각한다. 판사는 머그숏 휴리스틱에, 의사는 현재 증상 휴리스틱과 인구 통계적 휴리스틱에 사로잡힌 것으로 보인다.

가용성 휴리스틱으로 인해 사람들은 영어로 쓰인 책에서 아무 페이지나 펼쳤을 때 'n'으로 끝나는 단어보다 'ing'로 끝나는 단어가 더욱 많을 것이라고 생각하지만,[12] 잠깐만 고민해보면 그럴 수가 없다는 사실을 금방 깨닫게 된다. 뿐만 아니라 "한 범주에서

● 이해하기 어려운 대상을 판단할 때 머릿속으로 이해하기 쉬운 다른 대상을 떠올려 대입하는 편향.

는 어떠한 사례를 쉽게 떠올릴 수 있고 다른 범주에서는 사례의 빈도는 같지만 쉽게 떠올릴 수는 없을 때, 전자가 더욱 자주 일어나는 일처럼 느껴질 것이다."[13] 두 성별이 모두 포함된 유명인들의 이름을 보여주고 해당 리스트에 여성과 남성 중 어느 쪽이 더욱 많은지를 물은 간단한 연구를 예로 들 수 있겠다. 특히나 유명한 남성들이 포함된 리스트를 보고 사람들은 남성의 이름이 더욱 많다고 답한 한편, 더욱 유명한 여성들이 포함된 리스트를 접했을 때는 여성의 이름이 더 많다고 생각했다.[14]

이 연구는 '익숙함'이 우리가 어떠한 사례를 가용해야 하는지에 영향을 미치고 이로 인해 예측 문제에 잘못된 해결책을 떠올리도록 한다는 점을 보여준다. 흡연의 위험성처럼 우리에게 익숙한 위험은 일광욕의 위험성처럼 덜 친숙한 위험보다 더욱 심각하게 느껴진다. 하지만 '현저성' 또한 중요하다. 예컨대 "집이 불타는 모습을 목격하는 것이 지역 신문에 난 화재 기사를 접하는 것보다 화재가 발생할 주관적 확률●에 더욱 큰 영향을 미친다."[15] 현재 증상 편향은 현저성의 영향력을 잘 보여준다. '최신성recency' 또한 중요하다. 최근에 벌어진 사건이 더욱 쉽게 떠오르므로 확률 판단에 불균형한 영향을 미친다. 때문에 가용성 편향은 '최신성 편향'을 설명하는 근거가 된다.[16] 현재 범죄 편향 또한 최신성 편향의 형제로 이해할 수 있다.

여러 영역에서 사람들은 의사결정을 하기 위해 예측 문제를

● 확률을 판단하는 사람이 지식과 정보를 바탕으로 어떠한 사건이 일어날 가능성을 수치화한 것.

해결해야 하는데, 가용성 편향과 대표성 편향으로 해롭고도 비용을 많이 소모하는 실수가 발생한다. 자연재해에 대비하는 보험에 들 것인지 여부는 최근 경험에 크게 좌우된다.[17] 근래에 홍수가 난 적이 없다면 범람지역에 거주하는 사람들이 이러한 보험에 들 가능성이 현저히 낮아진다. 지진이 발생한 후에는 지진을 대비하는 보험 가입이 급격하게 증가하지만, 그때의 생생한 기억이 서서히 사라지다 이후 꾸준하게 감소하는 추세를 보인다. 이러한 상황에서 가용성 휴리스틱은 나름 합리적이다. 보험과 예방책 둘 다 비용이 많이 들 수 있지만, 과거에 벌어졌던 일은 앞으로 벌어질 일을 대비하는 최선의 가이드가 된다. 문제는 가용성 휴리스틱이 지나친 공포 또는 태만이라는 심각한 오류로도 이어진다는 점이다.

정확한 예측이 목표라면 알고리즘을 쓰는 것이 훌륭한 방법일 수 있다. 개인에게나 민간기관 및 공공기관(전 세계의 정부를 포함하여)에게 알고리즘은 인지 편향의 영향을 낮추거나 그것에서 벗어날 방책이 된다. 예컨대 새로운 도시에 사무실을 열어야 할지, 프로젝트가 6개월 안에 끝날지, 어떠한 개입이 당뇨와 암에 고통받는 환자들을 도와줄 수 있을지를 고민한다고 생각해보자. 이러한 상황에서는 인지적 편향이 인간의 결정을 왜곡한다. 가용성 편향이나 대표성 편향 또는 이들의 사촌쯤 되는 편향들이 큰 힘을 발휘하고, 계획을 잘못 세워 나타난 비현실적인 낙관성이 문제를 악화할지도 모른다. 알고리즘은 놀라운 가능성을 지녔다. 알고리즘이 돈과 생명을 모두 구할 수 있다.

다만 한 자기 중요한 조건이 있다. 알고리즘이 인간보다 더욱 나은 성과를 보이는 상황을 쉽게 떠올릴 수도 있지만, 그렇다 해도 알고리즘이 '모든' 인간보다 더욱 나은 성과를 내는 것은 아니다. 다시 말해 최고의 의사들이 알고리즘보다 더욱 나은 진단을 할 수 있고, 최고의 판사들이 알고리즘보다 더욱 나은 판단을 할 수 있을지 모른다. 상위 5퍼센트의 인간이라면 어떨까? 이들이 알고리즘보다 더 나을까? 몇몇 주요 연구에서 보석할지 말지 결정을 두고 알고리즘이 실제 판사의 90퍼센트보다 나은 판단을 하는 반면, 상위 10퍼센트의 판사는 알고리즘을 능가하는 것으로 밝혀졌다.[18] 최고의 판사들은 각자 자기만의 정보를 보유하고 이를 활용해 더욱 나은 판단을 하기 때문인 것으로 보인다.

이로써 우리는 큰 교훈을 얻을 수 있다. 알고리즘에게는 인간이 가진 정보가 없을 수 있고, 이런 이유로 인간이 알고리즘을 능가하기도 한다는 점이다. 하지만 제 역할을 잘 해내지 못하는 판사들은 더욱 나은 판단을 내리기 위해 이런 정보를 활용하지 않는다. 이들이 현재 다루는 사건과 무관한 다른 피고인이 석방되어 폭력적인 범죄를 저지른 사건을 접한다면, 현재의 위험도가 낮은 피고인을 구금할 가능성이 높다. 이러한 과잉 반응은 가용성 편향과 매우 근접한, 또는 가용성 편향의 한 가지 형태인 행동 편향behavioral bias이 나타난 것으로 보인다.

잡음

여기에는 또 다른 문제가 있다. 사람들은 편향되었을 뿐만 아니라 잡음이 많다.[19] 편향과 잡음noise를 구분하자면 욕실에 놓인 체중계 두 개를 상상할 수 있겠다. 첫 번째 체중계는 잔인하다. 항상 이 체중계는 몸무게를 실제보다 450그램 높게 측정한다. 두 번째 체중계는 변덕스럽다. 어떤 날은 실제 몸무게보다 450그램 더 나오지만, 또 어떤 날은 450그램 덜 나온다. 잔인한 체중계는 체계적으로 틀린 한편 그 그름이 예측 가능하게 편향되었다. 변덕스러운 체중계는 원치 않는 변동성을 보여준다는 점에서 잡음이 섞였다고 할 수 있다. 평균적으로는 그 값이 옳다고 해도 변덕스러운 체중계가 더욱 끔찍하다. 어떤 날은 반갑지 않은 소식을 전해주고 또 어떤 날은 기분 좋은 소식을 전해주지만, 매일 거짓을 말한다.

인간의 판단이란 편향되었거나 잡음이 섞이거나 또는 둘 다일 수도 있다. 좋은 알고리즘의 명확한 이점은 편향을 제거한다는 것이다. 이 알고리즘에 기댄다면 체계적인 오류를 범하지는 않는다. 좋은 알고리즘의 덜 분명한 이점은 잡음을 걷어낸다는 것이다. 알고리즘으로는 매번 동일한 답을 얻을 수 있다. 알고리즘은 원치 않는 가변성을 보이지 않는다. 짚고 넘어가자면, 편향되었지만 잡음이 없는 알고리즘은 좋을 것이 없다. 모든 상황에서 체계적으로 잘못된 답을 내놓을 테니까. 하지만 잡음이 제거된다는 사실 자체가 큰 이점이라고 수 있다.[20]

잡음이 왜 문제가 되는지를 파악하기 위해 좀 전의 의료 사례를 다시 살펴보겠다. 의사가 오전에는 여러 검사를 꼼꼼히 진행하는 반면 오후에는 환자에게 그냥 집으로 돌아가 아스피린을 먹으라는 소견을 전한다고 가정해보자. 또는 의사가 기분이 좋을 때와 안 좋을 때 내리는 결정이 상당히 다르다고 생각해보자. 이런 의사는 어떤 유형이든 체계적인 편향을 보이지는 않을 수 있다. 하지만 잡음이 많으며 이는 수많은 실수의 원인이 된다. 이러한 상황에서 의사는 변덕스러운 체중계라고 볼 수 있다. 모든 이에게 알고리즘은 이러한 변동성을 없애준다. 실제로 판사들이 보석 결정을 내릴 때와 의사들이 어떤 환자에게 심장마비 검사를 진행할지 결정할 때 잡음이 많이 섞인다. 알고리즘은 인지적 편향에서 자유로울 뿐 아니라 잡음이 없다는 점에서 인간보다 우월하다.

여기서는 편향과 잡음이 모두 문제가 되는 개인의 결정에 초점을 맞추고 있다. 하지만 기관 또는 시스템 전반에 걸쳐 이러한 문제는 양상이 더 심각하다. 집단은 구성원 개개인의 편향을 더욱 심화해 평균의 사고방식보다 더욱 편향된 방향으로 나아갈 수 있다.[21] 시스템은 대체로 잡음이 많다. 병원에서 환자들은 자신이 뽑기를 하는 상황에 놓였다고 생각할 수 있다. 과연 어떤 의사를 만나게 될까? 의사마다 굉장히 다른 치료를 제안할지도 모른다. 알고리즘의 가장 큰 이점은 이런 식의 운을 배제한다는 점이다.[22]

알고리즘 혐오

솔직히 말해 알고리즘으로 의사결정을 한다는 생각을 좋아하지 않는 사람이 많다. 위에서 짧게 언급했듯 한 가지 이유는 대체로 주체성을 발휘하기를 선호하기 때문이다. 사람들은 때때로 자신이 직접 결정하는 주체라는 사실을 좋아하기 때문에 결정을 내린다.[23] 실제로 결정을 타인(또는 알고리즘)에게 위임할 때 더욱 나은 결과를 맞이할 수도 있다는 사실을 알면서도 주체성을 유지하고 싶어 하는 듯하다. 골자는 주체성에 내재적 가치가 있다는 것, 다시 말해 사람들은 주체성을 포기하는 데 상당한 보상을 요구한다는 점이다.[24] 이와 동시에 사람들은 주체성을 발휘하기가 어렵거나 불쾌한 상황에서는 주체성을 행사하려 들지 않고, 알고리즘을 포함해 어떤 대상에게 결정을 위임하기 위해 비용을 지불하기까지 할 것이다.[25] 언제 그럴까? 결정을 하는 데 고도의 기술이 필요할 수도 있다. 또는 삶에서 극심한 스트레스를 경험하거나 여러 가지 일과 부담에 시달릴 수도 있다. 이런 경우 알고리즘 혐오가 알고리즘 친화로 바뀐다.

몇 가지 근거로 알고리즘 혐오의 한 원인이 밝혀졌다. 사람들은 알고리즘이 저지른 실수보다 사람이 저지른 실수를 용서하려는 경향이 훨씬 크다.[26] 투자 자문가가 끔찍한 실수를 저지른 탓에 돈을 잃게 되었다면 '완벽한 사람은 없지' 또는 '사람은 실수를 하기 마련이야'라고 생각하며 넘길 수도 있다. 하지만 반대로 알고리즘의 실수로 돈을 잃었다면 알고리즘을 더는 신뢰하지 않을 것이다. 따라서 중요한 실증적 발견은 다음과 같다. 사람들은 알고리즘의 예측이 인간의 예측보다 대체로 더 정확하다고 해도 알고리즘이 틀렸을 때를 목격하고 나면 그 예측을 특히나 혐오하게 된다.[27] 간단히 말하자면 사람들은 인간보다 알고리즘에 덜 관대하다. 이러한 강력한 근거를 바탕으로 우리는 이렇게 추측할 수 있다. 사람들이 결정을 내릴 때 알고리즘의 예측에 의존하고 싶어 하지 않으며, 알고리즘이 자신보다 더욱 정확하게 예측한다는 사실을 알면서도 스스로 결정을 하는 쪽을 선호할 것이다.

이를 합리적이라 볼 수 있을까? 옳은 결정을 내리고 싶다면 이러한 사고방식은 합리적이지 않다. 돈을 벌거나 건강을 개선하려 한다면 더욱 현명한 결정자에게 맡겨야 한다. 하지만 다시 한번 말하건대, 사람들이 결정하는 일을 '좋아한다면' 스스로 결정을 내리기를 선호하는 현상은 지극히 합리적이다. 어쩌면 결정을 내리는 일을 재밌다고 생각할 수도 있다. 배우기를 좋아할 수도 있다. 의사결정을 게임처럼 느낄 수도 있다. 정말로 책임을 짊어지고 싶을 수도 있다. 그렇다면 알고리즘 혐오가 전혀 터무니없는 현상은 아니다.

또 다른 요인이 하나 있다. 사람들이 알고리즘을 신뢰하지 않고 또 사용하고 싶어 하지 않는 것은 일부 알고리즘이 어떻게 작동하는지 그 원리를 잘 모르기 때문이다.[28] 가령 당신의 가장 친한 친구가 어떤 농담을 좋아할지 당신보다 알고리즘의 예측이 더욱 정확하다는 사실을 알게 되었다고 가정해보자. 이때 알고리즘의 도움을 받아 농담을 던지겠는가? 여러 이유로 그렇게 하지는 않을 것이다. 알고리즘의 예측이 더욱 정확하다 해도 알고리즘이 추천한 농담이 아니라 '당신이' 생각해낸 농담을 친구에게 들려주고 싶을 것이다. 하지만 알고리즘의 작동 원리를 듣고 난 후에는 이를 신뢰하고 의지하려는 경향이 더욱 커진다는 사실이 연구로 밝혀졌다.[29]

예컨대 알고리즘은 과거 에리카나 폴이 어떤 농담을 재밌어했는지 데이터를 얻는다면 두 사람이 이후 어떤 농담을 좋아할지 정확하게 예측할 수 있다. 사람들이 어떤 농담을 재밌게 여기는지 방대한 데이터를 보유하여 에리카와 폴의 답변을 수많은 사람의 답변에 '매칭'할 수 있기 때문이다. 이 과정에서 알고리즘은 에리카와 폴이 특정한 농담을 좋아하면 이런 것들도 좋아하리라 예측한다. 두 사람과 농담 취향이 같은 사람들이 좋아하는 유형이기 때문이다. 이러한 근거로 작동한다는 사실을 알고 나면 사람들은 알고리즘을 훨씬 더 신뢰한다.[30] 이와 같은 사례는 수없이 많다. 알고리즘의 예측이 정확한 이유를 더욱 명확히 알게 된다면 알고리즘을 활용해 결정할 마음이 생길 것이다.

알고리즘이 할 수 없는 일

물론 알고리즘이 잘 해낼 수 있는 일의 영역을 두고 논쟁이 계속되고 있다. 가령 당신이 낯선 사람과 사랑에 빠지게 될지 알고리즘이 예측할 수 있을까? 사람들이 사랑하는 상대를 찾도록 알고리즘이 도울 수 있을까? 지금까지는 이러한 질문들의 답이 그리 희망적이지 않았다. 미국의 심리학자 서맨사 조엘과 그의 동료들은 "과거 연구자들이 연인 선택과 관련해 밝혀낸 특성과, 선호를 바탕으로 작성한 개인의 자기 보고식 검사 결과"를 다량 보유한다 해도 알고리즘으로 "두 사람이 만나기 전이라면… 연인이 되는 과정 속 호환성 요소"를 예측하기 어렵다고 밝혔다.[31] 조엘과 동료들은 성적 끌림이란 예측이 가능한 화학 반응이 아니며 "지진에 가까운, 역동적이고 혼돈과 같은 과정이기에 현실적으로 예측하기 위해서는 추가로 상당한 과학 연구가 필요하다"고 전했다.

정확히 어떤 의미인지 곰곰이 생각해볼 만한 사안이다. 단순하게 보자면 알고리즘이 정확히 예측하기 위해서는 많은 데이터가, 개인의 특성과 선호에 관한 자기 보고식 측정보다는 훨씬 많은 데이터가 필요하다는 뜻이다. 자기 보고식 측정으로는 한 사람이 어떠한 상대에게 매력을 느낄지를 파악하기 어렵다. 어쩌면 우리는 더 많은 데이터가 필요하고, 자기 보고식 측정보다는 다른 정보에 집중해야 하는지도 모른다. 제인이란 사람이 외향적이고 농구와 중국 음식을 좋아한다는 식의 정보보다는 제인이 어떠한 특징을 지닌 존에게 반했고, 또 어떤 특징을 지닌 톰과 프랭크에게 반했던 바, 그러한 특징이 없는 프레드에게는 반할 확률이 낮다는 사실을 안다면, 존·톰·프랭크에게서 공통적으로 발견되는 중요한 몇 가지 특징을 지닌 에릭에게는 매력을 느낄 가능성이 높다는 결론을 얻을 수 있을 것이다. 이러한 관점에서 본다면 'X·Y·Z를 좋아하면 A와 B를 좋아하겠지만 C와 D는 싫어할 것이다'라는 방식이 성적인 끌림을 예측하는 올바른 방법이다. 또는 제인과 특정한 면이 비슷한 사람들에게 다가가 에릭에게 끌리는지를 물어볼 수도 있는데, 이는 앞서 농담 사례에서 등장한 접근법과 비슷하다(어떤 사람을 좋아하는지 방대한 데이터를 보유하여 '매칭'하는 것이다). 물론 제인과 비슷한 면이라는 게 과연 어떤 특성인지를 밝혀야 하는데, 쉽지 않은 일이다.

좀 더 근본적으로는 조엘과 동료들의 연구 결과를 이렇게 해석할 수 있다. 성적 끌림은 알고리즘이 '이론적으로' 예측할 수 없고, 매우 다양한 요소와 특정한 맥락이 지닌 너무도 다양한 특징

및 특정한 순간에 따라 달라지기 때문에, 제인이 에릭에게 빠질 확률을 예측하는 문제에서는 알고리즘의 판단이 우연한 답보다 더 낫지는 않을 것이다. 앞서 언급된 "역동적이고 혼돈과 같은 과정"이라는 말은 기분과 날씨, 장소, 시간대, 그 외 성적 연결감이나 연결감의 부재를 만들어내는 수많은 요소를 모두 포함해 단순하게 설명한 표현일 수 있다.

다만 유의해야 한다. (제인과 성사되지 않을 만한 요소가 칼에게 있다는 사실을 이미 알기에) 제인이 칼을 좋아할 리가 없고, 제인이 브루스를 좋아할 가능성은 있으며, 제인의 타입이라고 할 만한 에릭은 '충분히 가능한' 범주에 속한다는 정도는 생각할 수 있다. 다만 진짜 질문은 알고리즘이 이 정도의 짐작보다 훨씬 나은 예측을 할 수 있는가, 그렇다면 얼마나 더 나은가다. 특정한 상황 같은 어떠한 요인들이 중요하게 작용하기 때문에 알고리즘의 예측 능력에 실질적인 한계가 있을 것이다(이런 사안에서는 예측 능력이 대단히 제한되는 인간보다 더욱 나을 수는 있지만).

성적 끌림이라는 개념 자체가 대단히 미묘하기도 하고 다른 예측 문제들과도 비슷하다. 가령 당신이 파리에서의 생활을 좋아하게 될지, 직장 동료와 친구가 될 수 있을지, 새로운 직업을 좋아하게 될지, 향후 5년 안에 팬데믹이 벌어질지, 6개월 후에 불경기가 닥칠지, 새 영화가 어느 정도의 수익을 거둘지, 새 책이 베스트셀러 리스트에 오를지, 특정 날짜에 특정 국가에서 혁명이 일어날지 등의 예측 문제들 말이다. 환경이 안정적이고 규칙이 정해진 상황에서는 보통 대량의 데이터로 무장한 알고리즘이 정확한 예측을 해낸다. 하지만 미래가 과거와 같지 않을 가능성이 크다면, 또는 우리가 고도의 불확실성을 마주하고 있다면 알고리즘이 인간보다 과연 나을지, 언제 어느 지점에서 더 나을지에 관해서는 논쟁이 계속되고 있다.[32]

혁명을 예측할 수 있는지 생각해보자. 알고리즘이 등장하기 이전, 한 연구에서 경제학자 티머 쿠란은 혁명은 그 본질상 예측할 수가 없다고 주장했다.[33] 쿠란은 근본적인 문제가 '선호 위장 preference falsification'에서 기인한다고 설명했다. 사람들은 자신이 무엇을 선호하는지 공개하지 않고, 그래서 이들이 실제로 혁명 운동을 수용할지 말지를 알 수 없다는 의미다. 사람들의 선호를 모른다면 상황이 조성되었을 때 이들이 반란에 참여할지 알 수가 없다. 쿠란은 사람들이 이러한 운동에 참여하기로 마음먹는 임계점을 알 수 없다고 덧붙였다. 운동이 초기 단계일 때 참여하려 하는 사람이 얼마나 될 것인가? 운동에 참여하려면 소수 집단의 강력한 지지와 같은 어떠한 동력이 필요한 사람은 누구인가? 쿠란은 사회적 상호작용이라는 중요한 요소 역시 미리 파악할 수가 없다고 전했다. 혁명이 일어나려면 사람들은 특정한 시기에 다른 사람들이 특정한 말을 하거나 특정한 행동을 하는 모습을 목격해야 한다. 누가 언제 어떤 행동을 하는 누군가를 볼지 사전에 알 수 있을까? 알 수 없을 것이다. 쿠란이 알고리즘을 언급하지는 않았지만, 알고리즘으로도 이러한 예측을 하기는 어렵다. 알고리즘은 사람들이 무엇을 선호하는지 파악하기 힘들어하고 사람들의 임계점을 짚어내지 못한다. 어떤 점에서는 혁명을 예측하기가 어려운 이유와 성적인 불꽃이 튀어 오르는 지점을 예측하기 어려운 이유가 비슷하다고 볼 수 있다.

쿠란은 혁명이 극단적으로 불가능할 때와 혁명이 적어도 가능은 한 때를 어느 정도 파악할 수 있다는 사실을 부정하지 않았다. 우선 개인의 선호를 파악하는 데 얼마간의 진전을 이룰 수 있다. 가령 현 상황이 싫다고 표현해도 괜찮다는 분위기를 조성하거나, 그러한 관점에 공감을 표하거나, 익명성을 보장하는 등의 방법으로 말이다. 쿠란이 글을 썼던 시기는 소셜 미디어 플랫폼이 등장하기 전, 즉 개인의 선호를 속속들이 파악할 수 있는 유례없는 기회가 주어지기 전이었다(이를테면 이제는 구글에 검색만 해봐도 현 정부에 대한 불만이 널리 퍼졌음을 확인할 수 있다). 알고리즘은 이러한 데이터를 기반으로 어떠한 가능성을 알려줄 수 있다. 하지만 쿠란의 의견이 옳다면 선호와 임계점에 관한 알고리즘의 지식은 제한되어 있기에, 사회적 상호작용을 예상할 수 없고 따라서 알고리즘이 대단히 많은 것을 말할 수는 없을 것이다(너무 섣부른 결론일까? 또 모를 일이다).

이러한 전반적인 분석은 혁명에만 국한되지 않는다. 선호 위장, 다양한 임계점, 사회적 상호작용, 이 중 하나 이상은 여러 영역에 영향을 미친다. 책이나 영화, 음악 앨범이 성공할 수 있을지를 생각해보자. 물론 테일러 스위프트의 새 앨범이 좋은 성과를 거둘 것이고 실력도 명성도 없는 가수의 새 앨범은 실패하리라는 점은 알 수 있다. 하지만 다양한 영역에서 상황은 뜻밖의 우연에 따라, 정확히 언제 누가 어떤 말이나 행동을 하는지에 따라 크게 달라진다.[34] 초반의 인기가 중요한 역할을 하여 운명이 달라질 수도 있다. 성공 또는 실패를 가르는 변수가 셀 수 없이 많은 탓에 알고리즘은 초기 단계에서는 성공적으로 예측하지 못할 수 있다. 금융시장에서도 한 가지 특별한 문제가 발생한다. 시장이 형성되고 나면 뛰어난 알고리즘의 예측이 자동으로 시장에 반영되는 탓에 해당 예측의 신뢰도가 곧장 떨어지거나 어쩌면 전혀 신뢰할 수 없게 되기도 한다.

아직 알아가야 할 것들이 많지만, 알고리즘으로 결정해야 할지를 판단할 때 다양한 사항을 고려해야 한다. 다만 한 가지 핵심은 명심하길 바란다. 다양한 상황에서 환경이 충분히 안정적이라면 편향과 잡음을 줄이는 알고리즘으로 결정을 내릴 때 정확도가 높아진다. 다만 앞서 살펴봤듯 우리가 감수해야 할 위험이 상당히 클 수도 있다.

차별

현재로서는 알고리즘이 인종이나 성별 등 불합리한 근거를 바탕으로 차별을 행할 수 있다는 우려가 크다.[35] 그러한 우려는 점점 커지는 것 같다. 알고리즘이 차별을 조장할 가능성은 여러 어려운 질문으로 이어진다. 하지만 보석 판결에 대한 연구가 이 어려운 질문들에 새로운 길을 제시했다. 무엇보다 간단하면서도 강렬한 핵심을 시사했다. 알고리즘을 사용한다면 인종 평등(또는 다른 평등)의 가치와 치안과 같은 중요한 가치들 사이에서 일종의 거래를 해야 한다는 것이다.

(아주) 작은 법칙

잠깐 배경을 설명하자면, 차별금지법은 예전부터 두 가지에 초점이 맞춰졌다. 첫 번째는 '차별적 대우disparate treatment'이고 두 번째는 '차별적 영향disparate impact'이다.[36] 미국 헌법과 모든 민권법은 차별적 대우를 금한다. 헌법에서 차별적 영향은 다루지 않지만, 민권법 법령 일부에서는 차별적 영향을 언급한다.

차별적 대우. 차별적 대우 금지는 중립성을 지키겠다는 약속이다. 공무원들은 그래야 하는 중립적 이유가 충분하지 않은 이상에야 한 집단의 구성원을 우대하는 것이 허용되지 않는다. 법은 인종·성별·종교·나이 등 여러 사유를 근거로 하는 차별적 대우를 금하고 있다. 극단적으로는 차별적인 방식이나 규칙이 겉으로 드러나는 탓에("여성은 지원하지 말아주세요") 차별적 대우가 명백한 경우도 있다. 이러한 방식이나 규칙을 확인할 수가 없을 때는 위반을 단속하기가 더욱 어려워진다. 원고는 겉보기에 중립적인 방식이나 요건이 (가령 채용 필기시험이) 실제로는 어떠한 집단(백인)을 우대하거나 다른 집단(흑인)에게 불이익을 주기 위해 채택되었다고 주장할 수 있다. 차별을 단속하기 위해서는 법률 체계에 의사결정자의 동기를 파악할 도구를 갖춰야 한다.

'적의animus'라고도 불리는 노골적인 편견을 보이며 차별적 대우 금지를 위반하는 일이 벌어지기도 한다. 또는 의사결정자의 의식 밖에서 작용하는 무의식적인 편견으로 빚어질 수도 있다. 무의식적인 편견은 '암묵적 편견implicit bias'이라고도 한다. 공무원이 의도적으로 여성을 차별하지 않더라도 남성을 향한 자동적인 선호 때문에 여성을 차별할 수도 있는데, 이런 경우 당사자는 자신의 행동을 인정하지 않고 심지어 억울해한다.

차별적 영향. 차별적 영향을 금지한다는 것은 간단히 말해 이렇다. 어떠한 요건이나 방식이 특정 집단의 구성원(흑인, 여성)에게 지나치게 불리한 영향을 미친다면, 관리자는 해당 요건이나 방식이 정당하다는 점을 입증해야만 한다. 예컨대 고용주가 영업 사원들에게 필기시험을 치르게 하거나, 경찰서장이 신입 경찰들의 달리기 속도가 일정 수준 이상 나와야 한다는 원칙을 세웠다고 가정해보자. 이러한 요건들이 흑인과 여성 또는 그 외 보호를 받는 계층의 구성원에게 지나치게 불리하거나 실제로 직무 요건과 밀접하게 연관이 있다는 사실을 입증하지 못한다면 해당 원칙은 무효화된다. 어떠한 방식이 '업무상의 필요성business necessity'에 의해 정당하다는 사실을 반드시 증명해야 한다.

차별적 영향의 이면에 자리한 이론에 대해서는 여전히 논쟁이 분분하다. 일각에서는 차별적 대우를 찾아내는 것이 목표라고 본다. 가령 고용주가 흑인들에게 지나치게 불리한 방식을 채택했다면 이를 의도했다고 의심할 수 있다. 이러한 의심이 타당한지 확인하기 위해 정당한 이유를 요구하는 것이다. 또는 차별적 영향은 계급제도와 같은 시스템을 공고히 다진다는 점에서 그 자체로 문제가 된다고 볼 수 있다. 이 경우 차별적 영향을 미치는 방식을 채택한 사람은 타당하고도 충분한 중립적 이유를 입증해야 한다.

알고리즘과 판사, 보석 판결

판사

보석 판결에서 판사가 흑인 피고인에게 차별적 대우를 하는지 판단할 수 있다. 형식적인 관행(인종을 '부정적인 요소'로 간주하는 관행)이나 입증 가능한 동기에 따라 차별했다는 사실을 확인하면 된다. 또한 판결에 영향을 주는 요소(이를테면 근로 내역 확인하기)나 원칙이 흑인 피고인에게 지나치게 불리하다는 사실이 입증된다면 차별적 영향이 존재한다고 말할 수 있으며, 이때 이러한 영향이 중립적인 용어로 정당하다는 점을 인정받을 수 있는지가 관건이다.

여기서는 보석 여부를 둘러싼 판사들의 결정이 차별적 대우와 차별적 영향 모두에서 자유롭다고 단순히 가정해보자. 내가 아는 한은 이 두 가지 요소가 판결에 작용한다는 근거는 없다. 그럼에도 흑인 피고인과 히스패닉 피고인의 구금률은 28.5퍼센트이다.[37] 구체적으로 설명하자면 흑인 피고인의 구금률은 31퍼센트, 히스패닉 피고인은 25퍼센트다(백인 피고인의 구금률은 두 수치 사이에 자리한다).

알고리즘

중요한 점은 알고리즘이 인종에 영향을 받지 않는다는 점이다. 피고인이 흑인이든 히스패닉이든 인종은 알고리즘이 도주 위험을 분석할 때 고려하는 요소가 아니다. 그렇다면 알고리즘은 판사와 비교해 어떤 결과를 도출할까?

답은 물론 알고리즘이 어떠한 요청을 받았는지에 따라 달라진다. 알고리즘에게 인종과 관련해 판사가 도출하는 구금률과 일치하도록 지시한다면 판사의 결정과 상당히 가까운 수치를 낼 것이다. 흑인 또는 히스패닉 피고인의 전반적인 구금률은 29퍼센트이고, 흑인 피고인이 32퍼센트, 히스패닉 피고인이 24퍼센트로 말이다. 한편 범죄율은 판사와 비교해 무려 25퍼센트 낮아진다. 알고리즘은 적어도 판사와 비교한다면 차별을 결코 행하지 않는다고 볼 수 있다. 차별적 대우가 없다. 차별적 영향을 찾기도 쉽지 않을 것이다. 또한 결과로 본다면 인종적 공정성의 측면에서도 판사와 비슷한 수준을 유지한다(그럼에도 기존의 구금률의 수치가 적절한지는 별개의 문제다).

연구자들은 흑인과 히스패닉 피고인의 구금률을 29퍼센트에서 더 낮춘다는 목표를 알고리즘에 지시했을 때 어떤 일이 벌어질지 보여주었다. 흑인과 히스패닉 피고인의 구금률이 28.5퍼센트가 되도록 알고리즘을 설정했다고 가정해보자. 그 결과 범죄 감소율은 구금률이 29퍼센트일 때와 거의 동일했다. 알고리즘을 다양한 방식으로 조작하여 사회적 목표들 간에 무엇을 잃고 얻는지를 확인할 수도 있다. 연구자들이 보여준 몇 가지 사례 중에는 '구금률은 유지하되 모든 인종의 석방률을 동일하게 하라'는 지시도 있었다. 그 결과 알고리즘은 범죄율을 23퍼센트 낮췄는데, 대단한 감소이긴 하지만 석방률을 동일하게 한다는 지시 없이도 가능했던 범죄율 25퍼센트에 비하면 놀라울 정도로 낮아지진 않았다. 다만 대단히 놀랍게도 현재 판사가 도출하는 범죄율을 동일하게 유지하라고 알고리즘에 지시하자, 흑인 피고인과 히스패닉 피고인의 수감률이 각각 40.8퍼센트, 44.6퍼센트나 낮아졌다. 알고리즘은 가장 위험한 피고인들에게 초점을 맞추기에 훨씬 적은 수의 사람을 구금하는 결과로 이어진다. 흑인과 히스패닉 피고인들은 더욱 정확한 판결로 수혜를 입을 수 있다.

여기서 가장 중요한 핵심은 특정 수치가 아니라 다른 어떠한 절충안이 있는지를 명확히 확인할 수 있다는 점이다. 알고리즘은 보석이 거부된 피고인들의 인종적 구성에서 수많은 선택지를 가능케 한다. 알고리즘은 또한 여러 선택이 범죄율에 어떤 결과로 이어질지를 명쾌하게 보여준다.

폭넓은 고찰

알고리즘이 바로잡을 수 있다고 말하는 편향은 보통 (가용성 편향 또는 대표성 편향과 같은) 인지적 편향이다. 차별은 좀 더 복잡한 문제다. 분명히 말하자면 알고리즘을 활용할 때 차별적 대우는 방지할 수 있다. 알고리즘은 아무런 동기가 없고, 인종이나 성별을 근거로 선을 긋지 않도록, 인종 또는 성별을 고려하지 않도록 설계할 수도 있다. 차별적 영향은 좀 더 까다롭다. 정확한 예측이 목표라면 알고리즘은 중요한 사안(도주 위험, 학업 성취, 업무 능력 등)을 예측에 필요한 요소로 활용할 텐데, 이러한 요소들이 흑인 또는 여성에게 차별적 영향을 미칠 수 있다. 차별적 영향을 두고 차별적 대우를 파악하는 용도라고 설명한다면(차별적 동기를 지닌 사람이 그 이면에서 해당 영향력을 발휘하는 것이 아니라면) 그 자체로는 문제가 되지 않는다. 하지만 계급제도 같은 시스템을 방지하는 도구로 차별적 영향이 필요하다면 그 영향을 철저히 검증해야 한다.

알고리즘이 어떤 면에서는 차별의 산물이라 볼 수 있는 요소를 활용한다면 까다로운 문제들이 등장한다. 이를테면 알고리즘이 예측 작업을 수행하기에 앞서 이미 형성된 낮은 신용 등급이나 곤란한 범죄 기록은 인간이 만들어낸 차별의 산물일 수 있다. 알고리즘이 예측에 필요하지만 불평등한 대우로 빚어진 요소들을 활용하는 과정에서 차별이 각인되고 그 경향이 더욱 심화될 위험도 있다.[38] 알고리즘이 차별을 자기 충족적 예언●으로 삼을 수도 있다.

알고리즘의 큰 장점 중 하나는 바로 어떠한 사안에서 우리가 무엇을 잃고 얻는지를 전례 없이 명확하게 파악할 수 있다는 점이다. 인종적 균형을 좇는다면 다른 목표를 희생하게 된다는 점을 배우고 그 이득과 손해의 정도를 대단히 정확하게 파악할 수 있다. 앞서 언급한 보석 판결 연구는 명확한 사례를 보여준다. 어떠한 조건에서의 득과 실을 확인하는 일이 고통스럽겠지만 보통은 이를 파악하는 편이 훨씬 좋다.

● 자신이 기대하고 믿는 대로 행동하여 스스로 실현해나가는 예측.

직관 너머로

우리는 인간의 직관에 한계가 있음을 인식하고 알고리즘으로 눈을 돌릴 때가 많다. 민간과 공공 분야에서는 불확실한 상황에서 예측해야 할 때가 많은데, 직관이 예측을 잘못된 방향으로 이끌 수도 있다.[39] 정보를 바로잡으려면 매우 노력해야 한다.[40] 많은 사람이 전문가라면 직관을 신뢰할 수 있을 정도로 연마했으며 통계적 사고를 발휘할 줄 알 거라고 생각한다. 전문가들이 즉각 피드백을 받는 상황이라면 옳은 말이다. 하지만 현재 범죄 편향과 머그숏 편향으로 확인했듯, 경력이 많은 판사라도 알고리즘보다 훨씬 못한 판단을 할 수 있다. 현재 증상 편향과 인구통계적 편향의 경우 또한 마찬가지다. 나는 알고리즘을 향한 반감이 대부분 잘못된 직관에서 비롯된다고 보지만, 전체적인 현상을 파악하려면 더욱 폭넓은 논의와 단서가 필요하다.

물론 알고리즘이라고 반드시 인지 편향을 피할 거라고는 장담할 수 없다. 인지 편향을 내보이도록 설계될 수도 있다. 중요한 단 한 가지 사실은 알고리즘이 인간의 결정을 개선하는 방향으로 설계될 수도 있다는 점이다. 엄밀히 말해 알고리즘이 편향에서 자유롭다면 말이다. 이는 통계적 예측이 임상적 예측보다 낫다는, 오래전에 발견된 사실을 좀 더 구체적으로 설명한 것일 뿐이다. 이 말이 사실이라면 보통 사람들은 알고리즘의 조언을 구하거나 심지어 알고리즘의 의견에 따라 결정을 내리는 편이 좋다. 알고리즘으로 결정을 내리는 일이 만족스럽지는 않을지 몰라도, 여러 중요한 영역에서 알고리즘에 의한 결정이 미래의 추세가 될 것이다.

10

인생의 결정권을 스스로 쥐어라

우리가 결정을 내릴 때, 또는 결정을 내리기로 결정한 상황에서는 보통 조종당하기를 원치 않는다. 누군가의 꾐으로 결정을 하게 되었다는 사실을 알면 분노할 것이다. 강제는 눈에 보이지만 조종은 보이지 않는다. 조종을 당하면 소름끼칠 수도 있다. 일상생활에서 우리는 존중받기를 기대하지만, 조종하는 사람들은 우리를 존중하지 않는다. 우위에 있는 누군가에게 또는 알고리즘에 속는다면 (점차 그렇게 되겠지만) 모멸감을 느낀다. 이러한 문제와 잠재적 영향을 이해하기 위해 잠시 되짚어보는 시간을 갖도록 하겠다.

전 세계에서 규제 기관들은 '사기'와 '기만적인 거래 행위'를 규제한다. 두 용어는 문자 그 자체로 의미가 명확하지 않고 다양하게 해석된다. 법은 물론 일상 언어에서 사기는 보통 어떠한 이득을 노린 거짓말과 잘못된 사실 전달을 뜻한다. "이 상품을 구매하시면 절대로 암에 걸리지 않을 겁니다!" 기만은 일반적으로 사람들에게 사실이 아닌 정보를 믿게 하려는 말이나 행동이다. "코로나 백신은 효과가 없습니다!" 일상 언어에서 조종manipulation은 위의 두 가지와 다르고, 중요한 여러 측면에서 의미가 좀 더 너른 개념이다. "세 배로 인상된 가격으로 매년 구독이 자동 갱신됩니다"라는 체크박스가 미리 체크되어 있다면 사기는 아닐 수 있고 기만당하는 사람도 없을 수 있지만, 조종을 했다고는 할 수 있다.

여러 국가에서 온라인상의 '다크 패턴dark patterns'에 관심을 더욱 키우고 있는데, 이는 사람들의 선택을 바꿔 돈을 벌려는 다양한 조종 전략을 일컫는다. 다크 패턴 중에는 우리를 대신해 이차적 결정을 내리는 것도 있다. 실로 이것이 다크 패턴의 핵심일지도 모른다. 사전에 어떠한 칸에 체크가 되어 있거나, 어떠한 프로그램의 자동 등록, 상품의 자동 구매, (낮은 에너지 효율, 연체료, 초과 사용료 등) 숨은 특성이나 중요한 이용 약관을 작은 글자로 제시하는 전략이 모두 다크 패턴이다.[1] 다크 패턴이 사람들의 의사결정을 망가뜨리기도 하며 일종의 절도라고 볼 수 있다.

나는 결정의 자율성에 초점을 맞춰 조종당하지 않을 권리를 살펴볼 예정이다. 민간 행위자와 정부에 반하는 우리의 도덕적 권리를 알아야 한다고 제안하는 바다. 앞으로 보겠지만 거짓·조종·강제는 공통점이 많다. 세 가지 모두 결정의 자율성을 앗아간다. 자율성이 왜 중요한지는 서로 의견이 다르더라도, 이 세 가지 모두 자율성을 박탈하므로 부당하다. 조종당하지 않을 권리의 근간은 의사결정에서 자율성이 중요하다는 사실과 그 이유를 이해하는 것이다.

논의 과정에서 네 가지 질문을 다룰 예정이다. ① 조종이란 무엇인가? ② 조종의 문제는 무엇인가? ③ 조종당하지 않을 도덕적 권리가 있어야 하는가? ④ 조종당하지 않을 법적 권리가 있어야 한다면, 어떠한 내용을 담아야 하는가?

조종이란 무엇인가?

많은 사람이 조종의 정의를 밝히려고 노력을 기울였는데, 거의 전적으로 철학 문헌에서 다루었다. 이렇게 정의를 묻는 질문은 답을 찾기 상당히 어렵다. '조종'이라는 용어가 단 하나로 정의되기 어려운 다양한 말과 행동을 포함하고, 단일한 필요충분조건의 대상이 아니기 때문이다. 조종의 정의를 밝히려는 노력은 대체로 인간의 합리적인 사고를 방해하거나 약화하는 영향력에 초점이 맞춰졌다. 이스라엘의 철학자 아비샤이 마갈릿은 조종이 "어떠한 이유를 바탕으로 행동하는 능력을 파괴"한다고 주장했는데, 다시 말해 자율성을 발휘하는 데 필요한 조건인 "결정을 하기 위한 올바른 인지 능력을 확보할 필요성"을 약화한다고 주장했다.[2] 그는 "조종은 유혹에서 시작"되는 반면 강제는 "위협에서 시작된다"고 봤다.[3] 볼링그린주립대학교 철학과의 크리스티안 쿤스와 마이클 웨버의 설명에 따르면 조종은 "목표 대상의 이성적 능력을 마비시키거나 파괴하는 영향력 같은 것"이다.[4] 정치철학자 T.M. 윌킨슨은 조종이 목표 대상을 "도구이자 바보"로 취급하며 "개인의 자율적인 의사결정을 파괴하고 모욕한다"고 설명했다.[5] 그는 "조종은 선택을 왜곡하는 방법들을 사용해 상대에게 의도적이고도 훌륭하게 영향력을 미치는 행위"라고 봤다.[6]

이와 관련해 루스 페이든과 톰 비첨은 심리적 조종을 "무언가를 이해하는 정신적 과정이 아닌 다른 정신적 과정에 변화를 일으켜 개인의 신념이나 행동에 성공적으로 영향을 미치는 의도적 행위"로 정의했다.[7] 조셉 라즈는 "조종은 강제와 달리 개인의 선택지에 간섭하지 않는다. 대신 개인이 결정에 이르거나, 선호를 형성하거나, 목표를 택하는 방식을 왜곡한다"고 설명했다.[8]

윌킨슨과 라즈의 설명에서 선택을 "왜곡"한다거나, 결정에 이르거나 선호를 형성하는 방식을 "왜곡"한다는 표현은 문자 그 자체로 의미가 명확하지 않다. 여기서 왜곡은 적절하고 깊은 숙고를 하지 못하게 하는("결정하기 위한 올바른 인지 능력"을 사용하지 못하게 하는) 방법으로서 왜곡을 말한다. 그렇다면 조종은 "의사결정 능력을 파괴하고 모욕해 피해자의 자율성을 침해한다"고 정의할 수 있다.[9] 특정한 상황에서(모든 상황이 아니다!) 유혹이 이와 같은 영향을 미치기도 한다. (다만 상대에게 슬픔이나 공포를 유발하거나, 어떠한 조건을 작은 글자로 눈에 잘 보이지 않게 적거나, 그 조건을 혼란스럽고 복잡한 용어로 잔뜩 제시하는 형태의 조종은 유혹과 다르다는 점을 명심하자.[10])

문제는 "파괴"와 "모욕"이라는 개념을 구체화하기 어렵다는 것이다. 때문에 여기서는 어떠한 말이나 행동이 깊이 생각하고 신중한 선택을 내리도록 충분히 관여하지 않을 때 조종하려는 의도가 있는 것으로 이해하겠다.[11] 식역하 광고subliminal advertising•가 분명한 예시다. 사람들의 심리 가장 깊은 곳에 자리한 희망과 두려움에 호소하거나 특정한 편향(현재 편향이나 가용성 편향, 낙관적 편향 등)을 유발하는 마케팅 전략도 조종하려는 의도가 담겼다고 할 수 있다(정확히 판단하려면 세부 내용을 파악해야 한다). 조종이 기만과는 다르다는 점을 이해하자. 조종은 농락하는 것이고 기만은 거짓말을 하는 것이다. 어머니나 연인은 당신을 기만하지 않고도 조종할 수 있고, 아스피린이나 감기약 광고 또는 국가 원수의 마케팅 캠페인도 사람들을 그렇게 조종할 수 있다(조지 오웰의 소설 『1984』는 무엇보다도 조종의 공포를 보여주는 일련의 사례 연구다).

철학자이자 생명윤리학자 앤 반힐은 의사결정의 자율성이란 무엇인지 논하며 통찰을 안기고 큰 영향력을 남겼다. 그는 조종이 "개인의 신념이나 욕망, 감정에 대단히 직접적으로 영향을 미치는 나머지 그 신념이나 욕망 또는 감정의 이상에 미치지 못하는 방향으로, 현재의 맥락에서 개인의 이익에 부합하지 않는 (또는 부합하지 않을 가능성이 있는) 방향으로 이끈다"고 정의했다.[12] "이상에 미치지 못하는"이라는 문구가 핵심을 이해하는 데에 큰 도움이 되는데, 이는 내가 앞서 "깊이 생각하고 신중한 선택을 내리도록 충분히 관여하지 않을 때"라며 조종의 정의를 밝히는 부분에서 "충분히"라는 단어로 표현하려던 개념이다. 충분한지 그렇지 않은지 기준은 객관적이 아니라 주관적으로 봐야 한다. 핵심은 '실제로' 이상에 미치지 못하도록 영향을 받았는지 여부다. 반힐이 내린 정의

● 잠재의식을 자극해 행동을 촉구하는 광고로 한국에서는 방송광고심의에 관한 규정 제15조에 의해 금지되었다.

의 장점은 사람들이 깊고 신중한 선택을 내리지 않고 내려서도 안 되는 상황이지만 그와 관계없이 조종당하는 사례 또한 포함한다는 것이다. 사랑에 빠지는 일이란 깊고 신중한 선택의 문제가 아니라고 주장할지 몰라도(마땅히 이렇게 주장해야 한다!) 어떠한 조종의 힘으로 누군가와 사랑에 빠질 수 있다.

다만 반힐의 정의에도 몇 가지 문제가 있다. 먼저 조종과는 다른 거짓말과 기만도 포함하는 듯 보인다는 점이다. 또 다른 문제는 선택자 개인의 이익에 우호적인 영향은 조종의 범주에서 제외한다는 점이다. 선택자에게 더 나은 결과를 가져다주는 조종도 있다. 어떠한 의도가 담긴 행위에 따라 개인이 결국 병원에 가거나, 데이트를 했고 즐거웠거나, 차를 구매했는데 마음에 드는 것처럼 이익에 부합하는 상황을 생각해보자. 정당한 행위라고 말하고 싶을 수도 있지만, 사실 이 모든 행위에도 마찬가지로 조종하려는 의도가 있다. 선택자에게 이익이 되는 조종 행위도 많다(이 점은 다시 설명하겠다).

반힐이 말하는 조종을 이해하려고 결정과 선택의 본질 또는 감정의 역할이 무엇인지 논쟁할 필요는 없다. 깊이가 있거나 신중하지 않고, 무의식적인 사고를 기반으로 하며, 본인이 내릴 결정의 근원을 완전히 이해하지 못한 채 많이들 결정을 내린다는 데 동의해야 한다.[13] 다만 그렇다 하더라도 조종자는 사람들이 신념이나 욕망, 감정의 이상에 미치지 못하도록 모종의 영향력을 행사할 수 있다. 조종은 여러 심리학적·철학적 논쟁과 무관하게 일상에서 사람들이 사용하는 용어이므로, 관련 논란들은 잠시 접어두고 해당 개념에 접근하는 것이 최선이다.

조종의 문제는 무엇인가?

조종이 잘못된 상황은 언제이고 또 조종의 문제는 무엇인가? 이 질문에 답하기 위해서는 무언가가 잘못되었다는 말이 어떤 의미인지 파악해야 한다. 이에 칸트주의자와 복지주의자는 각각 다른 답을 제시한다.

칸트주의자Kantian는 사람을 수단이 아닌 목적으로, 객체가 아닌 주체로 대우해야 한다고 강조한다. 이들은 사람이 선택이나 결정을 잘하는지 여부와 무관하게 자율성에 초점을 맞춘다. 칸트주의자에게 조종의 핵심적인 문제는 선택자를 존중하지 않는다는 것이다. 조종은 주체성을 발휘할 개인의 능력을 존중하지 않고 자율성과 존엄성을 침해한다. 인간은 어린아이가 아니라 성인으로 대우받아야 하며, 깊이 생각하고 선택을 내리는 사람들의 능력을 충분히 고려하지 않는다면 존중 없이 대하는 것이다. 거짓말은 조종과 다르지만 마찬가지의 이유로 잘못되었다고 할 수 있다. 칸트는 이렇게 말했다. "거짓말로 인간은 인간으로서의 존엄성을 버리고, 인간으로서의 존엄성을 말살한다."[14] 속임을 당하는 것보다는 거짓말을 하는 행위에 관한 내용이지만, 칸트주의 관점에서 거짓말이 피해자들에게 어떠한 점에서 문제가 되는지는 명확하다. 미국의 철학자 크리스틴 코스가드의 말처럼 거짓말이 문제가 되는 이유는 "본인의 삶이므로 자신의 삶을 스스로 꾸릴 권리가 있다는 순수한 도덕적 주장"에서 기인한다.[15] 거짓말은 조종과 쌍둥이이며, 칸트주의자에게 이 둘은 강제의 가까운 친척과 같다. 강제와 마찬가지로 조종은 개인의 주체성을 앗아가고 타인의 의지로 움직이게 만든다.

마갈릿의 말처럼 "강제와 조종은 자율성을 망가뜨리는 방식이 다르지만 한 가지 중요한 차원에서 공통점을 지니는데, 주체의 의지를 타인의 의지에 예속시킨다는 것이다."[16] 이와 비슷하게 라즈는 "강제와 조종은 개인의 의지를 다른 사람의 의지에 종속시킨다. 이는 주체의 독립성을 침해하고 자율성에 반한다"고 주장했다.[17] 강제와 조종은 "이를 당하는 사람들을 향한 무시, 심지어 경멸을 표현하는 상징적 의미를 얻게 되었다."[18] 따라서 라즈는 강제와 조종을 향한 금지는 "이러한 행위가 실제로 불러오는 결과의 심각성을 초월하는 상징적 또는 표현적 특징을 지닌다"고 주장했다.[19]

복지주의자welfarist는 자율성을 강조하지 않으며 무시나 경멸의 의미에 초점을 두지 않는다. 이들에게는 실제 결과가, 사람들의 후생이(복지가) 중요하다. 복지주의자는 조종자가 선택자가 아닌 자신의 이익을 도모하는 일을 가장 걱정한다. 왜 선택자의 능력에 맡기지 않고, 정보를 제공한 뒤 조종하려 하는지 마땅한 의문을 품는다. 여기서 조종자가 지닌 심각한 문제는 선택자의 상황·취향·가치 등 관련 정보가 부족하다는 것이다. 그래서 조종자는 사람들이 스스로에게 가장 좋은 것이 무엇일지 선택하는 과정을 방해하게 된다. 조종자가 선택자가 아닌 본인의 이익에 초점을 맞춘다면 상황은 중요한 의미에서 더욱 악화된다. 이기적인 조종자는 사람들의 주체성을 제한하고 본인의 이익에 어울리는 방향으로 사람들의 기회와 자원을 활용한다는 점에서 절도를 행한다고 볼 수 있다. 가부장적인 조종자는 이러한 행위를 할 수도 하지 않을 수도 있지만 흔히 자신이 사안을 가장 잘 안다고 생각하는데, 이런 생각은 틀릴 때가 많다. 이기적인 조종자는 돈이나 감정, 시간, 집중력 등을 앗아가는 도둑이고, 가부장적인 조종자 또한 동기가 전적으로 선하더라도 마찬가지로 도둑이다.

그러므로 복지주의자가 조종을 반대하는 맥락은 존 스튜어트 밀의 '위해성 원칙harm principle'●의 바탕이 되는 생각들과 궤를 같이한다.[20] 밀은 이 원칙의 근거로 배움과 실험, 자기 결정, 자기 발전의 중요성을 들어 다양한 주장을 제시했다. 그가 가장 진심을 담아 주장한 주제는 자기 발전이지만, 지금 우리가 다루는 내용에서 밀의 가장 중요한 주장은 '인식론epistemic'이다. 이는 선택자가 아는 것과 외부인이 알지 못하는 것을 시사한다. 따라서 밀은 개인이 "자신의 안녕감에 가장 관심이 많은 사람"이고, "보통의 남성 또는 여성은 다른 이들이 소유할 수 없을 정도로 수없이 많은 지식의 수단을 갖추었다"고 주장했다.[21] 사회는 "일반적인 가정"에 근거해 개인의 판단을 배척하려 할 텐데, 이 가정들은 "전적으로 틀릴 수도 있고, 설사 옳더라도 개개인의 사례에 잘못 적용될 수 있다."[22] 사람들의 삶이 무탈하도록 하는 것이 목적이라면, 공직자들이(그리고 다른 이들이) 할 수 있는 최선의 방법은 사람들이 자신의 길을 스스로 찾도록 하는 것이라고 밀은 결론지었다. 이와 같은 맥락으로 하이에크는 "누군가가[선택자가] 아는 것들의 대부분에 대해 우리가 어찌할 수 없을 정도로 무지하다는 인식이 자유를 찬성하는 입장의 핵심 근거다"라는 놀라운 의견을 남겼다.[23]

● 개인의 행위가 다른 이에게 해가 될 때에만 그의 자유에 개입할 수 있다는 원칙.

이는 강제를 행하는 사람만이 아니라 조종자(특히나 친구와 공직자)도 명심할 이야기다. 요지는 이렇다. 우리는 다른 이가 실수를 하는 것 같다는 생각이 들면 왜 그렇게 생각하는지를 상대에게 설명해야 한다. 그들이 왜 틀렸는지 말해야 한다. 알려주어야 한다. 이들을 조종해서는 안 된다. 복지주의자가 보기에, 당신 생각으로는 상대에게 이롭다고 여기는 행동을 하도록 상대를 조종한다면 당신은 대단히 중요한 것을 놓칠 위험이 있다. 자신의 삶을 스스로 꾸려나간다는 점에서 우리는 선택자가 조종자를 포함한 외부인 그 누구보다 더 많은 지식을 갖췄다고 주장할 수 있다. 밀과 하이에크의 주장에 따라, 본인을 위한 결정을 내리기에 가장 좋은 위치에 있는 사람은 자기 자신이라고 생각한다면, 타인을 조종하려는 노력은 한 개인에게 최선이 되는 결정으로 이어질 수 없으므로 결국 상대의 후생을 떨어뜨린다는 우려가 생긴다. 조언자 또는 외부인의 의무는 상대를 조종하는 것이 아니라 (개인의 기준에 따라) 좋은 결정을 내릴 위치에 자리하도록 돕는 것이다. 밀과 하이에크의 추종자라면 결정자가 외부인보다 인식적 우위에 있다고 주장할 법하다. 이러한 관점에서 자신이 바라는 방식으로 상대의 선택을 유도할 방법을 찾는 조종자는 사람들의 후생을 저하시키려는 사람이다.

중요하게도 행동과학자들은 밀의 주장에 몇 가지 심각한 의문을 제기했다.[24] 선택자가 어떠한 편향에 시달린다면 잘못된 선택을 할 수도 있다. 그러한 사례는 수없이 접했다. 낙관적 편향과 현재 편향, 한정된 주의력을 생각해보길 바란다. 복지주의 접근법으로 사람들이 실수를 하지 않게 돕겠다는 명목 하에 조종이 정당화될 가능성도 배제할 수 없다.[25] 따라서 조종을 향한 복지주의자의 반감은 맥락과 상황에 따라 달라진다. 선택자가 음주나 흡연을 그만두도록 또는 체중에 신경을 쓰도록 조종할 수도 있다. 하얀 거짓말을 하는 사람처럼 조종자들 또한 사람들에게 더욱 이로운 결과를 가져오고 심지어 생명을 구할 수도 있다. 조종자라고 해서 반드시 도둑이 될 필요는 없다. 복지주의자의 가정에 따르면 이들은 성인聖人이 될 수도 있다. 공리주의의 창시자인 제러미 벤담은 거짓말의 결과에 집중해야 한다고 강조했다. "물질적인 요소가 동반되지 않은 거짓은 그 자체로는 공리주의 원칙에 따라 그 어떤 위법 행위로도 볼 수 없다."[26] 마찬가지로 공리주의자인 헨리 시지윅도 비슷한 말을 남겼다.

> 다만 어떤 경우라도 선의의 속임이 그 적법성을 인정받는다면, 편의성을 참작하지 않고는 속임을 언제 어느 정도까지 인정할지 판단할 수 없다. 즉, 진실이 모두 위배되어 상호 신뢰가 위태로워진 정도와 비교해 기만으로 얻는 이득이 어느 정도인지를 가려내야 한다.[27]

이러한 의견은 복지주의자가 조종이 언제 그리고 어떻게 타당하다고 여기는지를 설명해준다. 첫째로 복지주의자는 이로운 조종과 해로운 조종을 구분해야 한다고 주장할 것이다. 테러리스트와 납치범을 조종하는 것은 문제가 되지 않는다. 누군가가 당신을 납치하려 한다면 마땅히 이들을 조종하려 해도 된다. 일상생활에서 친구나 가족의 생명을 구하기 위해, 또는 끔찍한 피해를 막기 위해, 심지어 장난삼아 조종을 한다 해도 복지주의자는 반대하지 않을 것이다. 둘째로 조종은 용납할 만한 전체적인 프로세스 또는 시스템의 일부가 될 수도 있다. 부모가 자녀들을 조종해도 불만을 제기할 이유가 없을 수 있고, 친구나 배우자 사이에서 서로를 약간 또는 꽤 심하게 조종한다 해도 괜찮을 수 있다(다만 그 결과가 어떤지에 따라 선을 넘을지도 모른다). 경쟁 시스템이 잘 작동한다면 다양한 광고주와 마케터들이 행하는 조종도 문제가 되지 않을 수 있다.[28] 비교적 심하지 않은 정도의 조종은 경쟁에서 불가피하고 충분히 수용 가능하다. 셋째로 복지주의자는 몇몇 조종이 대수롭거나 중요하지 않으며 윤리적으로 심각한 문제가 없다고 인정할 것이고, 대단히 유익하고 (높은) 한계치를 뛰어넘는 결과가 나왔다면 조종을 부정적으로 여겼던 생각도 사라질 수 있다고 여길 것이다. 의뢰인이 무의미한 소송을 제기하지 않도록 변호사가 조종한다면 이에 불만을 제기할 큰 이유가 없다. 넷째로 복지주의자는 중요한 정보가 부족하거나 행동 편향으로 인해 사람들이 심각한 오류를 저지르는 상황이라면 강제에 가까운 조종 전략을 허용할 수 있다고 생각할 것이다. 다만 그럼에도 사람들을 조종하기보다 정보를 제공하거나 편향을 바로잡는 반응이 최선이라고 결론지을 것이다.

도덕적 권리와 법적 권리

우리가 조종이라고 여길 만한 행동 범주가 분명 존재하고, 이는 주체성을 발휘하려는 개인의 능력을 존중하지 않는 것이므로 대부분 용납되지 않는다는 사실에 동의할 것이다. 또한 어쩌면 조종자가 악하거나 자신의 이익에만 치중해서, 어쩌면 조종자가 선택자보다 많이 알지 못하기에 조종이라는 행위가 사람들의 삶을 악화할 수 있다는 사실에 동의할 것이다. 조종자는 자신이 원하는 방향으로 선택자를 유도하는 데 성공할 때가 많다. 이러한 상황에서 우리는 조종당하지 않을 권리를 적극적으로 수호해야 한다. 이 권리는 칸트주의자와 복지주의자가 서로 다른 이유로 지지하는 결정의 자율성이라는 원칙에서 비롯하며, 개인은 민간 및 공공 기관 모두에 대항할 수도 있다. 나는 앞서 조종당하지 않을 권리를 요구할 수 없는 상황도 이야기했다. 테러리스트나 가정 폭력에 가담한 자는 해당 권리를 상실한다. 하지만 모든 유형의 도덕적 권리가 완전한 것은 아니다. 특히나 온라인상에서 타인을 조종할 수 있는 영향력이 그 어느 때보다도 커진 현대에는 조종당하지 않을 권리가 더욱 중요해졌다.

이러한 면에서 우리는 조종을 나쁘게 보는 사회규범을 매우 기쁘게 여기는 한편 마케터나 정치인으로부터 해당 권리를 지키고 더욱 강화하고 싶은 마음이 들 수도 있다.[29] 조종이 사회규범으로 어느 정도 장려되는 또는 장려되지 않는 행동일 수 있지만, 대체로 법이나 규정과는 무관하다고 생각하고 싶을지도 모른다. 법과 규정에 무관한 긍정적인 자질로는 친절함, 배려심,[30] 예의, 품위, 관대함을 들 수 있겠다. 법에서는 이러한 자질을 요구하지 않는다. 부정적인 자질은 불친절함, 무례함, 저품격, 인색함이 있겠다. 불친절하고 배려심이 없고, 품위가 없고, 인색한 태도를 처벌

하는 법은 없다.

그 첫 번째 이유는 모호함이다. 도덕적 권리를 보호하는 규범을 포함해 많은 행동 규범이 법으로 만족스러울 만큼 정확하게 정의되지 않고 정의될 수 없다. 이로 인해 심각한 우려가 발생하는데, 자신이 무엇을 할 수 있고 또 할 수 없는지 사람들은 정당한 통고를 받지 못하고, 법 집행기관은 결정 과정에서 지나치게 신중해진다. 일상 언어에서는 물론 심지어 가장 신중한 철학자들의 정교한 언어로도 조종을 형법과 규제의 기초로 만들 수는 없다.

두 번째 이유는 방대함이다. 잘못된 행동이라는 수많은 범주에는 대단히 다양한 행동이 포함되는데, 이 중에는 처벌을 받을 만큼 나쁘지 않은 행동도 있고 또 상황에 따라서는 전혀 나쁘다고 할 수 없는 행동도 있다. 또한 (대단히 나쁘게 굴지 않는다는 전제 하에) 사람들에게는 나쁘게 행동할 권리가 있고, 따라서 불친절함, 무례함, 배려심이 없는 태도가 불법이 아니다. 앞에서 봤듯 조종도 맥락이 같다(조종이 없는 세상은 아무런 재미가 없을 것이다. 단 한 번의 유혹도 원치 않는 사람이 있을까?). '사기'와 '폭행'이라는 용어들도 마찬가지로 문제를 지닌다고 생각할 수 있는데, 전적으로 틀린 생각은 아니다. 다만 오래도록 이어온 전통으로 이러한 용어들을 구체적으로 명시하고 실체화할 수 있고, 이 용어들이 지닌 모호함과 방대함에 대한 우려를 크게 잠재울 수 있다. 하지만 조종이라는 개념은 그렇지 않다.

그럼에도 최악의 사례에 초점을 맞춰 할 수 있는 일이야 많다. 앞서 우리는 조종하려는 의도가 있는 행동이 일종의 절도에 해당하는 사례를 접했고, 이러한 행위는 바로 앞에 이야기한 이유로 금지되어야 한다(법으로 금지되지 않은 거짓말과 법으로 금지된 허위 사실 적시에 의한 명예훼손을 비교해보자). 특정한 사례에, 명백하게 해롭고 어떠한 사유로도 변호될 수 없는 조종에 초점을 맞추는 것이 최선이다. 한 예로 2020년 3월 도널드 트럼프의 캠페인을 생각해보자. 캠페인에 기부한 사람들은 온라인상에서 빼곡하게 채워진 작은 글자들 사이에서 '매월 정기 기부'라는 칸에 미리 체크 표시가 된 양식을 마주했다.[31] 그해 6월 해당 캠페인은 "돈 폭탄the money bomb"이라는 비슷한 전략을 사용해 트럼프의 생일에 추가 기부금을 내도록 했다.[32] 또한 9월에는 사전 체크된 '매월 정기 기부' 문구를 '매주 정기 기부'로 변경했다.[33] 캠페인이 진행되는 동안 '매주 정기 기부' 칸을 전보다 눈에 띄지 않게 만들고 다른 문구들 아래로 옮겼다.[34] 이 전략은 효과가 있었고, 기부금이 급증했지만, 그 결과 의도치 않은 결제로 신용카드 한도가 초과되면서 추가 인출 수수료를 내는 일이 다수 벌어졌고, 사람들은 정기 결제를 막기 위해 카드를 취소하기도 했다. 한 계산에 따르면 '다크 디폴트dark defaults'라고 부르는 이 전략으로 수입이 4200만 달러 증가했다고 한다. 놀랍게도 기부자들은 여기서 학습하지 못하고 같은 실수를 반복했다.[35]

사전에 체크가 된 상자는 언제 조종이나 절도로 간주될까? 답을 찾기 위해서는 다음의 두 가지 질문에 답해야 한다. ① 사전에 체크된 상자가 전적으로 투명하게 공개되었고 잘 보이는가? ② 사전에 체크된 상자가 답변자들 모두 또는 대다수에게 이익이 되는가? 두 질문의 답이 '그렇다'라면 조종 전략이 없으며 우리가 걱정할 문제도 없다. 두 답변 모두 '아니다'라면 조종 전략이 있고 심각한 문제가 벌어진 상황이다. 실로 두 번째 답변이 '그렇다'라고 해도 첫 번째 답변이 '아니다'라면(대다수에게 이익이 되더라도 투명하게 공개되지 않았다면) 조종이라는 사실을 알아야 한다. 첫 번째 질문의 답이 '그렇다'지만 두 번째 답은 '아니다'라면(투명하게 공개되었지만 다수에게 이익이 되지 않는다면) 역시 조종이라고 생각해야 한다(다른 문제도 있겠지만).

다만 인정하건대 사전 체크된 상자들은 그 자체로 조종하려는 의도가 있다고 보기 어렵고 실로 대단히 명민한 아이디어일 수 있다. 휴대전화나 노트북의 기본 설정 또한 사전 체크된 상자들과 비슷하게 기능하고, 우리에게는 다행스러운 일이 아닐 수 없다. (넷플릭스나 애플, 아마존과 같이) 온라인 서비스를 판매하는 기업들이 소비자의 구독 설정을 자동으로 갱신하겠다고 명확하게 공지한다 해도 법이 개입할지는 확신할 수 없다(엄밀히 말해 대부분의 사용자가 선택권이 주어졌을 때 자동 갱신을 선호할지 여부가 중요하다). 사람들이 특정 약관에 동의한다는 사실을 명확히 고지받지 못할 때' 그리고 선택권이 있었다면 동의할 가능성이 현저히 낮은 약관일 때 심각한 문제가 발생한다. 일반적으로 사람들이 적극 동의하지 않는 약관으로 과금하는 일은 금지되어야 하고, 의사를 물었을 때 사람들이 동의하지 않을 약관이라면 더더욱 그렇다. 동의하지 않을 약관을 집어넣는 행위는 다크 패턴의 가장 어두운 면이며 절도나 다름없다. 금지되어야 마땅하다.

이 이야기의 저변에 자리한 원칙은 결정의 자율성이며, 다시 말해 숨은 요금과 비용은 금지되어야 한다. 규제 기관은 이러한 요금과 비용을 엄중하게 비판해야 한다. 한 가지 사례로 미국 운수부는 미국 항공사와 온라인 여행사에 지시를 내려, 항공권을 광고할 때 세금이 포함된 가격으로 광고하도록 웹 인터페이스를 수정하게 했다. 소비자가 정보를 바탕으로 결정을 내리도록 하기 위함이다. 가격이 숨겨지는 문제를 해결하기 위해 이렇게 행동에 영향을 미치는 개입behaviorally informed intervention이 대단히 효과적이며 덕분에 고객이 큰돈을 아낄 수 있다는 사실이 입증되었다.[36]

반면 조종하려는 의도가 충분히 보이더라도 절도라고 하기는 어려운 '다크 패턴'도 있고, 이는 보통 법적으로 금지해서는 안 된다. 가령 사람들에게 반복하여 어떠한 행위를 요구하거나("이 책을 사고 싶지 않습니까?"), 상품의 재고가 한정되어 있다는 (거짓이 아닌) 이야기를 전하거나, 초조함을 불러일으키기 위해 카운트다운 타이머를 두는 전략("두 시간 후에는 사라집니다!")이 그렇다. 이러한 행위는 절도로 보기가 더욱 어렵고 법적 개입을 정당화하기도 훨씬 까다롭다.

조종을 금지할지 말지 고려할 때는 가장 심각한 사례를 기준으로 규제의 범주를 마련하는 것이 최선이다. 거짓말은 위법이 아니지만 명예훼손과 위증, 허위광고는 위법이라는 점을 다시 떠올려보자. 거짓말이 금지되는 상황은 심각한 피해를 입힐 때와, 거짓말이 일종의 절도로 간주될 때다. 그런 거짓말은 사람들이 스스로 결정을 내릴 능력을 약화하며 타인의 이익을 위해 사람들에게서 무언가를 앗아간다. 조종하려는 행위도 때때로 이와 같은 특징을 지닌다. 바로 이때 법이 대처해야 한다.

맺음말

"취하라!"

여기서 데이비드라고 칭할 내 가까운 친구 중 한 명은 경미한 심장질환이 있어 뇌졸중 위험이 높은 상태다. 이 위험을 낮추기 위해 의사는 그에게 매일 약을 복용해야 한다고 전했다. 부작용이 없는 약도 아니었고, 출혈의 위험이 높아질 수도 있었다. 그럼에도 의사는 데이비드가 이 약을 복용하는 것이 현명한 처사라고 생각했다. 데이비드는 약을 복용하지 않기로 했다. 그는 확률만 놓고 따진다면 어느 쪽이든 위험이 있고, 매일 약을 먹는 것도, 매일 약을 먹어야 한다는 생각도 '마음에 들지 않는다'고 판단했다. 의사는 그 생각에 동의하지는 않지만 결정 자체가 불합리하지는 않다고 말했다. 의사는 의학계에서 '환자의 자율성'을 존중해야 한다고 배웠다며 말을 덧붙였다. 왜 존중해야 할까? "결국은 당신 인생이니까."

이 책은 자유주의 전통에서 쓰였다. 채택하기로 결정하든, 위임하기로 결정하든, 무엇을 알기로 또는 믿기로 결정하든, 그 외 다른 결정에서도 자율성이라는 자유주의 사상이 중심이었다. 정확히 말하자면 자유주의라는 개념은 인간의 오류를 지적하는 행동과학 분야의 여러 발견으로 제동이 걸렸다. 하지만 결정에 관한 결정은 개인이 내리는 것이고, 다양한 영역에서 대체로 인간은 스스로 결정을 내릴 권리를 가져야 한다. 앞서 확인했듯 이러한 권리는 자율성과 후생이라는 개념에 근간을 둔다. 예컨대 무언가를 선택하고 알아가는 행위는 재밌고 보람차며 의미 있을지도 모르나, 부담스럽고 고통스러울 수도 있다. 어떠한 결정과 관련해 개인이 모든 것을 알 수는 없지만, 상당히 많은 부분을 알게 될 수 있고 대체로 다른 누구보다 자신이 더욱 잘 알 것이다.

⁑

자유주의를 예찬하는 시가 있을까? 자유주의를 노래하는 시인이 있을까? 퍼시 비시 셸리●를 애정 했던 존 스튜어트 밀은 있다고 생각했다. "철학자들은 문화상, 요즘 시대에 시인이라는 단어가 담은 특별한 의미의 시인이 될 수는 없을 것이다. 일찍부터 시를 탐구하게 만드는 그 특별한 기질이 있지 않다면 말이다. 하지만 시인은 문화상, 철학자가 될 수 있다."[1] 하지만 시인이 자유주의 철학자가 될 수 있을까?

밀과 동시대를 살았던 프랑스 시인 샤를 보들레르는 1867년에 사망했다. 1869년에 『파리의 우울Le Spleen de Paris』이라는 이름으로 보들레르의 산문시집이 출간되었다. 그 책에 「취하라, 그대

● 『프랑켄슈타인』의 저자 메리 셸리의 남편이자 영국 낭만주의 시인으로 「자유에 바치는 송가Ode to Liberty」를 썼다.

여Enivrez-Vous」라는 글이 실렸다. 전문은 다음과 같다.

> 사람은 늘 취해 있어야 한다. 가장 중요한 문제다. 우리에게 반드시 필요한 것이다. 어깨를 짓눌러 몸을 거꾸러뜨리는 끔찍한 시간의 무게를 느끼지 않으려면, 쉴 새 없이 취해 있어야 한다.
> 하지만 무엇에 취해야 하는가? 와인이든, 시든, 미덕이든, 그대가 원하는 대로. 다만 계속 취하라.
> 때로는 궁전의 계단 위에서, 도랑가의 초록 풀 위에서, 당신 방의 음울한 고독 속에서, 술기운이 이미 사라진 채 깨어나면, 바람에게, 파도에게, 별에게, 시계에게, 도망치는 모든 것들에게, 신음을 내지르는 모든 것들에게, 떠도는 모든 것들에게, 노래하는 모든 것들에게, 말하는 모든 것들에게 몇 시인지 물어라. 그리하면 바람도, 파도도, 별도, 새도, 시계도 답할 것이다. "취할 시간이다! 시간으로 죽어가는 노예가 되지 않으려면 취하라. 취하고 잠시도 쉴 틈을 갖지 말라! 와인이든, 시든, 미덕이든, 그대가 원하는 대로!"

이것이 바로 자유주의 시다. 「취하라, 그대여」는 자율성을 기린다는 점에서 자유주의적이다. 지극히 권위주의적인 이 시는 독자에게 자유를 선사한다. 취하고, 시간으로 죽어가는 노예가 되길 거부하는 것은 죄도, 불법도, 범죄도, 무엇을 위반하는 행위도 아니다. 권리이고, 단순한 권리 이상으로 "반드시 필요한 것"이자, "끔찍한 시간의 무게"에 대항할 수 있는 무언가다. 내가 자유라고 칭한 개념이 반드시 필요한 일이자 "사람은 늘 취해 있어야 한다"

는 명령으로 제시되므로 이 시가 자유주의적이라는 의견에 반대할지도 모른다. 하지만 이 글은 논문이 아니라 시고, 사실 자유란 훨씬 더 유감스럽고, 제한적이며, 즐겁지가 않다. '취할 수도 있겠다'는 문장으로는 정확한 정서를 담아내지 못할 것이다. (한 가지 명심하자. 이 시는 인내를 말하는 시나 산문이 아니다. 인내가 아니라 행동하라고 말하는 글이다. 당신 자신을 향한 태도에 관한 내용이지 타인을 향한 태도에 대한 글이 아니다.)

이 시는 당신이 무엇에 취하든 기호와 취향의 다양성을 인정하는 동시에 장난과 인정을 표한다는 점에서 자유주의를 따른다 할 수 있다. 밀은 자서전에서 『자유론』을 "하나의 진실을 말하는 철학 교과서"로 저술했다고 말했으며, 그 진실이란 "인간과 사회에 대단히 다양한 성격 유형이 존재해야 하고, 서로 상반된 방향으로 무수히 확장되도록 인간의 본성에 완전한 자유를 주어야 한다"는 것이다.[2] 보들레르의 시는 결정의 자율성을 존중하고 개인의 결정에 관한 결정을 존중하는 태도를 호소한다. 어떤 이들에게는 와인이, 또 어떤 이들에게는 시 아니면 미덕이 최고일 것이다(이 세 가지 모두를 최고로 치는 사람이 많겠지만 말이다). 물론 보들레르 시의 힘은 특이한 병치에서 나온다. 시인이 술을 찬미한다면 조금 충격적이기는 하지만 그리 흥미롭지는 않을 것이다. 시인이 와인과 시, 미덕을 함께 떠올려 취할 수 있는 대상으로 삼는 편이 훨씬 흥미롭다(그리고 훨씬 자유롭다). 시와 술 모두 당신을 취하게 만들 수 있다는 주장이 「취하라, 그대여」에 재미와 명쾌함을 더한다.

밀과 그 외 많은 자유주의자가 주장했듯, 다른 것보다 더욱 큰 기쁨을 주는 것들이 있고, 시와 미덕이 주는 기쁨이 와인이 주는 기쁨보다 크다고 생각할 수도 있다. 그것이 진실이고 또 중요한 사실이라 해도, 그 생각을 너무도 크게, 너무도 열정적으로 외치지도, 그보다 낮은 기쁨을 비난하지도 않아야 한다. 자유주의자들은 선善의 다양성을 받아들여야 한다고 강조한다.

「취하라, 그대여」는 인간의 주체성을, 수동성보다는 능동성을 강조한다는 점에서 철저히 자유주의적이다("그대가 원하는 대로!"). 독자는 '취하도록' 유도될 뿐 아니라 어떻게 취할지도 선택할 수 있다. 사람마다 자신의 주체성을 발휘하는 방식은 다르다. (보들레르가 그랬듯) 시에 취하기로 결정하는 것도, 좋은 작품에 취하기로 결정하는 것도 모두 괜찮다. 물론 사례를 들었을 뿐이다. '나를 취하게 만드는 것은 무엇인가?' 독자를 생각하게 만드는 질문이다(정말 멋진 질문이 아닐 수 없다).

물론 밀 또한 주체성을 강조했다. 그는 행복이란 "황홀함의 삶이 아니라, 소수의 일시적인 고통과 다수의 다양한 즐거움이 존재하는, 수동성보다 능동성이 단연 우세한 순간들"을 말한다고 주장했다.[3] 보들레르는 "황홀함의 삶"을 말했지만 그는 시인이었고 어쩌면 전적으로 진심은 아니었을 수도 있다.

마지막으로 이 시는 통렬함, 저항, 순수한 반항, 내밀한 웃음, 삶, 그리고 삶이 우리에게 제공하는 것들을 향한 사랑의 즐거움을 노래한다는 점에서, 활력이 넘친다는 점에서 자유롭다. 순종과는 정반대이다. 가운데 손가락을 높이 들어 올린 것이다. 밀의 『자유론』보다 활력은 훨씬 넘치지만 그 방향성은 유사하다(이 시는 밀의 저서의 동지라고 볼 수 있다. "삶의 실험"을 기꺼이 포용하겠다는 밀은 그만의 취하는 방식이 있었다. 참고로 「취하라, 그대여」와 『자유론』은 비슷한 시기에 쓰였을 것이다). 시는 능동성과 기쁨을 찬미한다. 보들레르는 조금의 감상벽 없이 이 두 대상에 대한 찬미를 연결 지을 방법을 찾았다. 조금도 건조하지 않고 생명력이 넘치는 이 시는 즐겁다(그리고 재미있다). 이 시는 찬양의 대상을 상징적으로 표현했다.

윌리엄 워즈워스보다 셸리를 더 좋아했던 밀은 셸리에 관해 이렇게 전했다. "그가 시인인 이유는 아이디어가 특별해서가 아니라, 연이은 아이디어들이 감정의 흐름보다 부차적이어서다."[4] 윌리엄 블레이크는 존 밀턴을 이렇게 평했다. "그가 천사들과 신에 관해 쓸 때는 족쇄를 차고 악마들과 지옥에 관해 쓸 때는 자유로웠던 이유는 그가 진정한 시인이자 자신도 모르는 새 악마의 편이 되었기 때문이다."[5] 보들레르는 악마의 편이 아니었지만 분명 진정한 시인이었고, 그도 지옥에 대해서는 좀 아는 사람이었다.

물론 보들레르를 한마디로 단순하게 평가할 수 없고, 이는 자유주의 또한 마찬가지다. 보들레르는 반공화주의자이자 친귀족파로 알려져 있으며, (진정 공포스러운 인물이자 반자유주의자였던) 프랑스 정치가 조제프 드 메스트르를 존경했다. 하지만 그는 딱히 정치적이지는 않았다. 그럼에도 「취하라, 그대여」는 자유주의적인 상상력의 산물임에는 틀림없다.

우리는 자유주의가 큰 압박을 받는 시대에 살고 있다. 좌파에서 '자유주의'는, 구체적으로는 '신자유주의'는 낡고 케케묵었으며 지루하고 따분하고 지긋지긋하고 완전히 실패했다는 평가를 받는다. 좌파에서는 빈곤과 기후변화, 불평등, 인종차별, 성차별, 노조의 붕괴, 독점의 부상, 기술관료주의, 전반적인 소외감과 무력함을 포함한 사회악이 자유주의의 책임이라고 보는 사람들도 있다. 우파에서는, 특히나 종교적 우파에서는 '자유주의'가 모든 것을 망쳤다고 말한다. 혼외자의 증가, (종교 등 여러) 전통을 거부하는 현상, 포퓰리즘의 성장, 기술관료주의를 향한 의존도 증가(좌파와 우파 모두에게 골칫거리다), 불평등, 환경 저하, 성적 문란, 시민단체의 약화, 시민의 미덕 감소, 대학 캠퍼스 내 정치적 올바름, 전반적인 소외감 등 나쁜 것들의 책임이 자유주의에게 있다고 주장한다.

자유주의에 관한 인용을 소개한 이유는 공격의 대상이 되는 자유주의가 항상 명확하게 특정할 수 있는 개념이 아니고 자유주의 정치사상과의 연관성도 분명하지 않기 때문이다. 자유주의 사상가라고 하면 존 로크, 제러미 벤담, 밀, 뱅자맹 콩스탕, 메리 울스턴크래프트, 이마누엘 칸트, 프리드리히 하이에크, 이사야 벌린, 존 롤스, 조셉 라즈, 아마르티아 센, 로널드 드워킨, 마사 누스바움, 제러미 월드론, 크리스틴 코스가드가 거론되어야 한다(월트 휘트먼과 밥 딜런도 자유주의자라고 할 수 있겠다. 휘트먼은 보들레르와 상당히 비슷하지만 좀 더 감상적이다. "무엇이든 하되, 기쁨을 불러오는 일을 하라." 딜런 또한 보들레르와 무척 비슷하지만 좀 더 날이 서 있다. "다들 약에 취해봐야 한다"). 벤담과 밀의 차이점만 다루어도 두꺼운 책 한 권은 나올 수 있고, 중요한 점에서 하이에크와 드워킨은 의견을 서로 달리한다.

그럼에도 보들레르의 시는 가장 매력적으로 자유주의의 핵심을 포착한다(밀과 휘트먼, 딜런과는 다른 방식으로 말이다). 자유에 대한 찬미, 기호와 취향의 다양성, 인간의 주체성, 생동감 같은 것을 담는다. '결정에 관한 결정'을 생각할 때면 시가 찬미한 대상을 떠올려보는 것이 좋겠다.

감사의 글

이 책은 1989년 이차적 결정이란 주제를 탐험하기 시작하던 당시 에드나 울만-마르갈리트와의 열띤 토론에서 비롯되었다. 그 당시의 대화가 이 책에서 결정에 관한 결정의 개요를 설명하는 1장의 전신이 되었다. 영광스럽게도 울만-마르갈리트와 다른 두 에세이를 함께 썼고 그중 하나는 소비 선택을 다룬 7장의 기초가 되었다. 2010년 울만-마르갈리트는 너무도 이른 나이에 세상을 떠났다. 그가 살아 있었다면 이 책은 공동 저자로 출간되었을 것이다(그랬다면 더욱 나은 책이 되었으리라). 작업을 함께해준 그에게, 함께 연구한 내용을 이 책에 실을 수 있도록 허락해준 그의 남편이자 내 친구인 아비샤이 마갈릿에게 진심으로 감사한 마음을 전한다.

여러 작업을 함께해주었고 특히나 신념의 문제를 다룬 4장과 5장의 기반을 함께 다져준 신경과학자 탈리 샤롯에게도 감사 인사를 하고 싶다. 샤롯에게서 많은 것을 배웠고, 무엇보다 그가 결정의 정서적 영향력을 강조한 데에 고마움을 표한다. 그가 있었던 파티에 내가 늦게라도 참석하게 되어 정말 다행이었다. 이 책에 공동 작업물을 싣도록 허락해준 점도 감사하다.

수년 동안 수많은 친구와 동료가 나와 함께 논의했고, 그들이 의견을 전해준 여러 주제가 이 책에 어떤 형식으로든 담겼다. 그중에도 존 엘스터, 잭 골드스미스, 로버트 구딘, 스티븐 홈스, 마사 누스바움, 에릭 포스너, 리처드 포스너, 에이드리언 버뮬에게 감사의 말을 전한다. 특히나 1980년대 내게 새로운 아이디어의 세계를 소개해준 엘스터에게 고맙다는 말을 하고 싶다. 그때 만난 아이디어들이 이 책에 큰 영향을 끼쳤다.

이 책을 완성할 수 있도록 이끌어준 연구 조교이자, 고문, 파트너가 되어준 이선 저드에게 특별히 감사하다는 인사를 전한다. 로버트 드리선은 뛰어나고 신중한 편집자로 훌륭한 제안을 여럿 해주었다. 훌륭한 에이전트이자 내내 귀중한 조언과 지침을 전해준 사라 칼판트와 레베카 나이젤에게도 특별한 감사를 전한다.

이 책에 실린 모든 장은 상당 부분 다시 썼지만 아래의 자료가 바탕이 되었고, 이를 인용하도록 허락해준 관련 저널에도 감사하다는 말을 전하고 싶다.

1장 《윤리학ETHICS》 110호(1999)의 5쪽에 실린 캐스 선스타인과 에드나 울만-마르갈리트의 「이차적 결정Second-Order Decisions」

3장 《위험과 불확실성Risk and Uncertainty》 58호(2019)의 121쪽에 실린 캐스 선스타인의 「팝콘을 망치다: 정보의 후생 효과Ruining Popcorn: The Welfare Effects of Information」

4장 《코넬 법 리뷰Cornell Law Review》 102호(2017)의 1431쪽에 실린 캐스 선스타인과 서배스천 보바딜라-수아레스Sebastian Bobadilla-

Suarez, 스테파니 C. 라차로Stephanie C. Lazzaro, 탈리 샤롯Tali Sharot의 「기후변화에 대한 사람들의 신념이 어떻게 달라지는가How People Update Beliefs About Climate Change」

5장 《심리과학에 관한 관점Perspectives on Psychological Science》(2022)에 실린 탈리 샤롯과 맥스 롤웨이지Max Rollwage, 스티븐 플레밍Stephen Fleming, 캐스 선스타인의 「언제 그리고 왜 믿음이 변화하는가Why and When Beliefs Change」

6장 《합리성과 사회RATIONALITY AND SOCIETY》 30호(2018)의 305쪽에 실린 캐스 선스타인의 「B보다 A를 선호하는 동시에 A보다 B를 선호하는 현상에 관하여On Preferring A to B, While Also Preferring B to A」

7장 《정치철학 학술지JOURNAL OF POLITICAL PHILOSOPHY》 9호(2011)의 129쪽에 실린 캐스 선스타인과 에드나 울만-마르갈리트의 「연대적 재화Solidarity Goods」

8장 《행동 공공 정책BEHAVIOURAL PUBLIC POLICY》 4호(2020)의 370쪽에 실린 캐스 선스타인의 「페이스북의 가치를 평가하다Valuing Facebook」

9장 《사회 연구SOCIAL RESEARCH》 4호(2019)의 499쪽에 실린 캐스 선스타인의 「알고리즘Algorithms」

10장 《유럽의 공공 정책 학술지THE JOURNAL OF EUROPEAN PUBLIC POLICY》 29호 (2022)의 1959쪽에 실린 캐스 선스타인의 「절도로서의 조종Manipulation as theft」

맺음말 《자유LIBERTIES》의 2호 1권(2022)에 실린 캐스 선스타인의 「취한 자유주의Liberalism, Inebriated」

저역자 소개

지은이

캐스 선스타인Cass Sunstein

미국에서 가장 자주 인용되는 법학자. 시카고대학교 로스쿨과 정치학부의 법학 교수를 거쳐, 현재 하버드대학교 로스쿨 교수로 재직 중이다. 2008년 출간된 세계적인 베스트셀러 『넛지』의 공저자로 명성을 얻었다. 2009년부터 2012년까지 오바마 정부에서 규제정보국 국장으로 일하며, 당시 대통령의 정책 고문으로 행동경제학을 정부 정책에 활용했다. 백악관을 떠난 뒤에는 하버드대학교 교수직으로 자리를 옮겨 하버드 로스쿨의 '행동경제학과 공공정책 프로그램'을 창립하고 이끌었다. 2018년 인문학·사회과학·법학·신학 분야에서 탁월한 업적을 이룩한 학자에게 수여하는 홀베르그상을 받았고, 2020년 세계보건기구 '건강을 위한 행동 통찰력과 과학에 관한 기술 자문단' 의장으로 임명됐다. 2021년에는 국토안보부의 선임 고문과 규제 정책 책임자로 바이든 행정부에 합류했다. 그는 미국 의회 위원회에서 많은 주제에 대해 증언했으며, 유엔과 유럽 위원회, 그리고 세계은행과 많은 국가 관계자에게 법과 공공정책 문제에 대해 조언했다. 또한 영국 정부의 행동통찰력팀(BIT) 고문으로도 활동했다. 지은 책으로 『넛지』, 『룩 어게인: 변화를 만드는 힘』, 『노이즈: 생각의 잡음』, 『페이머스』, 『왜 사회에는 이견이 필요한가』 등이 있다.

옮긴이

신솔잎

프랑스에서 국제대학을 졸업한 후 프랑스, 중국, 국내에서 경력을 쌓았다. 이후 번역 에이전시에서 근무했고, 숙명여자대학교에서 테솔 수료 후, 현재 프리랜서 영어 강사로 활동하면서 외서 기획 및 번역을 병행하고 있다. 다양한 외국어를 접하며 느꼈던 언어의 섬세함을 글로 옮기기 위해 늘 노력한다. 『스토리 설계자』, 『불안 해방 일지』, 『유튜브, 제국의 탄생』, 『아쿠아리움이 문을 닫으면』 등 다양한 책을 옮겼다.

『넛지』 캐스 선스타인의
결정력 수업

펴낸날 초판 1쇄 2025년 4월 30일

지은이 캐스 선스타인

옮긴이 신솔잎

펴낸이 이주애, 홍영완

편집장 최혜리

편집3팀 강민우, 안형욱, 이소연

편집 김하영, 박효주, 한수정, 홍은비, 김혜원, 최서영, 송현근, 이은일

디자인 기조숙, 김주연, 윤소정, 박정원, 박소현

홍보마케팅 백지혜, 김태윤, 김준영, 박영채

콘텐츠 양혜영, 이태은, 조유진

해외기획 정미현, 정수림

경영지원 박소현

펴낸곳 (주)윌북 출판등록 제2006-000017호

주소 10881 경기도 파주시 광인사길 217

홈페이지 willbookspub.com 전화 031-955-3777 팩스 031-955-3778

블로그 blog.naver.com/willbooks 트위터 @onwillbooks 인스타그램 @willbooks_pub

ISBN 979-11-5581-815-2 (03320)

- 책값은 뒤표지에 있습니다.
- 잘못 만들어진 책은 구매하신 서점에서 바꿔드립니다.

DECISIONS ABOUT DECISIONS